让孩子
高效自主学习

学习力
提升方法及案例

赵红 著

江苏凤凰教育出版社

> 感谢您使用本书。您在使用本书时如有建议或发现质量问题，请联系我们。
> 【内容质量】电话：4008283622
> 【印装质量】电话：4008283610

图书在版编目（CIP）数据

让孩子高效自主学习：学习力提升方法及案例 / 赵红著 . -- 南京：江苏凤凰教育出版社，2025.7（2025.9 重印）.
ISBN 978-7-5743-0871-8

Ⅰ . G791；G782

中国国家版本馆 CIP 数据核字第 2025X73P77 号

书　　名	让孩子高效自主学习——学习力提升方法及案例
著　　者	赵　红
编辑统筹	王欲晓
责任编辑	林　琬
出版发行	江苏凤凰教育出版社（南京市湖南路 1 号 A 楼　邮编：210009）
苏教网址	http://www.1088.com.cn
照　　排	南京私书坊文化传播有限公司
印　　刷	江苏淮阴新华印务有限公司（电话：0517-83943613）
厂　　址	淮安市经济技术开发区飞耀南路 56 号（邮编：223005）
开　　本	787 毫米 ×1092 毫米　1/16
印　　张	24
版　　次	2025 年 7 月第 1 版
印　　次	2025 年 9 月第 2 次印刷
书　　号	ISBN 978-7-5743-0871-8
定　　价	70.00 元
网店地址	http://jsfhjycbs.tmall.com
公 众 号	苏教服务（微信号：jsfhjyfw）
邮购电话	025-85406265，025-85400774
盗版举报	025-83658579

苏教版图书若有印装错误可向出版社调换

自　序

我，愿做星火，故著此书；

你，不惧深耕，故展此卷。

我们，以教为缘，以育为契。

一、意外的热爱

1996年3月，儿子童童出生了。一夜间，我的身份转换了，逐渐从一个弱不禁风的女子成长为顶天立地的妈妈。在童童12岁之前，我几乎倾注了所有的业余时间，和他一起玩耍、一起成长，我们在生活与游戏中收获了无数书本之外的精彩体验。

童童，成了我的第一个学生，同时也是我的同学和忘年交。

可能是太喜欢小孩子的缘故吧，我从没盼望他快快长大，总是贪婪地享受着他的每一个成长细节。我爱他软软胖胖的小手、大大的脑袋，童稚又充满哲思的语言；爱他说哭就掉的眼泪、肆无忌惮的大笑；爱他一边玩耍一边想着要完成作业的矛盾心理；爱他想撒谎又想理直气壮的矛盾和挣扎；爱他依偎着我的那一份热乎乎的柔嫩和信赖……

每天，我都变着花样地和童童玩各种游戏。童童6个多月就能分辨1—3的数量关系，能用手指准确无误地表达出1、2、3。在他1岁半刚牙牙学语时，我们最常玩的游戏就是对口词。

我:"鹅,鹅,鹅,曲项向天——"

童童:"歌。"

我:"白毛浮绿——"

童童:"水。"

……

每当听到童童奶声奶气的应答,我就忍不住抱着他笑成一团,与其说是我带着他玩,不如说是童童配合着我玩。我们玩得最多的是各种数学游戏,常常玩得忘了吃饭。

四五岁之后,童童的各种能力在"玩"中迅猛发展,我常常惊叹于他的奇思妙想。在游戏玩耍中成长起来的童童,特别爱看书,六岁左右就开始阅读大部头的书,他的阅读量之大、阅读面之广,令人称奇。童童每天喜笑颜开,从不知道什么叫学习,在他的字典里只有一个"玩"字。

就是这么一个爱学习又聪慧的孩子,到了小学,各科成绩忽上忽下、很不稳定。但是,每一次参加省市级的数学、科学类竞赛(校内老师组织报名,很多时候我们都不知道),童童都能斩获奖项,并且常常没有做任何考前准备。对此,老师们很惊讶,对童童的态度犹如过山车一般:有时批评他学习习惯不好,对他表现出的散漫、粗心、顽皮等特点十分无奈;有时又欣赏他的懂事,充分肯定他在各种竞赛中展现出的悟性和潜力。

童童性格调皮、在校问题多多,我几乎以每月一次的频率被老师请到校内,接受建议和批评。至今我依然清晰地记得,在童童小学四年级的时候,班主任指着他的作业对我说:"这孩子再这样下去,以后是没出息的!"我知道老师对我的意见,认为我不管孩子、不抓学习。这可真冤枉了我!孩子课外时间有限,在有限时间里我更侧重于提升孩子的认知和学习能力,在这点上我比大多数家长更用心、更花时间。至于学习习惯,不是我不抓,而是我认为只注重学习习惯却忽视兴趣引导反而会压制了孩子的天性。其实，有良好认知能力和自主学习能力的孩子，未来有更大的发展空间、更舒展的生命状态。童童对一切好的坏的成绩都无所谓，在老师看来，这是没有进取心、缺乏学习动力的表现，是态度问题。但在我看来，这是小孩子的不功利的天性，也是他们的一种无意识的自我保护。

五年级下学期，童童从"小白"到拿下省级信息竞赛一等奖，仅仅用了半年左右的时间（详情请参阅观点篇之"学习力和学习习惯"及闲聊篇之"自家孩子教育经历"）。五年级到六年级时，童童在数学各类竞赛中大都能获得一、二等奖，这些带给他极大的成就感，同时磨炼了意志，提升了自主学习能力。自此，童童开始有了强烈的学习动力，他在短短几个月内快速形成了良好的学习习惯。

熟人都说我带孩子"润物细无声"，有教育天赋，而那时的我只觉得一切发乎自然本能。渐渐地，大家开始找我帮忙解决孩子的教育问题。每一次的朋友聚会都不知不觉演变成一场教育咨询会。

2008年，朋友风风火火地找到我。原来，她的孩子琪琪正上小学三年级，琪琪有个同班好友叫文文，琪琪和文文的数学成绩基本徘徊在七八十分，只要一提数学，两个孩子就有畏难情绪，这可愁坏了两家的父母。琪琪妈妈希望我能发挥出带童童的"神力"，帮助两个孩子重建对数学的兴趣，提升数学成绩。带别人家的小孩子我可没经验，况且，还不是一次两次的辅导，我能行吗？我感到压力有些大，可是不知触动了哪根神经，带着莫名的兴奋，我还是答应了。

接下来发生的一切，让我刻骨铭心。

给两个孩子讲数学的第一天，我就碰了壁：我用跟童童做游戏的方法和两个小姑娘互动，结果完全行不通。童童做游戏时兴趣盎然，有时会激动得大呼小叫，但两个小姑娘只是静静地看着我独自表演，根本无法入戏。孩子们的性情差别太大了！我有点蒙。多少次，对一个数学问题我轻声软语地讲几遍，掰开了揉碎了，孩子们还是不理解。这让我无措，但也激发了我的斗志，我愈发用心，也愈发有耐心。那段日子，我带这两个孩子学数学的艰难程度远远超出我的想象。琪琪妈妈常常会带着歉意惶恐地问我："孩子的脑袋是不是像榆木疙瘩一样不开窍？"一学期后，两个孩子的奥数测评结果出来了，琪琪 56 分，文文 38 分，都没能进入测评人数的前半部分。接到琪琪妈妈电话时，我正在开车，脑子"嗡"的一下，在环形高架上绕了两圈才找到路口下来。我不相信自己呕心沥血了大半年，会是这样的结果。为什么？为什么带童童那么顺利，带这两个孩子这么辛苦，效果还这么差？那晚，我失眠了，思考了很多……

后来，我意识到：孩子的智商是有差异的，孩子的基础状态和性情喜好是有差异的，引领和锻炼孩子的方法也应该更有针对性，这就需要对孩子因材施教。我的教授方法也是有问题的，这是我需要探索并改进提升的重点。同时，我也深刻意识到，之前我只是在孩子原有能力水平上帮助她们巩固校内知识，没有提升她们的逻辑思维能力。这相当于孩子们只是在平地上散步，没有翻山越岭的能力。随后，我调研了当时市面上小学数学各类教辅材料，重新选定教材，调整教授计划，以稍高于孩子水平的浅奥题目为载体，刺激孩子的大脑"做运动"，让孩子的大脑每天"短跑""长跑""潜水""爬山"……在这个过程中逐渐提升孩子的思考速度，增加孩子的思考深度，增强孩子的思维韧性……

这就是"头脑游戏"的雏形。

孩子们平均每天只学、做一道数学题目。一年后，两个孩子分别进入年级奥数学习小组的第一、第二梯队。家长和孩子对这个"战绩"可以说是相当满意了。

令我们激动的是，两个小姑娘在不知不觉中喜欢上了数学，自主学习意识也慢慢出来了。五年级第一学期的数学期末考试，琪琪居然考了班级第一名，大家都激动极了。更令人喜悦的是，孩子因为数学学好了，学习信心大增，本来就不弱的语文、英语成绩也都跟着得到提升。

能引领资质平平的孩子喜欢上数学、学好数学，这是我继童童之后最引以为傲的事。

从那以后，越来越多的父母带着遇到学习问题的孩子来找我寻求帮助。

再后来，越来越多原本成绩很好的孩子也来找我寻求学习方法上的改进，希望在学习上能得到进一步提升。

经过近20年的实战积累，大量案例印证了我的观点：即使资质平平的孩子，只要数学思维能力提升了，数学成绩就会得到很大提升和突破，其他科目的学习也会变得相对容易，孩子会慢慢具备良好的学习力，从而实现自主学习——就像根系发达的小树一样，根扎得越来越深，后续成长越来越顺利，越来越茁壮。

我就是在这些意外之下，以数学学习为切入口，一步一步踏上帮助孩子全面提升学习力、实现自主学习的道路，从此打开了我人生的另一扇窗。

没有规划，没有憧憬，没有目标，甚至没有犹豫和畏惧，只有对孩子的喜爱和对教育的痴迷。

二、教育突围

近年来，国内教育环境的变化让越来越多的家庭开始将目光投向海外。这些选择出国留学的家庭，大致可以分为两类：一类是主动出击，希望孩子在国际化的教育环境中获得更广阔的发展空间；另一类则是无奈之举，孩子在国内教育体系中的不适应促使他们另寻出路。

但我们必须清醒地认识到，海外求学并非教育的"避风港"。正规院校尤其是世界名校对学生的学习力要求之高，丝毫不逊于国内的学校。真正的差异不在于教育环境，而在于培养方式的本质不同。

与此同时，选择留在国内继续应试教育的家庭也面临着巨大压力。在日益激烈的升学竞争中，不少家庭陷入了"内卷"的漩涡，孩子的学习力没有得到实质性的提升，身心健康问题却越来越多，家庭氛围也越来越压抑。

无论孩子最终选择哪条教育路径，我们都期待他们能健康成长，拥有幸福人生。而实现这一愿景的关键，在于培养孩子高层级的学习力——不是为了应付某场考试，而是为了让他们在未来的人生道路上走得稳健、从容。毕竟，教育的终极目的不是一纸文凭，而是培养能够终身学习、持续成长的人。

从童童出生的那刻起，我就着手准备在现有的应试教育大环境下带着他突围。在这个过程中，我一直密切关注有关"突围"的关键因素：敬畏人性、尊重孩子身心发展的自然规律，是突围路上的方向牌；塑造独立健全的人格、拥有丰盈的生命体验，是突围的具体路径；强韧的学习力，是突围的武器装备。

童童完全是在国内应试教育体制下长大的，他凭借良好的学习力，实现了高效的自主学习，取得了满意的成绩。近20年来，我也一直带领一批批孩子在愈加内卷的应试环境下，获得良好的学习力，实现高效的自主学习。孩子们纷纷取得令自己和他人惊讶的好成绩，升入心仪的学校。

这些事实证明了：只要方法得当，孩子完全可以在应试环境下健康成长，获得能力和学业的双丰收。

应试教育最注重的是成绩，但是，为了提升成绩，极尽所能地采取功利化的方式，这是不科学的。对大多数孩子而言，不仅达不到成绩提升的目的，反而会令他们的天性和能力受到极大的损伤。有些孩子即便获得了好成绩，可能也是暂时的、是以各种牺牲为代价的，可能会给整个家庭带来难以预计的痛苦和遗憾。

怎样的好成绩才是健康的、可持续的？无数案例证明：只有良好的学习力带来的好成绩，才是健康的、可持续的（详细论述请参见观点篇之"提升学习力是提高学习成效之根本"）。

绝大多数孩子都要在国内完成小学至初中阶段的 9 年学习。学前阶段和这 9 年，正是孩子学习力孕育、培养和提升的黄金时期。只有在此期间有效提升学习力，才能为孩子高中乃至大学的学习和全面健康发展奠定坚实基础，让孩子在今后的人生中拥有更多的主动选择权。

因此，在初中毕业之前，我们对孩子的培养目标应锚定为：提升学习力——帮助孩子打通一条适合自己的，保持身心健康、能力和学业兼得之路。每个孩子前行方向中的方向牌都别无二致，只是具体路径和武器装备会有不同。而我们要做的，就是陪孩子一起沿着正确的方向，坚持走下去。

三、以平凡缔造非凡——人间值得

日本有位 92 岁的中村恒子奶奶，从事心理咨询工作 70 多年，晚年时经由助手整理出版了一本小书——《人间值得》。

恒子奶奶在年轻时可以说"胸无大志"，过着平凡的生活，做着平凡的工作。但就是这样日日夜夜不起眼的实践积累，创造出让她自己都惊叹的伟大奇迹。

她不是老师，却在无形中完成了对成年人的平凡、快乐教育，完美地践行了培根的经验主义：从具体的实践和观察中归纳出一般性的原理和规律，实实在在地帮助大众。

我是个后知后觉的人，多年来习惯了闷头解决孩子和家长有关学习的各种棘手问题，现在回过头看看，不敢相信我居然帮助了这么多的家庭。

30年来，作为高校老师，我研读了大量国内外教育学、心理学经典著作及前沿文献，也有幸接触到国内外许多知名学者、社会各界精英，深切感悟到学习力在科技、人文、社会活动和生活中的强大作用。我考察访问过10多个国家的高校，与500多个进入世界名校的孩子家庭保持沟通，对国内外教育差距及家庭对孩子学习力的影响有较深入的了解。

在近20年里，带着孩子们提升数学逻辑思维能力的一线实战经历，让我更加了解不同年龄段、不同禀性孩子的特点及其父母在教育方面存在的优势或问题。

综上，我提炼出一套具有普适性的有关0—15岁孩子学习力的培养方法。这套方法在实践应用中收获无数的成功案例，帮助许多孩子实现了自主学习，在不补课、不刷题甚至没有全部完成校内作业的情况下，有效提升学习力、提高学业成绩，让孩子和父母感受到学习的乐趣与魅力。

今天，将我所思所做梳理付梓，也是希望能帮助到更多孩子和家庭。本书案例中的孩子均为化名，已做隐私保护。

希望每一个孩子都能以平凡缔造非凡，走向自我，感受美好的生命。

人间值得！

作者导读

只追求成绩的学习，短视而狭隘，没有生命力；只重视素质而忽视成绩的学习，又显得空泛，缺少根基。本书所倡导的，正是能力与成绩并重：通过培养良好的学习力，让孩子获得可喜的学习成效。

一、本书宗旨

本书旨在帮助家长做到：花最少的钱，做最专注、自然的教育，让孩子高效提升学习力和学习成绩。具体体现为：孕育、培养、提升0—15岁孩子的学习力，让孩子在不补课、少补课、不大量刷题的情况下实现自主学习，有效提升学业成绩；把孩子培养成身心健康，具备良好学习力，同时也能应试的人；尽早解放家长，从根本上缓解家庭和社会的教育焦虑。

本书根据我20多年的实战经验，为家长提供了帮助0—15岁孩子提升学习力的独特观点和实操方法，重点突出，力图达到集科学性、实用性为一体的目标。每个年龄段的孩子都可以在书中找到适合自己的学习力提升方法，并能立刻投入实践，肉眼可见地提高学习效果。

二、本书受众读者

· 0—15岁孩子的家长；

- 小学高年级学生、初中生；
- 幼儿园、小学、中学教师；
- 家庭教育指导师、教育咨询师、心理咨询师；
- 关心教育的广大读者。

三、本书结构和主要内容

▲ 学习力之道——观点篇

观点篇汇集了我关于学习力培养的主要观点，提出了学习力培养的一些关键性问题，比如：

- 学习力培养要遵循自然极简原则，少即多，慢即快；
- 系统培养方式下学习力培养的阶段性目标，让我们能始终保持明确的努力方向；
- 间接激发法能有效解决孩子学习动力匮乏的问题；
- 良好的学习力培养要优先于学习习惯的培养，让孩子的学习事半功倍；
- 学习成绩的提升往往滞后于学习力的提升。

任何一个孩子都可以做到学习力的提升和突破，越早开始培养效果越好。此外，观点篇还提出了一些独特的符合孩子学习心理的方法，比如：

- 坚持"抱小猪"能有效帮助孩子克服畏难、懒惰、磨蹭等问题；
- 坚持"三足鼎立"是提升学习力的主干线，适用于父母忙碌无暇顾及孩子的家庭；
- 丰富"思维工具箱"会让孩子在遇到数学难题时跃跃欲试。

▲ 学习力之术——实战篇

实战篇结合实际案例，详细介绍了培养自主学习能力、提升学习力的具体方法及实操步骤，手把手地帮助家长和孩子执行到位。这些方法源于我 20 多年的育儿生活、教学实践、咨询经验，不但可行性强，而且得到了大量成功案例的验证。

其中，既有为所有孩子设计的游戏法（如：建立数学模型的亲子游戏，提升识字量的魔法游戏，神奇的分糖果游戏等），父母可以在此基础上进行拓展，又有独特的学习能力深耕阶段的实践方法（如：提升思考深度的每日一题法，锻炼脑力的限时提速法，帮助小学生实现自主学习、提升数学能力的头脑游戏法，帮助初中生提升自主学习能力和成绩的大小预习法等）。这些方法既需要严格执行到位，又需要根据孩子实际情况灵活组合。

▲ 学习力之行——案例篇

案例篇展示了部分孩子在学习力培养过程中对相关观点和方法的实际运用情况与效果，揭示了他们或逆袭、或超越的形成良好学习力的路径。此篇共提供 12 个案例，部分案例由我和孩子父母从不同角度记录孩子真实的成长过程，其中最长的跟踪时长达 10 年。虽然这些孩子开始培养学习力的时间各不相同，分属于不同年龄段，但是反映出的问题具有普遍性。

▲ 学习力之谈——闲聊篇

闲聊篇收录了学习力观点和方法之外的教育经验与沉思，特别提到了一些当前家长关注的话题，如对待校内作业的态度、如何把握孩子玩电子产品的度等等。

▲ 附录：孤独的旅途

这里收录了我的孩子童童在北京大学和美国麻省理工学院求学期间写下的文字。这些文章最初发表在我的公众号上，意外地引起了众多家长和孩子的共鸣、喜爱，许多父母甚至将它们打印成册，反复阅读。在此书中我也一并整理奉上，与各位读者共享。

将此部分命名为"孤独的旅途",取自童童一篇文章的标题,有三重深意:

第一,展现了童童已经具备良好的学习力之后,凭借自主学习力走天涯的心路历程;

第二,揭示了孤独是自主学习过程中不可避免的存在;

第三,代表了我行进在"学习力培养"这条少有人走的路上的感受。

四、阅读和使用本书的方式

▲ 先理解再实践

先按照本书的顺序阅读,再根据实战篇的内容开展实践。或者选择从"作者导读""案例篇""闲聊篇""附录:孤独的旅途"入手,先轻松了解我的教育理念和实践效果,再深入阅读观点和实践方法。此方式适用于教师、孩子正处于 0—3 岁阶段的父母,抑或是习惯于先理解后实践的广大读者。

▲ 先实践再理解

先按实战篇的方法执行起来,边做边阅读其他部分,不耽误孩子的成长。此方式适用于 4—15 岁孩子的家长。

▲ 与家人共同阅读和实践

爸爸和妈妈、父母和孩子,可以一起分阶段、分篇章共同阅读并实践。家庭教育需要全家人观点一致、方法统一,这样才能更快、更好地取得成效。

希望这本书能帮助如我和我的孩子一样平凡的父母和孩子,打破教育认知和孩子能力的天花板,缔造属于自己的非凡。

让我们一起做教育上的长期主义者,从平凡启程,为非凡远征!

目 录

学习力之道——观点篇

一、我理解的0—15岁孩子的学习力 …………………………………… 001
（一）0—15岁孩子的学习力 ………………………………………… 003
（二）关于学习动力 …………………………………………………… 005
（三）关于学习意志力 ………………………………………………… 008
（四）关于学习能力 …………………………………………………… 015
（五）学校教育下的学习力培养 ……………………………………… 018
（六）学习力和学习习惯 ……………………………………………… 021
（七）学习力和智商 …………………………………………………… 032

二、提升学习力是提高学习成效之根本 ………………………………… 036
（一）获得良好学习成效的2个主要因素 …………………………… 036
（二）8种学习力类型和成绩的对应关系 …………………………… 039
（三）学习成绩的提升常常滞后于学习力的提升 …………………… 043
（四）小学校内学习与学习力提升 …………………………………… 046
（五）学习力让成绩提升具有可持久性 ……………………………… 048

三、培养学习力的自然、极简原则 ··································· 051
（一）培养学习力的自然原则 ·································· 051
（二）培养学习力的极简原则 ·································· 069

四、学习力培养方式和阶段性目标 ···································· 078
（一）培养方式的重要性 ······································ 078
（二）非系统培养方式 ·· 079
（三）系统培养方式 ·· 080
（四）系统培养方式下学习力的阶段性目标和任务 ················ 082
（五）需要重视的3个问题 ····································· 087

五、激发学习动力 ··· 093
（一）直接激发法 ·· 094
（二）间接激发法 ·· 097

六、强化学习意志力 ··· 098
（一）建立明确目标 ·· 098
（二）正确认识输赢 ·· 101
（三）克服身心娇气 ·· 105
（四）强化诚信意识 ·· 109
（五）启动意志力小助手 ······································ 111

七、提升核心学习能力 ··· 115
（一）数学思维能力是学习能力的核心能力 ······················ 115

（二）培养数学思维能力需要注意的6点 ………………………… 118
（三）数学学习要避免的雷区 …………………………………… 136
（四）数学学习的路径和方法 …………………………………… 141

八、学习力系统提升法之"三足鼎立"和"抱小猪" ……………… 143
（一）"三足鼎立"的应用 ………………………………………… 143
（二）"抱小猪"的应用 …………………………………………… 151

学习力之术——实战篇

一、学习意志力 ………………………………………………………… 155
（一）提高抗挫力 ………………………………………………… 155
（二）克服身心娇气 ……………………………………………… 157
（三）强化诚信意识和能力 ……………………………………… 163
（四）启动意志力小助手 ………………………………………… 166
（五）召开家庭会议 ……………………………………………… 169

二、数学思维能力 ……………………………………………………… 172
（一）孕育阶段（学前）实操方法 ……………………………… 172
（二）培养阶段（小学）实操方法 ……………………………… 188
（三）提升阶段（初中）实操方法 ……………………………… 197

三、阅读理解能力 ……………………………………………………… 209
（一）阅读准备 …………………………………………………… 209

（二）自由阅读 ·· 212

四、时间管理能力 ·· 216
（一）提升时间管理能力 ·· 216
（二）磨蹭专题 ·· 228

学习力之行——案例篇

一、学前阶段开启学习力孕育——一顺百顺的早航 ········ 237
（一）鸣鸣（1—6岁）：从平凡到不凡 ························ 237
（二）奇奇和妙妙（4—8岁）：从依赖兴趣班到自主学习 ···· 243
（三）森森（5—10岁）：从完美刻板到自然自主 ············· 248

二、小学（一到三年级）阶段开启学习力培养 ——千姿百态的努力（1）
·· 253
（一）薇薇（7—15岁）：八年守护"慢思考"的奇迹 ········· 254
（二）君君（8—13岁）：从"背单词困难户"到"自主学习能手" ··· 257
（三）冉冉（8—16岁）：从学弱到学霸，以不变应万变 ····· 260

三、小学（四到六年级）阶段开启学习力培养——千姿百态的努力（2）
·· 263
（一）萱萱（10—12岁）："小学弱"的学习力提升之路 ······ 263

（二）帆帆（10—13岁）：从敏感脆弱到自信学霸……………… 268

（三）仔仔（10—14岁）：从迷茫书虫到自律自主………………… 271

四、初中阶段开启学习力提升——跌宕起伏的较量……………… 274

（一）瀚瀚（12—15岁）：从疲惫补习到阳光自主………………… 275

（二）敦敦（14岁）：从沉迷游戏到戒断自律……………………… 282

（三）菡菡（14—15岁）：从初三"躺平"到高中奋起直追………… 289

学习力之谈——闲聊篇

一、自家孩子教育经历………………………………………………… 291

二、教育没那么复杂，只要孩子愿意听你说话……………………… 300

三、如果缺乏认知的高度，一切努力可能都是瞎忙…………………… 303

四、孩子是否具有收放自如的弹性，取决于父母能否做到这几点…… 306

五、在不经意的亲子互动中，我们"看见"了自己的养育问题吗…… 311

六、校内作业，一定要全部完成吗…………………………………… 313

七、如何把握孩子玩电子产品的度…………………………………… 315

附录：孤独的旅途 ……………………………………………… 318

孤独的旅途 ……………………………………………………… 319

从根源出发 ……………………………………………………… 328

再谈时间规划 …………………………………………………… 333

认识自我 ………………………………………………………… 341

超越自我 ………………………………………………………… 348

从"掏出心来"到"埋下身去"——给学弟学妹们的一封信（节选）

……………………………………………………………… 351

致谢 …………………………………………………………… 362

学习力之道

· 观点篇 ·

一、我理解的0—15岁孩子的学习力

万维钢老师在解读沙恩·帕里什（Shane Parrish）的《清晰思考：将平凡时刻转化为非凡成果》时说："平庸就如同地心引力，是一种自动、自然地把你往下拖的力量。"从这个角度看，假如你能经常跳出自动模式，进入清晰思考，你就会"将平凡时刻转化为非凡成果"。要想清晰思考，首先要清晰理解事物的本质及底层逻辑。对于孩子的学习而言，学习力培养就是学习的本质及底层逻辑。

孩子若想全面有效、可持续地提升学习成绩，首先要培养和提升学习力。缺乏良好学习力的成绩，犹如无源之水、无本之木。反之，良好的学习力则会给孩子注入源源不断的生命能量，让孩子身心健康，具有幸福的能力。

"学习力"，是近些年来被大家广泛使用的一个词，但真正理解其内涵、外延者，可能并不多。"学习力"一词源于管理学领域，是由美国系统动力学的创始人福瑞思特教授（Jay Forrester），在1965年发表的《一种新型的公司设计》一文中提出的。教育学领域则是自20世纪80年代开始引入"学

习力"概念,并对此产生广泛关注和探究。①

英国的"有效终身学习编目"项目(Effective Lifelong Learning Inventory,ELLI)提出:学习力的内涵与构成要素并不相同。ELLI认为,"学习力"的内涵是由人的性格、社会关系、生活经验、价值观、学习态度等多个方面共同组成的一种"学习倾向"或"学习偏好"。在学习力的构成要素理论研究中,较为典型的是"三要素说""四要素说""七要素说""综合体说"。

"三要素说"最先由学习型组织管理理论之父彼得·圣吉(Peter Senge)提出,他认为学习力由学习动力、学习毅力与学习能力三部分构成。② 美国哈佛大学柯比(Kirby)教授基于"三要素说"与长期的教学实践经验,提出了"综合体说",出版了著作《学习力》。他提出,学习力是包括学习动力、学习态度、学习方法、学习效率、创新思维和创造力的一个综合体,并提出了"创造是学习力最高境界"的观点。③

尽管国内外学者有关学习力内涵的观点存在差异,但综合而言具有以下共识:

• 学习力是客观存在的,它与学习活动密切相关,在学习活动中生成和发展。

• 学习力本身是抽象的,依附于人而存在。

• 学习力是在学习活动中生成和发展的某种能量、品性、素质、能力、综合系统。

综合国际教育学界主流研究成果,学习力通常指一个人或组织获取、

---

① 王冠楠.高中生学习力评价指标体系的构建研究[D].天津师范大学,2016.
② 同①.
③ 柯比.学习力[M].金粒,编译.海口:南方出版社,2005.

理解、应用新知识和新概念的能力与潜力。它不仅包括知识的获取，还涉及知识的加工、创新和应用，是学习动力、毅力、能力和创新力的总和。

（一）0—15岁孩子的学习力

中国孩子基本上都要完成小学至初中阶段的学习。在九年义务教育阶段，孩子如果具备了良好的学习力，就能拥有可持续发展的良好学业，就更可能在未来拥有更多的主动选择权，这对孩子整个人生都具有重要意义。

0—15岁是孩子学习力孕育、培养和提升的黄金阶段。对于正在妈妈宫腔中孕育的孩子，我认为他们就处于"0岁"。如果这些准父母们提前开始了解"学习力的培养"，那么孩子出生后，就能使孩子后续学习力的培养和提升更为顺畅、高效。因此，0岁孩子及他们的父母不仅是不可以被忽略，反而是更应该得到重视的群体。

为便于论述，我在国际学术界对学习力定义的基础上，对0—15岁孩子的学习力加入了我的实践理解，并作了如下定义：

学习力是孩子获取知识、运用知识和创造知识的能力，是学习动力、学习意志力、学习能力的总和。

学习力是孩子向外界汲取能量和智慧的能力，是孩子与生活、学习相融合的能力，是最大程度体现自我价值的能力。

学习动力，是孩子展开学习的自我推动力，这个动力可能源自对学习的好奇、兴趣，也可能是为了达到一个小小的或者大大的、具体的或者虚幻的目标而自发产生的学习热情。学习动力是学习的发动机，使学习行为具有可能性、可行性。缺乏动力的学习常常会表现为表演性假学习、被迫式学习，缺乏动力的孩子则可能出现磨蹭、停摆，甚至厌学等现象。

学习意志力，是孩子为实现学习目标而克服困难、控制冲动、调节行为和情绪的能力。其本质是自我调控的能力，是孩子为实现长期学习目标而克服短期欲望、抵抗诱惑、忍受不适并持续投入的心理能量来源。学习意志力是学习的加油站，它保证学习的可持久性和深度。缺乏意志力的学习，往往会显得肤浅、不可持久。

学习能力，是孩子在各个科目、各类学习中的基本能力，是决定学习成效的关键因素，是学习力的核心。学习能力包括七项：数学思维能力、阅读理解能力、时间管理能力、专注力、口头和书面表达能力、想象力、创造力。我将时间管理能力并入学习能力，是因其涉及合理安排学习任务、制订学习计划、提高学习效率等，这对小学以及初中阶段的孩子十分重要，直接影响其学习效果。

需要说明的是，孩子的想象力和创造力是学习能力中的"奢侈品"，这是国际学术界普遍认同的观点。研究表明：想象力和创造力具有内在关联性。想象力并非后天培养的结果，而是人类与生俱来的能力，关键在于如何保护和激发它。而创造力则是在想象力的基础上，通过后天的全方位综合教育和环境熏陶逐步形成的。想象力和创造力会在阅读、数学游戏、物理探索等学习过程中被自然激发，而不是通过人为窄化的专门的创造力训练获得。同样，专注力也是在数学解题、深度阅读等活动中自然提升的。这与当代教育心理学主张的"学科渗透式能力培养"高度一致，强调核心素养应在具体学习情境中融合发展。[1]

在学习力的这三项构成要素中，学习动力、学习意志力属于非智力因素，不是与生俱来的，而是在实践活动中逐渐培养锻炼出来的。学习能力则与智力因素密切相关，既有先天智商决定的学习能力，也有后天培养（通

---

[1] OECD.The OECD Learning Compass 2030 [EB/OL]. [2025-06-10]. https://www.oecd.org/en/data/tools/oecd-learning-compass-2030.html.

过积累知识、使用思维工具等来实现）形成的学习能力。

学习动力、学习意志力和学习能力三者在培养方法上存在很大差异。

具有良好的学习力是我们对0—15岁孩子的培养目标，它能帮助孩子实现高效自主学习，持续、健康地提升学业成绩，同时为孩子的终身学习奠定坚实的基础。它在孩子学业规划和成长过程中如同北斗七星，时时提醒我们辨别教育方向，把握教育方法，缓解教育焦虑和避免不当干扰。

(二) 关于学习动力

学习动力是学习力的重要组成因素。孩子的学习力培养犹如驾车远行，学习动力发挥的功能如同"发动机"，假如孩子缺乏学习意愿，就像发动机未能启动，仅靠父母、老师等外力推动前行，那车是无论如何也走不远的。

1. 学习动力匮乏的现象

教育咨询原本主要集中于孩子们学习方法的改善和能力提升上，但近些年来，咨询孩子学习动力匮乏问题的家庭越来越多。

一些孩子对学习毫无兴趣，甚至产生反感和抵触，谈到学习就无精打采。

有些孩子会反问："学习有什么用？我要求不高，以后能过一般的日子就可以了，不需要赚那么多钱，没必要读好学校。"

还有一些温和型的孩子，对学习不反抗也不主动，家长推一下动一下，不推则不动。

孩子学习动力严重匮乏，最为直接的表现就是糊弄作业、学习磨蹭、经常不完成作业，甚至厌学。这样的孩子，大多数学习成绩不会好。也有一小部分孩子，尽管没有学习动力，但在父母的严格管控下，学习成绩不错，只是父母和孩子都很累，而且发展不可持续。此处分享两个案例。

【案例】时刻被拧紧螺丝的小麦

小麦的智商挺高,学习能力较强,妈妈对他寄予厚望,从小到大都是妈妈管控他学习。小麦自述不爱读书、不爱学习。小学期间,他比较听话。到了初中之后,常常和妈妈发生激烈冲突。尽管他每次还是屈从了妈妈的学习要求,拖延着完成了被安排的学习任务,但是他说:"希望早点离开我妈,我自由了就可以不学习了。"

小麦和妈妈之间,每天都在上演权力争夺大战。妈妈希望小麦多学一些,小麦希望自己能多一些休息和娱乐。母子俩都感到身心俱疲,尤其是妈妈,她觉得自己吃力不讨好,亲子关系恶化不说,小麦的学习也没有进步。妈妈深感焦虑和困惑:继续管下去,亲子关系无疑不会好转,但好歹小麦的成绩还能维持在中等偏上;妈妈预感只要一放手不管,小麦就会放弃学习、彻底摆烂,那中考是注定上不了好高中了……她不敢想下去。但即便如此,小麦妈妈也依然认为这是孩子性子倔、青春期逆反的表现,相信等孩子长大懂事了,就会感谢妈妈现在的付出。

【案例】被迫学习的恒恒

我们再通过恒恒的案例来感受一下学习效率和动力的关系。恒恒认为自己最大的困扰是"学习效率低下",于是有了我和他之间的如下对话。

"其实我就是不想做那些事。"恒恒坦白道,"总想再拖一会儿,休息一下。妈妈特别看重效率,总是盯着我。她觉得既然制订了计划,就必须严格执行。"

"你不想做时,是怎么想的呢?"我问道。

"我是觉得那些学习任务没那么重要。"恒恒脱口而出。

我接着追问:"那如果是你自己觉得重要的事就不会拖延,对吗?"

"是的,当然不会。"恒恒不假思索地回答。

"那你为什么要把这些学习任务写进计划呢?"我继续问。

"因为妈妈要求我做啊。"恒恒无奈地说,"如果不列出来,她会不高兴的。"

从以上案例我们可以看到:当学习任务是他人意志的表现而非自己的主动选择时,拖延便会成为孩子对抗外部控制的无声抗议。这种亲子博弈消耗的能量,远比耽误几道作业题更值得警惕。

一旦学习变为完成别人的期待和布置的任务,孩子就会陷入"假性学习"的怪圈——这种状态就像被线牵着的木偶,动作再标准,也跳不出真正的舞韵。当孩子在学习中戴上"表演者"的面具,把学习结果当舞台时,他们的能量便悄然流失——学习不再是为了探索真理,而是为了满足外界的期待。表演性学习在有人或没人管控时,其学习状态完全不一样。学习动力匮乏的孩子,容易患上"空心病":精于应试技巧,却对知识本身失去敬畏和渴求;擅长完成指令,却丧失了探索未知的兴趣和勇气。

学习,唯有成为自己的事,才能摆脱外界的凝视,回归本质。父母需要学会放手,将学习的主动权交还给孩子,让他们成为自己学习旅程的真正主角。在旅途上不被催促和注视,孩子才会卸下伪装,直面内心的声音。此时,他们的思考不再是为了迎合他人,而是为了解答自己的疑惑;他们的行动不再是为了展示,而是为了探索未知。正是在这种纯粹的自我对话中,独立的思想才会萌芽、生长,最终变得强大而坚定。

2.学习动力匮乏的主要成因

如果认真研究一下孩子学习动力匮乏的原因,会发现主要集中在四点上。

①父母管控孩子学习，急功近利：孩子在父母的严苛要求下、在对抗父母的过程中，逐渐对学习失去兴趣、抵触学习。

②物质丰裕，父母娇惯、包办、托底：孩子对学习、生存意义的理解被消解了，丧失了学习目标。

③网络诱惑消解了孩子对学习的好奇和兴趣：孩子的兴趣不断失衡，逐渐失去学习动力。

④孩子学习能力不足：孩子在学习表现及成绩体现上不理想，体验不到成就感，失去学习兴趣和信心。

上述原因最终导致了一个共同的结果：孩子在学习上失去了兴趣、目标、成就感，进而失去学习动力，恶性循环、不断往复。

如何激发孩子的学习动力，尤其是对这些已经出现学习动力匮乏现象的孩子，是令家长和老师十分头疼的课题，也是本书要帮助孩子解决的关键性问题之一。

（三）关于学习意志力

学习意志力，是孩子为达到既定学习目的而自觉努力的意志品质。它是孩子克服懒惰或虚弱、突破瓶颈、走出困境的法宝利器，是帮助孩子大脑指挥身体、实现身心统一的力量。

意志力问题往往具有较强隐蔽性。当前很多孩子在学习方面出现的问题，其中不少都是意志力的问题，但大多数家长对此缺乏正确认识，学习意志力的缺失正在成为孩子学习路上最隐秘的障碍。

1. 现象背后的问题是意志力缺失

很多孩子渴望学习进步，但在日常学习生活中常常出现以下现象：

①在各种考试或成绩比较中，因为成绩差一些或没有发挥好，就轻易

地发脾气、闹情绪，有的一蹶不振，甚至会歇斯底里，简单说就是遇到挫折容易失去信心、情绪崩溃。

② 在学习上遇到难一点的题目或瓶颈，首先想的不是克服，而是躲避，常常是畏难和放弃心理占上风。

③ 在学习上各种怕苦怕累，有的写一会儿作业就觉得疲惫要休息半天，有的动点脑筋就嫌累，还有的甚至懒得动脑筋。

④ 近年来，频出的另一种新现象是，具有学习目标的孩子，一直很努力、成绩也很好，但突然因为某件事，比如接连几次没考好，就开始自我否定，排斥上学，随后开始间歇性地不上学。

⑤ 有些孩子一放假就跟着父母吃喝玩乐睡懒觉，临近开学时心情低落，出现开学恐惧症，开学后需要几周时间才能慢慢适应学习节奏（非心理疾病）。

⑥ 在学习上不守承诺、不能完成既定学习计划，说话不算数。

……

这些现象常常让家长们很头痛，他们对此的解读往往是：现在学习难度大、强度高，而且现代孩子高敏感、情绪自控力差，所以会出现自己小时候没遇到过的问题，现在的孩子们太不容易了！

实际上，这些现象背后的问题并不仅仅或全部源自于外部环境，有很大一部分恰恰是因为：孩子缺乏学习意志力。正是由于孩子意志力薄弱，才会在学习遇到困难时缺乏斗志、容易放弃；遇到挫折时失去信心、情绪崩溃。也是由于孩子意志力薄弱，才会在学习上怕苦怕累、怕动脑筋；频繁在执行学习计划时半途而废，对自己的承诺言而无信。

渴望变好，却总是难以付诸行动，成为事实上的"语言的巨人，行动的矮子"，这正是典型的学习意志力缺失的表现。

2. 意志力缺失背后的问题是家长的教养方式不当

我们应辩证看待孩子的学习意志力缺失。一方面，需要从孩子本身找原因，可能的情况有：学习目标不清、存在怕输心理、诚信淡漠、身心脆弱、娇生惯养等。另一方面，更要注意孩子学习意志力缺失背后的原因很多是家长。从大量的咨询案例中可以发现，孩子学习意志力缺失问题的形成，往往与家长错误的教养方式密切相关，主要体现在以下几个方面：

（1）过度干预，剥夺孩子的自主性

家长事事包办，导致孩子无法独立学习，遇到问题时习惯依赖父母，缺乏解决问题的能力和自信。

（2）只重眼前成绩，输不起

家长过分关注眼前分数，使孩子陷入"成绩决定一切"的错误认知，大人孩子都输不起，导致心智脆弱，经不起任何学习上的挫折。

（3）过度保护，娇惯纵容

孩子被呵护得如同温室花朵，怕苦怕累，心理承受能力差，缺乏规则意识和自我约束力。同时，家长对"学习苦"的误解会阻碍正在"吃苦"的孩子，造成孩子缺失学习意志力的培养机会。

（4）缺乏榜样作用

父母学习意志薄弱，平时不愿意学习，沉迷手机等电子产品，无形中给孩子传递了消极影响。

（5）缺乏诚信原则，轻易妥协

当孩子违反约定时，家长不能坚定立场，而是不断退让。久而久之，孩子便缺乏诚信意识，难以养成自律和坚持到底的习惯。

孩子学习意志力的缺失，很大程度上是现代家庭教养不当的结果。正是这些不当的教养方式，使得孩子在学习上缺乏持久的意志力和内在驱动力,其后果就是让孩子成了缺乏行动力的空想家——他们可能心怀理想,却在行动上软弱无力。

3. 意志力缺失问题为何隐秘

(1) 家长缺乏识别问题的能力

面对孩子学习上的很多问题和现象,家长往往将其归咎于应试压力大、学业难度大或孩子性格敏感,却意识不到核心问题在于孩子的意志力薄弱。由于缺乏这方面的认知,学习意志力缺失便成了最容易被忽略的孩子学习成长道路上的阻碍。

(2) 早期阶段难以察觉,后期问题爆发

在学前和小学阶段,学习意志力缺失的影响并不明显。学前阶段,孩子年龄小,尚未接触成绩评价式的学习,家长很少关注意志力培养。小学阶段,课业简单,只要家长稍加督促,孩子就能维持不错成绩,导致意志力问题被成绩表象掩盖。直到初高中,当学习难度陡增,孩子因意志力缺乏等因素而迅速溃败,问题便会在短时间内爆发显现。

(3) 家长对"学习苦"存在误解

家长对孩子的娇惯,还源于一个难以察觉的普遍事实:对"学习苦"存在误解。家长分不清对于孩子而言,什么样的"学习苦"有益,什么样的"学习苦"有害。看到周围有的孩子因为应试学习出现各种心理问题,家长们很紧张,常常为避免压垮孩子而阻止孩子"吃苦",这种误解让孩子错失了培养意志力的关键机会。近年来,随着学习引发的抑郁现象增多,家长对学习苦误解的情况也越来越多。

此处分享两个案例。

【案例】容易烦躁的小贝

小贝主动钻研数学难题时，有时会因解不出题而烦躁，有时也会因突破难题而兴奋，这恰恰是孩子成长的最好状态——他正在挑战自己，经历烦躁、挑战并最终从成功中获得成就感。可当时小贝父母却误以为这种投入是"过度辛苦""不正常的"，担心会压垮孩子，影响到孩子的心理健康，因此总想打断他。后来这个问题在咨询中被及时发现并纠正，避免了走偏。

【案例】克服依赖心理的小宇

初中生小宇又是另一种情况。小宇虽然学习自觉，但成绩总是不尽如人意，尤其是数学。当被问及为什么周末抽不出1小时做数学限时训练时，问题逐渐清晰：原来他每周六上午都要花4小时（包括往返时间）去老师家背100个单词。

小宇的妈妈心疼孩子，看到孩子在家背单词愁眉苦脸，觉得孩子辛苦，为了让孩子少吃点苦，就给他报了辅导班。但实际上，初二学生完全可以做到用2小时左右独立背完100个单词。经过咨询分析，小宇意识到，如果能克服依赖心理，自己完成背诵，就能省下2小时。很快，他调整了学习方式，仅用1.5小时就能背完单词，剩下的时间用来提升数学。暂且不论这种背单词的方法对于英语学习是否科学，单从培养学习意志力和时间管理能力来看，这种改变很有价值，并且提升背记能力之后，孩子突破了心理难关，使原先所有背记困难的学习——诸如小四门、语文背课文等，都变得高效轻松，大大提升了文科的学习效率，成绩也得到了进一步的提升。

这两个案例反映了不少家长对"学习苦"的错误认知。这些家长的共同问题是：

①娇惯、心疼孩子，见不得孩子吃苦。

②存在认知误区，把"有用的苦"当成"有害的累"。孩子自己愿意坚持的挑战（比如小贝沉迷解题），其实是在提升他的学习深耕能力和抗挫力；小宇独立背单词是在激发他的潜力、突破学习瓶颈，这种"苦"恰恰是意志力的养分。

③低估孩子的适应能力，生怕孩子被累出"抑郁症"。但就像肌肉需要锻炼才会变强，孩子的大脑也需要适度的挑战才能变强。如果总怕孩子"太累"而替他们避开困难，就会令孩子变得脆弱。

我们需要认识到：学习是辛苦的，但不是痛苦的。真正的问题不在于学习有多辛苦，而在于这种辛苦是不是孩子自己愿意承担的。就像一个人自愿爬山和被人硬拽上山的区别：前者虽然累但充满挑战的兴奋和成就感，后者只感受到抗拒的疲惫、挣扎的痛苦。让孩子崩溃、出现心理问题的从来不是学习本身的辛苦，而是"被逼着学又找不到意义"的无力感，是外力强大和内在空虚的扭曲的苦。

每一个学业优秀的孩子背后都是辛苦的付出，如果你觉得他们学得轻松愉快，那只是因为：一来，你没看到他们的辛苦；二来，这些孩子已经习惯吃苦而不觉得苦，已经能享受辛苦所带来的酣畅淋漓和成就感。

从来都没有随随便便的成就。

4.诚信淡漠——意志力缺失的最隐秘因素

通过前面的分析，我们可以看到很多现象都是孩子意志力不足的典型表现。而在这些现象中，诚信问题所导致的意志力缺失则更为隐蔽。

让我们通过睿睿的案例来理解诚信与意志力的内在联系。

【案例】缺失意志力的睿睿

睿睿在初一阶段虽然学习动力充足、学习能力突出，但却表现出情绪化、心理承受能力弱、言而无信、怕苦怕累等问题。起初，父母认为这只是成长过程中的正常现象，随着年龄增长自然会改善。直到我明确指出这是意志力缺失的表现，父母才有所察觉。

但由于睿睿的学习成绩在提升，加上初中住校导致亲子相处时间有限，该问题始终没有得到足够重视和有效解决。这个隐患在睿睿升入重点高中后彻底爆发：高一年级他的成绩一直垫底。睿睿自己总结的原因是"能听懂但懒得做"。寒假时，为了自我激励，他主动与父母签订"军令状"：如果三次未完成学习计划，就剪掉自己最珍视的头发。然而当第三次违约真的发生时，睿睿又开始恳求父母网开一面。父母坚持原则没有让步，结果睿睿情绪崩溃深夜出走，最后因忍受不了清晨的寒冷，于早上七点多自行回到家中。

此时，睿睿的父母开始纠结：是否应该继续执行约定？他们求助于我，我并没有直接回应。因为所有的建议在一开始都给出了，并且睿睿的问题并不难分析：首先是安全层面，睿睿最终因怕冷而回家，说明他并不是有真正的自伤倾向，同时也体现出他吃不了苦；其次是承诺价值，用"命一样重要"的头发做担保，却在违约后没有采取任何补救措施，说明承诺的严肃性在惰性面前不断贬值；最后是行为模式，睿睿把精力用在说服父母妥协上，而非履行承诺，这是长期违约行为形成的惯性。

最终睿睿父母通过自己复盘，坚持执行了约定。当睿睿剪完头发的那一刻，他自嘲地笑着说："我已经想好了怎么跟同学解释了。"

这个案例折射出一个普遍现象：当面对孩子违约并抗拒执行约定规则时，绝大多数家长会选择"高高举起，轻轻放下"的处理方式。对此我进行过一个简单调查：很多家长同睿睿父母一样，看到孩子出走后会放弃执行既定惩罚，其中有半数会寻找替代方案，只有极少数家长表示要捍卫诚信。这种普遍存在的妥协行为，正是导致当代孩子诚信意识薄弱和意志力缺失的重要原因。

日常生活中，家长常常将孩子的违约行为轻描淡写地归因为"年纪小""不懂事"，而忽视了其背后反映的诚信意识和意志力问题。这种认知偏差使得问题得不到根本解决。值得注意的是，那些坚持原则的家长，其子女往往在诚信和意志力方面表现突出。

拉罗什富科的箴言——"意志薄弱的人，一定不会诚实"，揭示了意志力和诚信的依存关系：诚信需要意志力来抵御诱惑、克服惰性，将信念转化为行动；而意志力的本质，正是对内在价值的忠诚。没有意志力，再善良的本性或再崇高的理想，也会在现实的冲击下沦为空洞的言辞。

（四）关于学习能力

学习能力是学习力的核心要素，也是学习力培养的核心内容。目前，对各年龄段孩子学习能力的培养，大多数家庭欠缺有效的方法。培养学习能力，我们首先要搞清楚学习能力分为高、低两个层级。这两个层级不仅仅体现出孩子的能力层级，还对孩子未来的学习工作具有深远影响，同时也能体现出家长或教育者的认知高度和价值观。

1. 学习能力的低层级及其体现

在学习一门新学科时，对于学科领域内知识点的机械式掌握和运用，属于学习能力的低层级表现。学习能力处于低层级的孩子可能有明显"高分低能"的特点：书面应试成绩良好，但运用所学知识灵活解决实际问题的能力不够。

我国研究生考试分为初试和复试。从近二十年的招生趋势来看，复试成绩占比越来越高。如果复试不及格，考生统考的初试分数再高也不予录取。因此，即使考研初试成绩名列前茅，最后未被高校录取的现象也屡见不鲜。

实际上，高校设置的复试环节就是用来淘汰"高分低能"考生的，而这个"能"就是指学习能力。

在我接触的高校博士生导师和硕士生导师中，很多人都提到一个共同现象：有些初试成绩拔尖的学生，在研究生阶段往往表现出科研素养不足、缺乏创造力的问题。他们的科研工作进展困难，甚至面临毕业危机，更谈不上科研成果。基于这些经验，导师们现在在面试和复试环节会更加谨慎，力求避免再次录取这种"高分低能"的学生。

有些孩子虽然成绩很好，也具备良好的学习动力和很强的学习意志力，但由于没有接受过科学的学习能力培养，他们应付考试很容易，创新创造相对较难。

有一则稍显夸张的黑色幽默也从某方面反映了这种现象：一名游客到国外游玩，不慎坠入湖中，老外在岸边喊话"How are you"，此人脱口而出——"I'm fine, Thank you!"老外放心地走了，留下此人独自在水中扑腾。

其实这个笑话就说明了：知识如果不能内化成解决问题的灵活工具，就只会是一种应试摆设和思维禁锢。对孩子的损伤，不言而喻。

2. 学习能力的高层级及其体现

什么是学习能力的高层级？简单地说就是"高分高能"。具备高层级的学习能力，意味着不仅能掌握所学知识点，而且能深刻理解其原理，做到融会贯通、灵活运用；不仅能在各种应试教育考试中取得优良成绩，而且能灵活解决相关实际问题。相比而言，具备低层级的学习能力也可能在应试教育考试中取得优良成绩，但只能解决预设范围内的学习问题。高层级的学习能力指向再创造能力，体现在对已掌握的知识、技能、方法的再创造，可作用于学习和生活的方方面面。

高层级学习能力还具有可迁移性：一方面是指将已掌握的知识和方法迭代升级之后去解决相似领域内的新问题；另一方面是指在一门功课的深度学习上所获得的学习能力（诸如逻辑思维能力、专注力、表达能力等），可以作用于其他相近的科目学习上，并使其他科目的学习事半功倍。比如，数学好的孩子通常在理科类学习上也较得心应手。

我们自然是想培养孩子高层级的学习能力。但在目前的应试教育下，有不少家庭甚至学校都不自觉地把培养目标下降到学习能力的低层级，无论是课堂上的"大水漫灌"、题海战术，还是各种"白加黑""5+2"补习班，只要孩子能在应试中获得高分就皆大欢喜，至于高层级学习能力的培养，没有精力也没有能力去顾及。

以数学为例：20年前，2001年版课程标准中强调"双基"概念——基础知识（主要是概念和法则的记忆）扎实和基本技能（主要是计算和证明的能力）熟练。在这种要求下，很多学校以训练孩子的计算熟练度为追求，产生了很多不科学的教育理念和方式方法，也造成很多孩子的学习能力止步于低层级。2022年4月出台的《义务教育数学课程标准（2022年版）》，也就是我们现在通常所说的"新课标"，第一次明确地提出数学课程的目标是培养学生的三个核心素养："会用数学的眼光观察现实世界，会用数学的思维思考现实世界，会用数学的语言表达现实世界。"可以看出，数学课程标准发生了明显的转向，教育目标明确指向了高层级学习能力的培养。

随着人工智能的迅猛发展，全球各行各业在发生翻天覆地的变化。孩子们入学时报考的专业和准备未来就业的岗位，很可能在孩子尚未毕业时就消失了……很显然，只掌握了大量应试知识而缺乏应用和创新知识能力的孩子，只会死读书而不擅长学习变通的孩子，都将无法适应这些巨变。

如何适应高科技发展带来的各种不确定性？

如何才能不焦虑，在未来具有更多的主动选择性？

如何能不被人工智能（Artificial Intelligence，AI）取代，以不变应万变？

答案就是——让孩子具有高层级的学习能力。

我们要从始至终地激发、培养孩子的学习能力，帮助他们达到高层级的状态，帮助孩子获得强大的学习力，让他们在任何一个变动的时代、陌生的领域里，都可以无惧、融入并腾跃。

（五）学校教育下的学习力培养

孩子要完成九年的义务教育，在这九年中，我们如何开展学习力培养呢？

1. 学校教育对学习力的双重影响

九年义务教育为所有孩子提供了有组织、有计划、公平接受教育的机会，但同时这种组织形式也存在一定的弊端。我们需要客观看待它对孩子学习力的双重影响——既能培养某些基础能力，也可能抑制更高阶的思维发展。关键在于如何取其精华，去其糟粕。

（1）积极方面

• 激发短期学习动力：学校内各种考试的压力以及多样化、复杂化的学习竞争环境，促使孩子为了明确的学习目标而努力，在一定时期、一定程度上能激发学习动力。

• 锤炼意志力：学校教育中的各种测试，在一定程度上训练了孩子的耐力和抗压能力，也培养了孩子的执行力。

• 强化基础技能：学校教育对知识记忆、细节把握和应试技巧的重视，能提升孩子的信息处理效率；系统的知识框架（如数学公式、语法规则）为自主探索提供基础工具；为应对考试压力而锻炼出来的时间管理能力，也是自主学习所需的底层能力。

（2）消极方面

• 损害内在学习动力：学校教育较为重视考试成绩，容易让孩子的学习动力表面化、功利化，窄化孩子的眼界、格局，导致他们缺乏内在学习兴趣和探索精神，从长远看是对学习动力的严重损害；且孩子容易在达成学业目标后，就终止对学习的追求。

• 影响心理健康：相对单一的教育形式以及少数存在的对分数过度追求的现象，容易导致学生心理上的压抑、疲惫，甚至让学生产生焦虑和厌学情绪，极易引发心理问题。

• 限制高阶能力发展：过度侧重知识的记忆、应试技巧、标准答案，往往抑制知识的运用能力、自主学习能力、创造力、批判性思考能力和解决问题能力的发展。

2. 学校教育下学习力培养应注意的几个问题

在学校教育背景下培养孩子的学习力，我们要注意如下几点。

（1）做智慧的父母

• 树立学习力系统培养教育观，淡化分数攀比。

• 减少学习中的机械训练（如重复性口算、套路作文）。

• 日常学习不必拘泥于标准答案（如阅读理解），不能束缚孩子的思维发展，但考试前可以做短期的规范作答训练。

• 敢于拒绝不合理的作业要求（如背诵计算结果，影响睡眠的超量作业）。

家长要做孩子学习力发展的后盾，帮助孩子抵御应试教育对学习力的耗损。

（2）强化作业管理策略

• 对低质作业：可以协商替换为更有价值的学习活动或其他练习。

• 对过量作业：优先保障睡眠，选择性完成。

• 对因磨蹭未完成的作业：重点培养诚信意识、时间管理能力，并要求和引导孩子完成全部作业。

家长可以根据以上原则和孩子的实际情况，坚持灵活通达和严格严谨并行。最重要的是，要将适量的作业视为培养孩子责任感、自主学习能力的载体，而不仅仅是一份"不得不完成"的任务。

（3）建立正确的考试观

• 日常考试仅仅是检测学习效果的工具，主要功能是帮助我们发现问题、调整学习策略，越早发现问题越利于解决问题，损失越少。

• 关注每天的能力提升及能力提升如何在成绩上体现出来，而不仅仅是关注分数。明晰分数与能力的关系，就不会妄自菲薄，更不会妄自尊大。

• 帮助孩子同时提升学习能力和应试技巧，并使二者保持平衡。

• 行动准则：只做真正促进健康成长、提升学习力的事，坚决不做妨害身心健康、有损学习力的事。

（4）科学应对升学考试

• 坚持"长期学习力培养 + 短期应试训练 = 高能高分"。

• 科学应试不会阻碍能力发展和身心的健康成长。

许多优秀学子都经历过国内的中考和高考。正如一位博士所说："中考、高考让我褪去了一层惰性的皮，真正脱胎换骨。"科学方法之下，应试之辛苦是必然要吃的，这也是心智成长的需要。我们不要担心或排斥辛苦，压垮孩子的不是学习时正向努力的辛苦，而是来自外界的压力和内心抗拒所产生的扭曲力。

（5）提升学习力有助于增强学习信心

学习力的提升虽然需要一定的时长，但绝非遥不可及。如后文案例篇中各种情况下的孩子，无论他们是否有基础、是否天资聪慧，也无论他们的父母是否具有高学历，只要父母和孩子能踏踏实实地、按科学的方法去实践，绝大多数孩子的学习力都会获得显著提升，既增强了孩子学习的成就感，也极大鼓舞了孩子的应试信心。

（6）把学校教育背景下的应试视为成长的挑战

正如有句名言所说："杀不死我的，终将让我更强大。"学校教育的弊端反而提醒了我们，促使我们要时刻重视对孩子学习力的培养，时刻注意明晰教育理念和方向，学会对校内学习要求进行辩证思考与抉择。最重要的是，我们要秉持长期主义，塑造孩子正向积极的价值观，形成高瞻远瞩的眼界和格局。

总之，应试是一把双刃剑——用得好，它能锻造学习力；用得不好，它可能扼杀潜能。而使用的关键，在于我们对孩子认知和实践引导的科学性，在于我们能引导孩子智慧应对考试的同时，不被考试与分数定义。

（六）学习力和学习习惯

俗话说"习惯成自然"，习惯的特点就是让思维和行为变成一种自然而然的惯性，不需要耗费太多脑力就能完成。学习习惯，指的是个体在学习过程中逐渐形成的思维和行为的惯性模式。优秀的人往往具备强大的学习力和良好的学习习惯。然而，在现实中，许多人常常将学习习惯与学习力混为一谈，对学习习惯的认知和培养存在诸多误区。

1. 学习习惯的相关误区

（1）误区一：教育＝学习习惯的培养

叶圣陶先生说过一句影响教育界的名言："什么是教育？简单一句话，就是养成良好的习惯。"很多教育者经常引用这句话来强调学习习惯是教育的重中之重。

我认为这是曲解了叶圣陶先生的原意，同时也无限放大了学习习惯的重要性，从而陷入学习习惯的认知误区。我所理解的叶圣陶先生在这句话里提到的教育，不仅仅指学业学习，还指培养孩子成为身心健康、有能力的人的大教育；这里提到的习惯，包括生活习惯、社会行为习惯和学习习惯，而不仅仅指学习习惯。

良好的行为习惯促成优秀的品性，从这个角度来说，孩子从小要养成良好的生活、社会行为习惯。习惯的"不费脑子"的特点，让我们不管面对何种环境，都可以坚守原则，自然而然地遵守公序良俗，抵御外界诱惑和干扰。

从小养成良好的学习习惯，帮助孩子在学习上明确方向、减少障碍，这也是我们培养孩子学习力时所要启用的点。但同时我们也应该清醒地认识到，对于孩子的学业教育，学习力培养永远是核心。

（2）误区二：学习习惯＝机械性习惯

良好的学习习惯，通常包括课前预习、认真听讲、及时复习、独立完成作业、广泛阅读、合理安排时间、主动提问等。这些习惯能够帮助孩子在学习中更加高效、自主，并有助于提升学习力。然而，现实中许多老师和家长却误将一些机械性、缺乏科学依据的行为当作学习习惯来重点培养。

比如：

- 幼儿园大班到小学一年级的孩子被要求大量练字，过分追求书写美观。
- 机械训练口算和笔算速度，孩子甚至被要求背诵计算结果。
- 低年级的孩子在做题时必须先圈出关键词（对低龄孩子而言，这种做法往往只是机械地完成任务）。
- 写作文前先看范文，强调套用好词好句。
- 做阅读理解题目时，严格按规定的流程步骤写出标准答案。
- 数学作业中要求孩子用尺子画等号，写数字时必须严格遵循日字格的起笔和落笔规范。
- 做数学题时必须完整抄写题目，答句必须一字不漏地按问题抄写回答。
- 上课必须养成积极举手回答问题的习惯。

……

这些机械性的习惯训练，看似在培养"规范""速度""细致"，却往往会带来一系列严重的问题。

- 扼杀学习兴趣：过度强调形式化、机械化的训练，容易让孩子感到枯燥乏味，失去学习热情。
- 限制思维发展：机械化的流程和标准答案会让孩子形成固定思维，缺乏独立深度思考能力和创造力，墨守成规，使得学习流于形式。
- 忽视学习能力的培养：当时间和精力花在学习习惯培养上时，自然无暇顾及学习力的培养。

此处也简单列举三个真实案例。

【案例】童童（小学一年级）

记得童童刚上一年级时，写字总是超出田字格。老师多次批评他，认为他不认真、态度不好，要求他重写，甚至经常罚他抄写。而我看到的却是：童童的字迹显然已经十分用力。我知道他其实非常认真，只是手部小肌肉发育尚未成熟，控笔力度不够。于是，我决定代他完成写字任务，让他用省下来的时间做数学游戏、阅读和运动。

【案例】小轩（小学二年级）

小轩的妈妈非常重视书写规范，从幼儿园大班开始就要求他每天练字一小时，目标是写得工整美观。小轩的字确实越来越漂亮，但代价是他对写作业产生了强烈的抵触情绪。每次写字，他都感到压力巨大，生怕写错或不够美观。渐渐地，他对学习失去了兴趣，甚至一看到作业本就情绪低落。更糟糕的是，小轩的妈妈发现，尽管字写得好，但他在阅读理解、写作表达等方面的能力却远远落后于同龄人。因为练字占据了他自由阅读和自然表达沟通的时间。练字本是一件好事，但过度追求形式上的"美观"，反而让孩子失去了学习的乐趣和主动性。机械化的训练不仅没有提升小轩的学习能力，反而让他对学习产生了厌倦。

【案例】小雨（小学一年级）

小雨的妈妈为了提高她的数学成绩，每天让她做大量的口算练习，要求她在规定时间内完成尽可能多的题目。小雨的口算速度确实提高了，但她在解决实际数学问题时却显得思维僵化，缺乏灵活性。在数学考试中，前面的计算题目她常常能得满分，但后面的应用题要么是不会做，要么就是做错。小雨的妈妈后来意识到：单纯追求口算速度并不能帮助孩子真正提升数学思维能力，反而让孩子陷入"为快而快"的误区，忽视了对思维的深度拓展。

我也曾遇到一些孩子，他们逻辑性强，性格沉稳，喜欢在深思熟虑后回答老师提出的问题，因此不会冲动举手，显得"不够积极"。然而，家长和老师却极力鼓励孩子要积极举手发言，试图将内向的孩子变得外向。结果，这种做法反而让孩子变得毛躁、虚荣，甚至开始"表演"举手，失去了原本的沉稳和内敛。

学习习惯的培养不应一刀切，而应尊重孩子的个性特点。强迫孩子按照某种"标准"行事，不仅无法提升学习效果，还可能适得其反。这些机械学习习惯的产生，有的源于教育者的认知误区，有的源于教育者的急功近利（比如老师为了达到教学指标，往往强调不科学的学习习惯）。还有很多家长这么做，是为了让孩子在校内获得良好评价。这些做法都忽视了孩子的身心发展规律，实际上是以牺牲孩子的学习兴趣和学习力为代价。学习习惯的培养不是为了让孩子"听话"或"规范"，而是为了帮助他们形成高效、自主的学习方式，更好地助力孩子学习力的提升。

（3）误区三：良好学习习惯＝良好学习效果

很多人认为，只要养成了良好的学习习惯，就一定能取得良好的学习效果。从学习任务较为简单的小学低年级来看，这二者之间或许有一定关联。但是从长期来看，良好的学习习惯能不能带来良好的学习效果，关键在于有没有良好学习力的支撑。如果缺乏良好的学习力，学习习惯再好也难以取得好的学习效果。比如，预习习惯的养成只是第一步，关键在于如何让预习过程变得有深度、有思考。预习也是一种被广泛认可的良好学习习惯。然而，很多孩子的预习效果并不理想，因为他们只是习惯性地走一个形式，缺乏深度思考。

【案例】预习的"形式主义"

五年级的女孩小婷，她每天都会"预习"课本，但只是简单地翻翻书，画几条线，甚至没有理解书中的内容。这种流于表面的预习，虽然让她养成了"翻开书本"的预习习惯，却并没有真正提升她的预习能力和预习效果。

【案例】从"形式预习"到"深度预习"，从预习习惯到预习能力

我引导7个孩子从小学六年级毕业的暑假开始，自主预习初一的数学。每月一次，我会检查他们的预习情况，并帮助他们纠正学习方法。一开始，孩子们按照"大预习"的方法（方法详见实战篇）进行学习，方法流程都一样，预习习惯都一样，但由于每个人的学习力和执行力不同，预习的深度和效果也各不相同。初一阶段，这些孩子的数学成绩基本处于班级中等或中等偏上的水平。

初一结束的暑假，这7个孩子完成了对初二数学的自主大预习。这一次，他们汲取之前的经验教训，深耕细作。正式进入初二后，他们的学习效果发生了显著变化：其中6个孩子的数学成绩进入了班级前十，4个孩子进入班级前五，有2个孩子连续多次获得了数学满分（完全没有补课，也没有大量刷题）。这些孩子的学习力和成绩基本都达到了班级的头部水平。

孩子们在回顾这段经历时，深刻体会到：初一的预习只能算是养成预习习惯，过程轻松但效果有限；而现在的预习是数学能力的攀升过程，很累但效果显著。

良好的学习习惯是学习的基础，但它并不能直接等同于良好的学习效果。只有在良好的学习力支持下，这些习惯才能真正发挥作用。家长和老师在帮助孩子养成良好的学习习惯的同时，要更注重培养学习力，这样才能让习惯真正转化为效果，帮助孩子在学习中取得长足的进步。

（4）误区四：小学阶段最重要的是培养学习习惯

"孩子在小学阶段，最重要的就是良好学习习惯的培养。"这句话不仅是许多家长的教育认知，也是大多数老师的教育共识。这个认知导致在孩子的学前和小学阶段，父母和老师往往将大量时间和精力投入对孩子学习习惯的培养上，却忽视了对学习力的培养。

如果只注重学习习惯而忽视学习力，孩子在高年级时很容易出现"后劲不足"的情况，面对更复杂的学习任务时，往往会感到力不从心。

【案例】"模范生"也吃力

在小学阶段，小涵一直是"模范生"，成绩名列前茅。然而，进入初中后，她的成绩开始下滑，尤其是数学和物理，感到越来越吃力。究其原因，是小涵的妈妈在她小学期间狠抓学习习惯，这促使小涵一放学回家就写作业、上课认真听讲、认真复习、主动预习等等，对于每一项任务小涵都能按部就班地完成。这些良好的学习习惯应付小学阶段的学习难度是足够的，并且会表现为良好的学习成绩。但小涵的学习力没有得到充分培养和实质性的提升，因此当面对内容复杂、难度更大的初中知识体系时，她开始感到"脑子不够用"，力不从心。

小涵的案例很具有代表性：在初中之前，家长重点培养孩子的学习习惯，用学习习惯替代学习方法、执行力和学习力，过分夸大了习惯的惯性作用，忽视了学习力的创造性和决定性作用。

学习习惯的培养往往具有两个特点：易、快。

①学习习惯容易培养——学习习惯的培养容易形成经验方法，比如制订时间表、规范行为等，操作起来相对简单。

② 学习习惯见效快——学习习惯的培养往往能在 1 个月内看到效果，比如孩子按时完成作业、课后及时复习、读题圈关键词等。

相比而言，学习力的培养也具有两个特点：难、慢。

① 学习力的培养因人而异，难度大，费心力，缺少成熟的易复制的方法和经验。

② 学习力的培养所需时长更长，少则半年多则几年。

尽管见效快的更容易被人们看见和接受，见效慢的则容易被质疑被放弃，但我们依然应该深刻地认识并平衡学习习惯与学习力的培养，帮助孩子既养成良好的学习习惯，又提升学习力，为孩子的长远发展奠定坚实基础。

（5）误区五：学习习惯是一成不变的

孩子一旦养成良好的学习习惯，无论是家长还是孩子都会陷入一个不假思索的误区：这个良好的学习习惯要一直被保持着，不可撼动。良好的学习习惯确实可以让孩子保持稳定的学习节奏、保证良好的学习状态，但是当学习任务和环境发生了变化，尤其是发生了很大的变化时，如果我们还是固守原有的学习习惯，则很可能会给学习力的提升带来阻滞。因此，我们需要在某些特定情况下灵活地根据实际情况，做出相应的调节，打破原有习惯。打破原有的学习习惯不是不坚持，而是为了更好地坚持——促进学习力的提升。

比如，孩子们在小学期间基本上都养成了放学回家先完成家庭作业的好习惯，就像有些妈妈和孩子们所说的："我一直认为作业是必须完成的，从没有想过可以不完成作业。"因此，到了初中尤其是初三，大多数孩子为了坚持这个好习惯，牺牲了睡眠和健康，这时就需要我们具体情况具体分析了。

【案例】及时调整作息的小西

小西上初三时，校内学习任务和家庭作业量剧增，每晚回到家后，总是感到精疲力竭，要休息到晚上九点才能开始写作业，等写完全部作业基本上是次日凌晨了。小西一直习惯于先做完当天的作业再复习、运动，然后才能安心睡觉。初三后因为要完成作业而一直没时间复习、运动，睡眠也严重不足。这种状态持续了一段时间后，小西渐感体力心力的双重不支，学习效率和成绩不断下滑。意识到问题严重性后，小西决定大胆改变学习习惯：放学回家后先通过跑步保证体能，坚持早睡保证睡眠，然后再复习、完成作业。她每天晚上回家后先跑步40分钟，洗澡，晚上8点半睡觉，凌晨4点半起床，先做好复习再写作业，能写多少是多少，不再强迫自己全部写完。坚持了2个月后，在期末考试中，她的年级排名从原来的170多名跃升至第40名。

该案例表明，当应试学习任务不合理时，孩子需要及时调整学习策略，改变固有的学习与生活习惯，以确保身心健康和学习力的提升（至少是不受损）。

【案例】改变学习工作节奏的童童

疫情期间，童童需要在美国麻省理工学院和哈佛大学的实验室之间奔波。当时国外疫情严重，一旦感染就需要隔离1—2周，这会严重影响科研进度。此外，白天实验室人多，感染风险高，实验进展也慢。为了应对这些挑战，童童大幅度调整了自己的学习计划和作息习惯。他白天睡觉，不上课，晚上通宵开展科研工作。这样一来，不仅降低了感染风险，还提高了工作效率——一夜完成的实验量相当于几个白天的总和。当疫情风险过后，他再放下科研、集中精力补课，最终学习和科研任务都没有落下。

童童的经历也说明，灵活调整计划和学习习惯可以帮助我们在特殊环境下保持高效学习，突破原有的学习瓶颈。

因此，良好的学习习惯是提升学习力的重要基础，但不应是一成不变的。当学习境况发生较大变化时，我们要有破局思维，要敢于灵活地打破原有学习模式，以达到更好的学习效果，形成更强大的学习力。

2. 培养学习力优于培养学习习惯

提到学习力和学习习惯的培养，我想和大家再分享童童的成长过程。这是一个关于如何通过提升学习力，自然而然、快速形成良好学习习惯的经历。

童童在小学低年级时，通常下午3点就放学了。由于家里没有老人帮忙照看，放学后的时间里，活泼好动的童童常常自由散漫，作业拖拉，缺乏自我规划，也没有养成预习和复习等良好的学习习惯。与此同时，老师反馈童童在课堂上不认真听讲，经常和同学讲话或玩东西，注意力难以集中。

为了解决课堂上的问题，我让童童带一些课外书去学校，并告诉他如果听不进去课，可以选择看课外书，但不能讲话或玩东西，不能影响同学和老师。我还恳请老师允许童童在听不进去课时看课外书，保证他不干扰课堂秩序。这样一来，童童可以在课堂上自主选择是听讲还是阅读，而不是无意识地跑神。这种方法很好地保护了童童的专注力。在有限的业余时间里，我更加注重对童童学习力、生活习惯和行为习惯的培养，而不是单纯强调学习习惯，希望帮助童童形成良好的品性和综合能力。

然而，直到小学五年级下学期，童童的学习习惯依然没有明显改善，成绩也起伏不定。为了激发他的学习信心并让他形成良好的学习习惯，我鼓励他参加信息竞赛（详情请参见闲聊篇"自家孩子教育经历"）。这么做的前提，是童童已在长期坚持数学游戏和自由阅读中获得良好学习能力，这绝对不是凭空"放任"或鸡娃。

童童在竞赛中的获胜，让他的自信心大幅提升，开始对自己各方面提出严格要求，短短几个月内，迅速建立了良好的学习习惯：放学回家能自觉高效地完成作业，再也不会边写边玩了；做事严谨仔细，彻底杜绝了低级错误；完全能自己做好时间管理和学习规划。

童童的经历与许多家长熟知的孩子发展路径不同。大多数孩子是从培养良好的学习习惯开始，进而助推学习力的缓慢提升。而童童则是通过提升学习力这条主线，快速促成良好学习习惯养成。

我曾在一个家长群（该群家长的孩子都毕业于国内外各大名校）中进行过一项小调研：当年孩子是如何形成良好的学习习惯的？大部分家长反馈，孩子学习习惯的建立过程与童童极为相似。

可能有读者认为，这些孩子之所以能够通过提升学习力形成良好学习习惯，是因为他们智商高。然而，我所接触到的大量案例恰恰反映：无论是先天具备高智商还是后天培养出良好学习力，都能够通过培养学习力事半功倍地建立良好的学习习惯（详情可进一步参见案例篇中的冉冉、瀚瀚、君君、奇奇、妙妙等）。

良好的学习力必然带来良好的学习习惯，这是一条少有人走的路。我们应更加注重学习力的培养，只有这样，孩子才能充分利用有限的时间，在学习力和学习习惯培养上获得双赢，在学习的道路上走得更远、更稳。

(七) 学习力和智商

谈到智商，几家欢喜几家愁。有些家长想放弃时，会无可奈何地说："我家娃天生就不是学习的料。"有些家长想鸡娃和卷娃时，会鼓舞孩子说："人定胜天，事在人为。"那么，智商和学习力的关系究竟如何？智商对学习成绩的影响到底有多大呢？

1. 学习力和智商的关系

智商（Intelligence Quotient，IQ），是通过一系列标准化测试得出的数值，普遍用于衡量一个人的相对智力水平。智商测试的结果通常以100为平均值，大多数人的智商分布在85到115之间，符合正态分布。这意味着，80%以上的人属于"普通智商"。智商的另一个特点是相对稳定——正常情况下，后天的努力很难显著改变一个人的智商水平。

智商与学习力关系密切，但不是决定关系。

如前文所述，学习力由三部分组成：学习动力、学习意志力和学习能力。其中，学习动力和意志力属于非智商因素，受智商影响不大；而学习能力则与智商密切相关。智商高的孩子往往在数学逻辑、阅读理解、专注力等方面表现突出，这些能力在理工科学习中的优势尤为明显。比如，许多在数学、物理竞赛中获一等奖的孩子，他们的学习能力很大程度上得益于高智商。

智商高，学习能力往往比较强，但不等于学习力一定强；智商普通，学习能力未必普通，更不等于学习力一定普通。就学习能力而言，它包括先天智商决定的和后天可培养的两部分。如何有效培养孩子的学习能力，特别是如何有效提升智商普通的孩子的学习能力，充分挖掘他们后天可培养的学习能力，是我20多年来致力研究和实践的主课题之一。

我的研究结论是：智商普通的孩子，后天通过科学的培养和刻苦锻炼，学习能力可以获得很大的提升和突破。智商或许决定了学习能力的起点，但后天的努力决定了学习能力的终点。

当然，学习成效最终取决于学习力，而非单纯的学习能力。学习能力固然是学习力的核心要素，但学习动力和学习意志力是学习力必不可少的两个与智商无关的要素。许多实践案例告诉我们，智商普通的孩子经过科学、严谨的学习能力培养提升，并同时形成强大的学习动力和学习意志力，那么在学习力和学习成效方面，完全能优于许多先天学习能力较强但学习动力和学习意志力比较一般的高智商孩子。

这里需要注意的问题是，相对于学习动力和学习意志力培养，学习能力的培养更加复杂，更需要科学和严谨的方法，需要耐心和毅力。有些孩子和家长正是由于缺乏正确的学习能力培养方法，常常感到"什么都好，就是成绩上不去"，陷入对智商的迷信中。

2. 超越智商限制获得良好学习力

"超越智商限制获得良好学习力"，这是很多家庭的追求和梦想，但不少家长对此存有疑虑，特别是一些对智商有点儿迷信的家长。下述案例——薇薇和表弟在学习上的经历，就是一场关于先天智商与后天培养出的学习力较量的故事，是"超越智商限制获得良好学习力"的生动展示。

【案例】薇薇和表弟的"反转"

薇薇的表弟天生聪慧，智商高，从小就是亲戚眼中的"小学霸"，小学成绩十分优异。他的父母对他寄予厚望，给他报了很多课外提优班，他的学习基本都是妈妈在策划和安排。然而，上了初中之后，表弟开始反感父母对他的管制和安排，同时，这种高强度、耗时长的学习模式逐渐让他感到疲惫，学习也不像之前那么专注了，甚至有些拖延，对学习没了小学时的兴趣和热情。提优班老师讲过很多难题，表弟都能听懂，但如果类似的题目出现在考卷中，有时却做不到全对，这对他打击很大。

反观薇薇（详见案例篇），她从小书写慢、思维速度慢，做什么都比别的孩子慢一拍，小学前期成绩平平，数学经常因为写不完试卷而考不及格，在亲戚们的眼中，她就是一个"小学弱"。同时，薇薇有个在亲戚眼中非常不靠谱的妈妈：妈妈坚持让薇薇从二年级开始跟着我提升数学思维能力，其他的课外班一律不上。孩子爱看书，妈妈就鼓励她大量阅读，即使语文成绩毫无起色，但妈妈依旧支持孩子自由阅读。

就这样，薇薇坚持每天做1—2道数学逻辑思维题、每天自由阅读1个多小时、每周做3—4次的体能训练。从五年级开始，薇薇在数学学习上实现了自主学习。数学考试再也没有做不完的现象，每次成绩都在90分以上，薇薇信心大增。此时的薇薇对数学的热爱不亚于阅读，常常为解答出一道难题而欢呼雀跃，课上老师也经常请薇薇解答一些难题。

有一次薇薇的作文得了0分。作文题目是"'近朱者赤,近墨者黑'这句话对不对？请说明理由"。其他同学都参照老师模拟测试时给出的标准答案——写的"对"，可薇薇写的是"不对"，老师说，这是句古话，肯定是对的，回答"不对"肯定没分。薇薇辩解说："有些人顽固不化，即使跟着好人在一起，也不一定能改变；而有些人，即使跟不好的人在一起，但有自己的想法，立场很坚定，也不一定就会学坏。"薇薇提出的不正是"出淤泥而不染，濯清涟而不妖"吗？一个人如果有这样的思想高度，那么她本身也是很难盲从的。薇薇有和老师、全班同学不一样的想法，这本身就是"出乎其类，拔乎其萃"！我为薇薇点赞，薇薇妈妈也认同，对这个0分很淡定。有了我和妈妈的欣赏与支持，薇薇更能思辨理性地看待分数的意义。经历了低年级时的数学垫底、作文0分的"悲惨过往"，薇薇在心智上强韧了很多，也更具有思辨能力了，不会像其他孩子那样被统一的标准所驯化。

初三之后，每到寒暑假，别的孩子都在忙碌的补课，妈妈却带着薇薇住到外地的民宿里，让新鲜美好的环境给薇薇注入鲜活的生命力。每天对着窗外的鸟语花香，她争分夺秒地自主学习，预习下学期的数理化课程。就这样，薇薇在学习和感受美好生活两方面一样都没落下。

渐渐地，薇薇的学习力开始显现威力：她在自主学习中找到了成就感和乐趣，学习成绩节节攀升，读书多，思想也越发深刻。

而表弟在学习上却有些止步不前，基本就是"吃智商老本"，学习能力相对自己本身而言没有得到提升，缺乏阅读和运动，也缺乏持续的学习动力和意志力。

再后来，薇薇考入重点高中，而表弟的成绩却落后了一个段位，姐弟俩的巨大反差让整个家族大跌眼镜。

进入高一的薇薇更是令人惊喜：语文轻松进入班级前五。她感慨道：之前那些"无用且费时"的大量深入的阅读终于发挥了作用。

学习力不仅仅依赖于智商，更取决于学习动力、学习意志力和学习能力的综合提升。那些在小学阶段看似"普通"的孩子，通过后天的努力和科学的培养，完全可以在初中阶段实现逆袭。他们的成功并非因为突然"开窍"，而是源于持续的学习力培养与积累，使他们逐步突破自我，最终形成良性循环。

现实中有很多类似薇薇和表弟的故事在上演。智商普通的孩子，如果能在后天获得良好的全面培养，他们的学习力将得到显著提升，甚至超越那些智商高但学习力未得到持续全面开发的孩子。智商高的孩子如果缺乏学习力的培养，可能会"高开低走"；而智商普通的孩子，通过后天的努力，完全可能"低开高走"。后天可培养的学习力，正是我们超越智商限制的神秘力量，是决定孩子未来发展的核心因素。

卡尔·威特（Karl Witte）在《卡尔·威特的教育大全集》[①]一书中的观点，以及赫伯特·斯宾塞（Herbert Spencer）在《斯宾塞的快乐教育》[②]一书中所展现的教育实践也证明了这一点：他们通过科学的教育方法，将智商普通的孩子培养成了优秀的人才。

二、提升学习力是提高学习成效之根本

追求良好的学习能力和学习成效，是学习的必然需求。若要达到这个目标，我们首先需要了解获得良好学习成效的主要因素。

（一）获得良好学习成效的 2 个主要因素

良好的学习成效反映在许多方面，包括学习能力的发展、学习态度的提升、优异的学习成绩等等，其中学习成绩是当前学习评价环境下十分重要的一个衡量标准，而对学生而言，成绩往往与平时的测试相关。一般的测试，会对考查内容的范围和难度有某种限定，限定的范围和难度越小，学生越容易获得好成绩。反之，待考查内容的范围越广、难度越大，学生

[①] 威特.卡尔·威特的教育大全集［M］.哈尔滨：黑龙江科学技术出版社，2014.
[②] 斯宾塞.斯宾塞的快乐教育［M］.魏莉，译.武汉：长江文艺出版社，2021.

越难获得好成绩。对于后者这类测试,孩子如果做到了以下两点中的一点,就能获得优良成绩。

1. 熟练掌握考查内容

获得优良测试成绩的关键因素之一,在于对考查内容的精准把握和熟练运用。简单来说,当学生掌握与考试范围高度契合的知识点,并且能够熟练应用时,成绩自然会比较理想。

这个规律在小学阶段表现得尤为明显。小学测试范围明确、难度小,只要孩子肯花时间反复练习,就能轻松掌握考点,成绩提升立竿见影。但到了初中,情况就大不相同了。随着测试范围成倍扩大,很多学生难以全面掌握测试内容,成绩优良变得困难重重。于是,不少学生选择通过大量刷题和课外补习来"覆盖"测试范围。这种做法在平时的周测、月考中或许有效,但遇到范围更广、题型更灵活的统考时,往往就力不从心了。

这种现象也解释了为什么在小学阶段,学习能力平平但很认真努力的孩子能考出好成绩。在家长监督下,他们通过反复刷题、参加补习,往往能"押中"考题。而那些真正理解力强、思维活跃的孩子,如果没能按照考试要求死记硬背,反而可能成绩不佳。比如,一个阅读能力出众的学生可能因为没背熟课文而失分;一个逻辑思维很强的孩子可能因为计算训练不足而在口算测试中栽跟头。小学阶段的成绩往往不一定能真实反映孩子的学习能力。

依赖考前突击这种"速成法"来提升对考查内容的清晰熟练度,对于需要大量记忆的文科科目,可能会在短期内有助于提升成绩,但对于比较复杂、需要认知理解的考试科目,实际并无大的帮助。即使对于前者,这种靠死记硬背获得的知识,往往考完就烟消云散,对后续学习很难起作用。

2. 具备的学习能力高于学校测试要求

当孩子的学习能力明显高于学校测试要求时，取得的成绩往往不会太差。当然，这类孩子在不同学科中也会表现出不同的特点。

① 理科（数理化）考试呈现"稳赢"态势：

- 只要考试内容不超纲，学习能力强的孩子总能应对各种变化题型。
- 理科知识体系具有清晰的逻辑结构，再复杂的题目也是由基础公式和原理组合而成。
- 中考、高考等正规考试极少出现超纲情况，即便有，占比也很小，不必过度担忧。

② 文科考试有时可能存在"能力与成绩不匹配"现象：

- 由于文科知识点分布广、考查范围边界模糊，即使学习能力强的孩子，其成绩也可能会有所波动。
- 阅读理解、写作表达等核心能力需要与具体的应试要求相结合才能转化为高分。
- 不熟悉考试重点和评分标准的孩子，即使综合素质出色也可能考不出理想成绩。

如果孩子具备的学习能力高于学校测试要求，我们且可将之称为"学习能力的'降维打击'效应"。以理科为例，在都不了解考试范围的情况下，学习能力强的孩子总能在考试中表现更优。具有含金量的理科竞赛，大概率能筛选出学习能力超强的孩子，而这些孩子能轻松应对校内的理科学业和考试，即使这些学业内容并未学过。

要想取得这一效应，孩子在数学学习上就需要通过有难度的浅奥提升数学思维能力，这样就可以降维应对校内数学考试，不必每次如临大敌般去揣摩考试范围，浪费不必要的时间。

而文科的学习也同理，平时大量广泛地阅读带来的知识或写作素材的积累、阅读理解能力的提升、对文章逻辑构架的深刻理解，就是不断扩展、覆盖未来的各种考试内容的过程，当这个积累量达到一定程度时，比如到了初中，考前只要上课认真听讲、熟悉所学过的知识点，就可以对校内文科考试实现"降维打击"。

我认为"保持成绩优良"有双重要求，要应对不断升级的考试难度和范围，孩子必须做到：

① 持续提升"硬实力"——学习能力，这需要孩子持之以恒地练习。

② 增强夯实"软实力"——把握应试范围内的知识点，这需要孩子日常课上认真听讲，掌握必要的知识点。

当这两者形成合力时，孩子就能在各类考试中保持稳定的优异成绩。这也提醒我们，真正的学习不应该止步于应付考试，而要通过系统性的能力培养，让孩子始终站在比考试要求更高的层次上。接下来，我们一起了解孩子学习力和成绩之间的对应关系。

（二）8种学习力类型和成绩的对应关系

在进入学习难度较高的阶段，如初中、高中，尤其是高中之后，孩子们学习力上的差距将直接导致其成绩上的悬殊。

学习力和学习成绩关系是怎样的呢？

如果将属于非智力因素的学习动力和学习意志力各自分为强和弱两种情况，将属于智力因素的学习能力分为强、中、弱三种情况，就会得到一个交叉分类表（如表1–1所示），该表展示了8种类型的学习力与学习成绩的关系。需要强调的是，这里的关系有一个时间前提，那就是"现阶段"，即不能代表孩子过去或以后的状态，这是因为孩子的学习力发展是一个动态过程，学习成绩会随之发生相应的变化，并不是一成不变的。

表1-1　8种学习力类型和成绩的对应关系

	学习力			学习成绩（现阶段）
	学习动力	学习意志力	学习能力	
1	强	强	强	理想型：成绩优异、可持续提升
2	强	强	中、弱	潜力型：成绩优秀（小学）、较好或一般（初中）
3	强	弱	强	呵护型：成绩优秀但不稳定，难以持续
4	强	弱	中、弱	鸡血型：成绩一般或较差，不稳定
5	弱	强	强、中	迷茫型：成绩优秀、较好或一般
6	弱	强	中、弱	运动型：成绩一般、较差或差
7	弱	弱	强	天赋型：成绩忽上忽下，易偏科
8	弱	弱	中、弱	无力型：成绩差，易出现各种问题

以下对8种学习力类型的孩子可能存在的问题和向好的发展趋势作进一步分析。

1. 理想型：学习动力强，学习意志力强，学习能力强

毋庸置疑，这类孩子是理想中的"学神"，也是我们希望培养的目标。他们往往具有良好的学习力和优秀的学习成绩，并且他们的家长多半具有教育智慧（与家长学历无关）。

2. 潜力型：学习动力强，学习意志力强，学习能力中等或偏弱

这类孩子往往具有良好的家庭教育，孩子综合素质高，具有较高认知，但智商普通，先天学习能力在理科学习上不占优势。但是同时，这类孩子也极具潜力，学习能力只要做好后天提升，就能突破天花板，逐渐达到理想型状态。这类孩子最为需要的是科学的学习能力提升训练（详见

实战篇)。

3. 呵护型：学习动力强，学习意志力弱，学习能力强

这类孩子智商较高、先天的学习能力强，但是在后天教养中，因为家庭有意无意的呵护或娇惯，导致孩子意志力薄弱。这类孩子需要加强运动、磨炼心智，提升意志力。

4. 鸡血型：学习动力强，学习意志力弱，学习能力中等或偏弱

这类孩子大多智商普通，家长往往娇惯孩子，爱讲大道理、爱给孩子打鸡血，借此鼓舞孩子学习士气。孩子在小学阶段能够靠对知识熟练掌握获得好成绩，或者经常能在课外班获得含金量并不高的表彰或荣誉，这导致他们无法客观认识自己的能力，过于乐观、盲目自信，缺乏意志力。这类孩子容易在做事时蜻蜓点水、无法深入，惧怕有难度的学习和挑战。

如果没有后天的科学引导和方法支撑，孩子的学习意志力和学习能力得不到提升，学习困难问题会逐步显现并愈演愈烈，学习动力也会跟着消失。因此，父母要能客观认识孩子的能力，砍掉低质兴趣班、课外补习班，加强对孩子的意志力培养，同时尽快专注于学习能力的后天提升。

5. 迷茫型：学习动力弱，学习意志力强，学习能力强或中等

这种类型的情况往往在进入青春期的孩子（六至九年级）身上逐步显现。孩子一向成绩不错，但是突然开始辨思人生和学习意义，或遇到一些突发事件刺激，出现暂时性的迷茫困惑。成绩可能在短期内有波动或急剧下降。

这种情况属于急症型，父母不用过分焦虑但也不能掉以轻心，如果自己力量不够，千万不要拖延，应尽快寻求专业帮助，请智慧的老师或长者引导孩子，提升孩子认知，打开孩子心扉和眼界，因为这个阶段正是孩子价值观形成和发生转折的关键时段。否则，孩子容易迷失、走偏。此外，

平时也可以引导孩子多阅读思想深刻的书籍或观赏优秀影片。

6. 运动型：学习动力弱，学习意志力强，学习能力中等或偏弱

这种情况一般出现在运动型孩子身上。这类孩子往往喜爱运动竞技，运动量大，身体上能吃苦耐劳，心智也相对强大，抗压性强，但智商一般，先天和后天的学习能力都一般或较弱，常常对学习束手无策、没兴趣，成绩中等或较差，容易对学业失去信心。

这类孩子如在小学四年级之前得到学习力的科学培养，可以逐渐成为潜力型，再朝着理想型去发展。

此外，也可以考虑更换赛道，让孩子在运动上发挥特长。

7. 天赋型：学习动力弱，学习意志力弱，学习能力强

这类孩子往往智商较高，先天学习能力较强，家庭教育如果缺乏正向引导、随意娇惯，很容易导致孩子认知低、做事规则性弱、没有底线意识，造成学习动力和意志力方面的诸多问题。

因为这类孩子的父母往往看到孩子学习没花多少时间和功夫，成绩却不错甚至很优秀，继而对孩子的教育掉以轻心。而孩子在学习上也容易产生"不劳而获"的错误认知，当面对比较复杂和有难度的学习时，容易受到打击，一蹶不振。如没有适当干预，容易高开低走。

在此要提醒父母们：家有天赋型孩子，更要从小注重学习力培养和认知提升，在生活中锻炼孩子的独立自主能力，加强运动，提升意志力和体能耐力，避免孩子沉迷电子游戏等不良嗜好。

8. 无力型：学习动力弱，学习意志力弱，学习能力中等或偏弱

这类孩子需要全方位进行学习力的孕育培养，先从身体意志力、学习能力提升开始，间接激发学习动力，再逐渐达到潜力型。否则后期培养或改变的难度较大。

以上 8 种学习力类型在某个阶段是相对稳定的，同时也是动态可变的。

如果孩子们都能在学前阶段进行学习力的孕育，在小学和初中阶段提升学习动力和学习意志力，有针对性地进行学习能力提升训练，向理想型努力，就有可能获得良好的学习力和学业成绩。

值得注意的是：现实中的孩子，不可能完全清晰地归属于这 8 种类型，很可能是处于某几种类型的交叉状态。我们并不追求也不需要对孩子的学习力做十分清晰的分类，无论孩子处于哪种状态，我们都可以灵活地通过实战篇中提供的方法，帮助孩子达到学习力的潜力型或理想型状态。

（三）学习成绩的提升常常滞后于学习力的提升

我们需要了解一个客观事实：学习成绩往往不随学习力同步提升，而是可能会有一段时间的滞后，学习力提升的速度越快、提升幅度越大，滞后时间越短。

20 多年来我洞察到：成绩提升总是滞后于学习力的提升，而学习力的提升又需要一定的时间，这是令一些孩子和家长对学习力培养半途而废或望而却步的主要原因。他们有些是吃不了学习的苦，更多的是耐不住寂寞，扛不住成绩暂时不理想的焦虑、压力和"没面子"。在提升学习力、等待好成绩的过程中，焦虑和虚荣会不时泛滥并压垮孩子和家长继续努力的信心。

然而事实就是，在不具备良好的学习力之前，孩子不太可能获得可持续的好成绩。

而学习力的提升是需要时间的。学习力培养是一个综合复杂的动态过程，孩子本身也是一个动态的综合生命体，学习力需要经过孕育、培养、提升等不同阶段，每一个阶段都需要时间，不可能一蹴而就。也就是说，想要收获可持续的好成绩，既要吃得了苦，也要耐得住寂寞！

就像一个身体孱弱的孩子，如果让他未经训练就参加各种体育项目测试，孩子的成绩大抵是不会太好看的。如果这时，我们急于见到好成绩，加大训练量，很可能适得其反，会摧垮孩子身体。因此，我们要沉下心来，尊重科学和自然规律，每天给孩子增强营养，帮助孩子坚持运动锻炼，同时做做小运动量的体育技能训练。1—2年后，当孩子的体质、体能、运动技能全面稳步提升了，再参加测试，孩子大概率是能获得良好的体育成绩的。

短期长出的是肥肉，长期练出的才是肌肉。学习力培养和身体机能的改善、提升是一个道理，都是缓慢的、需要稳步推进的。在学习力培养提升的过程中，可能会出现这种情况：

一个孩子为了提升自己的能力短板，正在循序渐进地学习B内容，而同学们都在全力以赴地学习C内容。这时，如果即将考查C内容，这个孩子就相当于裸考，结果大概率不如同学。但这并不意味着他的学习能力是下降的，相反，他的学习能力可能正处于上升阶段。在这个时候，如果对学习力培养的认知不够，就容易否定目前的能力提升学习，再次回到补课模式、刷题模式中，从而阻断了学习力的提升过程。

曾经有一位全球知名的高尔夫球明星连续赢了四场比赛，创纪录了，但他却在这个辉煌期做了一个大胆的决定——改变自己的挥杆动作。调整后，他的赛绩立刻受到很大影响。但过了三四年后，他登上了一个新的巅峰，实现了前所未有的连续四场比赛大满贯。后来，这位高尔夫球明星又有几次调整挥杆，每一次都会经历短暂的成绩下滑，但每一次调整之后，他的球技就能达到一个新的高度。正是对卓越的执着追求，让他愿意为长远的能力目标做出短期的成绩牺牲。

学习也是一样的，如果想要在能力提升上实现新的突破，总要有一段方法调整带来的成绩波动或蛰伏期。以下分享小平的案例。

【案例】潜力型的小平

初二的小平在学习力上属于潜力型，具有较强的学习动力和较好的意志力，但学习能力较弱。其他同学可能听一遍就懂的数学问题，小平往往需要反复练习才能掌握。

通过系统科学的训练，小平的数学成绩跟着数学思维能力在缓慢地稳步提升。不过学到几何单元时，一次周测不及格又让小平妈妈焦虑不已。

我给出分析和建议，帮助小平和妈妈稳定心态。小平的学习特点是需要比同龄人更多的时间和练习。面对几何单元这一崭新内容，只要保持现有节奏，坚持做好两件事即可：一是反复多次练习加强对知识点的深度理解，二是刻意提升解题速度。坚持下去，几何学习能力必然会逐步提升，突破只是时间问题，不必过分在意周测、月考的成绩，真正的进步会在期中、期末考试中显现。果然，2个月后的期中考试，小平数学考到了班级第7名！

这个案例说明：当孩子的学习能力发展还处在积累期时，成绩暂时不理想很正常。家长最需要做的就是保持定力，不要因为短期成绩不良就轻易否定孩子的努力和既有的学习方法。能力的提升需要时间沉淀，努力后的静待花开才是明智之举。

我们在培养孩子学习力的过程中要坚持长期主义和保持定力，不能急功近利。长期主义强调的不是不顾眼前的利益，而是不能只顾眼前的利益。

长期主义的核心不在于"做的时间长",而在于做"短期可能看似无效但长期必然有效"的事。

正如《菜根谭》所说:"伏久者飞必高,开先者谢独早。"[1]

要想获得终身学习力,必须要经历长时间的蓄力。孩子的0—15岁,是积蓄能量和培养、提升学习力的黄金时期,孩子学习力应该像小树苗一样,努力向下扎根使根系发达,而不是早早向上追求开花结果。

本书案例篇中的大量案例(如冉冉、奇奇、妙妙、薇薇、君君等)提供了一个振奋人心的事实:即使是智商很普通的孩子,只要在幼儿园、小学、初中阶段踏踏实实做好学习力的孕育、培养、提升,那么孩子就会相应地在小学、初中阶段稳步获得学习力的提升与突破,并自然而然获得良好或优异的学业成绩。

(四)小学校内学习与学习力提升

家长常常疑惑:既然孩子掌握好校内学习内容就能提升学习成绩,那么能不能直接利用这些内容来提升孩子的学习能力呢?这样,学习成绩不就随着学习能力同步提高了吗?

但事实上并非如此。

我们以小学数学校内学习为例讨论一下这个问题。小学数学校内内容以基础概念和运算法则等基本知识的学习为主。校内数学首先要求孩子掌握这些基本知识,同时也要求学生发展数学思维能力,因为数学教材中不但蕴藏着丰富的数学基础知识,也含有许多能激发孩子思维的数学思想和方法。但现实和相关研究显示,老师在课堂教学中往往只重视基本知识及

---

[1] 洪应明. 菜根谭[M]. 李伟, 评译. 武汉: 崇文书局, 2023.

基本技能，不太关注学生数学思维品质的形成，孩子在被要求熟练掌握数学基础知识的同时，数学思维能力并未得到有效的培养和提升。原因在于：第一、小学数学学习上，只要掌握好基础知识往往就能获得好的考试成绩，而考试成绩对于老师、学生和家长的重要性无须多言，却和数学思维能力关系不大；第二、培养孩子的数学思维能力，对老师本身的思维能力和培养孩子学习能力的水平要求很高，很多老师还不具备；第三、目前小学数学校内教学中老师们大多还是采用传统的教学方法，经常性、习惯性地采用灌输式、问答式教学开展数学教学，照本宣科，不可能关注学生数学思维能力的培养。①

另外，语文和英语的阅读理解能力以及表达能力的培养，需要大量的阅读积累，而这些是小学语文和英语的校内学习难以全面涵盖的。

正因为如此，往往会出现这种现象：即使不重视能力培养，小学期间很多孩子也能较好完成校内教学内容的学习，较好完成老师布置的作业，能保持校内考试成绩良好，甚至优秀。大多数家长在这个阶段也很难认识到能力培养对孩子的重要性，更不会专门为孩子进行学习力培养和训练。但当小学毕业后进入初中和高中，面对难度骤增的学习，不少孩子学习能力的不足就会在成绩上明显暴露出来。这时，家长才会"恍然大悟"：如果仅仅满足于小学校内学习任务的完成，孩子的学习力仍然会存在多方面的不足甚至是缺失。

另一些家长则因为看到其他孩子的这种结果，虽未能真正理解背后的根本原因，却采取了"防患于未然"的策略，从小学阶段就开始给孩子大量补课或大量刷题，希望孩子能够跻身学业的前列，但这其实还是走在了

---

① 苏美瑜. 培养小学生数学思维品质的策略探究 [J]. 学苑教育，2025(1)：49-51.

重视知识积累、忽视能力培养的应试老路上。

只有少数家庭能够看清问题的本质，从孩子学前阶段就注重科学培养孩子的学习力。他们既不盲目追求应试成绩，也不放任自流，在注重校内学习的同时，重视学习力的培养，坚信学习力的提升才是孩子今后成绩持续提升的根本。

那么，在小学阶段，在完成校内基本知识学习的同时，怎样才能更有效提升孩子的学习力，特别是数学思维能力呢？数学思维能力培养在实践中已有不少被证明行之有效的方法，例如头脑游戏、每日一题等，而阅读理解能力培养则应以大量自由沉浸式阅读积累为主（具体方法参见实战篇）。

（五）学习力让成绩提升具有可持久性

先分享一个真实又曲折的案例。

【案例】坚持学习力培养的瀚瀚

瀚瀚上小学时，报了很多课外提优班，成绩出色。进入本市最好的初中后，数学成绩却开始大幅下滑，补课和刷题也未能改变情况。很明显，瀚瀚小学阶段的各种课外提优班，确实让他足以应付小学的考试，但学习能力并没有得到实质性提升，无法应对初中学习难度加大和学习知识面拓宽的局面。幸运的是，瀚瀚的父母非常警觉，发现孩子学习兴趣下降且疲惫不堪后，立即寻求教育咨询，并按照咨询方案果断砍掉了所有的课外班，鼓励瀚瀚以自主学习为主，集中精力提升学习能力（方法详见实战篇中的"每日一题＋周末限时提速""寒暑假大预习"等）。到初二上学期时，瀚瀚学习能力提升的效果逐步显现，在没有补课、没有刷题的情况下，他的学习成绩排名反而首次跃进年级头部行列。

此时，瀚瀚的学习力类型属于"呵护型"，因此在初二下学期又出现了几次情绪起伏和成绩低谷期（详情请见案例篇的"从疲惫补习到阳光自主"）。面对这种情况，瀚瀚的父母坚持按学习力培养计划，持续让孩子通过训练提升学习能力，通过长跑训练、心智磨炼增强意志力，通过每月一次的教育咨询及时纠偏。到了初三，瀚瀚的学习力得到全面提升，达到"理想型"状态，学业成绩非常稳定地保持在年级头部，初三下学期被国内的世界联合学院（United World Colleges, UWC）录取。

瀚瀚的案例再次告诉我们，只有注重能力的持续培养、形成良好的学习力，才能持续提升并保持优异成绩。

现实中，许多家长和孩子如最初的瀚瀚，倾向于通过补课和题海战术来提升成绩。然而，题海战术往往最终会沦为一种不求甚解的学习方式，这里借用童童对题海战术的一段论述来表达我的观点。

打个比方，题海战术和真正从一个较高的角度理解问题的差别，就像是盲人摸象和从生物学的角度了解大象的差别。通过"摸"这种方式了解大象，有一定工作量，因为需要摸眼睛、鼻子、耳朵、腿等等，但是短期内见效快，可能一天就能摸完。相比之下，从生物学的角度了解大象则看起来要慢得多，我们需要思考、需要知道：鼻子是干什么用的，是怎么用的，为什么大象会需要鼻子。详细地了解这些可能需要一周的时间。在这段时间里，摸象的人可能早就对大象了如指掌，甚至会向你炫耀，他只要一碰到物体就能判断出是不是大象，是大象的哪个部位。短期内可能很显优势，但是一旦换成鸟、换成兔子，他还得从头摸。而从大象开始理解生物学的人就会对比：哪个部位是鸟的头、哪个部位是兔子的耳朵。因为他从原理上懂了，所以后劲很足，学得很快。真的有一天要了解狮子、老虎了，靠摸的人就傻眼了，而理解生物学的人则可以很轻松地理解这一切。

学校之所以很多时候强调题海战术，是因为两点：其一，他们认定了考试的时候只有兔子、大象、猪，不会有老虎这样凶猛的动物，所以只要在考前把兔子、大象、猪都摸一遍，摸得"滚瓜烂熟"了，考试就不成问题了；其二，在这个世界上，尤其是教育中，没有什么事情比教人思考更为困难了。

我始终不喜欢题海战术，因为我觉得不用做题很多事情就能看得很清楚，没必要每次都从底下摸上来，这很麻烦。从上往下的思考是一件非常自然而简单的事情。养成了这样一种思维方式，就不必每天都在那里勤奋地摸象了。另外，我们之前很多的同学喜欢考前猜题，我也觉得这个现象很有意思。我不喜欢猜题，不是因为我猜不到，而是因为很多事情是显然的，每个阶段，关键的知识点只有几个，针对这几个知识点弄清楚了，就相当于搞清楚了鼻子、耳朵的作用，再看到任何其他生物，哪怕是乌贼、水母，也能分析个八九不离十。到了考前，很清楚地知道要考鼻子、耳朵，又何必绞尽脑汁去猜到底会不会考猪鼻子呢？

总之，我的体会是，从上往下看的方法在学习的最初阶段会与应试的方法有很大的出入，会有一段非常困难的引导期，但是真正掌握这种方法以后，学习的效率是极高的，哪怕应付考试也是非常有效的，更关键的是这样可以培养出一种思考的习惯和态度，对后期的发展和创造性的培养是非常有益处的。

童童所说的"从上往下看的方法"实质上就是良好学习力的呈现，培养过程肯定不会轻松，"会有一段非常困难的引导期"，因为这涉及一个人的认知、心智、思维能力、学习方法等整个体系的全面提升，需要持之以恒的积累和深耕。但学习力提升的结果必然是：让成绩提升水到渠成并具有可持续性，更重要的是对孩子"后期的发展和创造性的培养"具有十分重要的意义。

三、培养学习力的自然、极简原则

每当有人对我说："真羡慕你，有个这么省心的孩子。"或是听到其他家长感叹那些自主学习的孩子真省心时，我总会在心里默默回应：这份"省心"并非孩子天生如此，而是源于父母早期对孩子学习力的精心培养啊。当我们尊重孩子的天性，用心给予适当的引导和支持，没有一股脑地添加各种化肥、催生剂，孩子的学习力就会自然萌发，枝繁叶茂、开花结果。

这便是培养学习力的自然之道——不急不躁，循序渐进；也是极简之道——抓住本质，大道至简。遵循自然与极简的原则去培养孩子的学习力，便能够培养出自主学习的孩子，他们不仅拥有对知识的热爱和对探索的激情，更拥有良好的学习能力，让后续的学习力呈指数级提升，看上去自然又轻松。

学习力培养的自然与极简原则，既相辅相成，又各有侧重。

（一）培养学习力的自然原则

1. 违反自然原则的现象和危害

在近些年的教育咨询中，我发现许多孩子的学习方式和状态都违背了自然原则，具体表现在：学习的身心状态不健康，生活和学习完全割裂，缺乏自主学习意识和能力，缺乏自由沉浸式阅读等等。

（1）学习的身心状态不健康

睡眠不足已成为当下中小学生的普遍问题，我在教育咨询中发现这是令家长十分焦虑的问题之一。很多家长反馈"到了晚上9点（或10点），如果孩子作业还没写完，我的神经就开始紧张，担心他（她）又要晚睡了，就忍不住开始催、吼"。

中国睡眠研究会发布的《2022中国国民健康睡眠白皮书》显示，虽然"双减"后六成中小学生睡眠时长有所增加，但全国小学生、初中生实际睡眠平均时间连8小时也达不到，分别仅有7.65小时、7.48小时，我国中小学生仍存在睡眠时长严重不足的问题。[①]

另外，一些初中生存在入睡困难、易惊醒或失眠等问题，这与学业负担过重、学习效率低直接相关，许多孩子为了完成作业刷题熬夜到凌晨，导致白天上课时精神萎靡，形成恶性循环。

孩子带病学习的情况也是屡见不鲜。一些孩子曾在生病期间坚持上课或完成作业，甚至有部分学生在发烧或输液时仍不敢请假休息。这种忽视身体健康的行为，不仅影响学习效率，还可能对孩子的免疫系统和长期健康造成损害。

孩子学习时有烦躁、抵触情绪。毫不夸张地说，如今很多孩子进入学

[①] 中国新闻网.睡眠白皮书：双减后六成中小学生睡眠时长增加［EB/OL］.（2022-03-17）［2025-05-10］.https://m.gmw.cn/2022-03/17/content_1302849800.htm.

习时，情绪并不平稳。有些孩子在父母的催促和逼迫下开始学习，有些甚至在写作业前就被训斥得泪流满面。情绪对学习效果的影响是显而易见的：心情不好时，即使做简单的事情也会感到烦躁，容易出错；而心情愉悦时，即使面对复杂的任务也能保持耐心，提高效率。孩子的情绪调节能力本就弱于成人，如果带着负面情绪进入学习，效果自然会大打折扣。长期如此，孩子会对学习失去兴趣，甚至会厌学。

在身体上，有些父母会严厉要求孩子的学习姿态。许多家长认为，孩子学习时必须坐姿端正、规规矩矩，思考也得像个思考的样子，这才是认真学习的样子。很多时候，孩子可能无意识地搓着橡皮专注思索，但父母怀疑孩子跑神便屡次去打断、批评。刻意保持端正的姿态往往会让孩子感到疲劳和紧张。当孩子将一部分精力用于控制体态时，对学习的感知力和深度思考便会减弱，学习精力会有所分散，存在表演性学习现象。如果父母在一边不断地提醒，犹如坐在副驾驶上一直唠叨，只会让真正开车的司机紧张、反感，更会影响专注质量。

此外，孩子心理问题的蔓延也令人担忧。近些年来，我在咨询中发现有心理问题的孩子数量呈明显上升趋势。2020 年，我国青少年抑郁检出率高达 24.6%，其中重度抑郁检出率为 7.4%。中小学生随着年级增长，抑郁检出率呈明显上升趋势：小学阶段抑郁检出率为一成左右，初中阶段约为三成，高中阶段接近四成且重度抑郁检出率超过 10%。[①]2022 年我国青少年抑郁检出率依然保持在 24.6%。[②]孩子在学业压力下出现情绪低落、焦虑、抑郁，但仍被家长催促继续学习，导致心理问题进一步恶化。

---

① 傅小兰，张侃.中国国民心理健康发展报告（2019—2020）[M].北京：社会科学文献出版社，2021.
② 傅小兰，张侃.中国国民心理健康发展报告（2021—2022）[M].北京：社会科学文献出版社，2023.

上述的种种现象和相关数据表明,当前孩子的学习状态存在严重的不健康现象,亟须家庭、学校和社会共同努力,减轻学业负担,关注孩子的身心健康,为他们创造一个更加平衡和可持续的成长环境。

(2)生活和学习完全割裂

生活和学习原本是自然融合的,但现实中许多家长将学习与生活人为地割裂开来,形成了一种"学习即学习,生活即生活"的二元对立观念。主要体现在两个方面:一方面,家长在面对孩子生活中的好奇心和提问时,往往敷衍了事,未能将学习与日常生活有机结合。孩子因此难以感受到学习与生活之间的联系,逐渐形成一种认知——学习是孤立的、与生活无关的任务。这种认知不仅削弱了孩子对学习的兴趣和内在动力,还使学习本身变得狭隘、功利化。另一方面,家长认为孩子的时间宝贵,集中精力和时间学习是第一位的,其他都是次要的,能省则省。因此家长常常缩减或取消孩子运动、阅读等对快速提升成绩"无用"的活动时间。这种功利化的教育,虽然让孩子在短期内积累了更多的应试知识,却导致他们的思维逐渐僵化,日益缺乏想象力和创造力。随着年级的升高,孩子们的知识储备虽然增加,但他们的学习能力和生活能力却未能同步发展。

面对这种将生活和学习断然割裂开的情况,一些孩子会陷入令人遗憾的困境:他们既不懂得如何高效学习,也不会真正享受玩耍的乐趣,更缺乏对学习和生活的深刻理解。与此同时,另一些应试成绩优异的孩子,学习能力往往只能停留在低层级,无法达到高层级,难以实现真正的深度学习和创造性思考。

(3)缺乏自主学习意识和能力

孩子作为学习的主体,自然应在学习过程中发挥主动性和创造性,但当下的现实却很不乐观。能够主动规划学习目标、制订学习计划并独立完成任务的孩子少之又少，大多数孩子依赖于父母的督促和安排，长期处于被动学习的状态。缺乏自主学习意识和能力的现象不仅普遍存在于成绩不理想的学生中，也常出现在成绩优异的孩子群体中。

具体来看，小学生的自主学习意识较为薄弱，而初中生则更多表现为自主学习能力不足。随着青春期的到来，孩子的独立意识逐渐增强，在生活上开始尝试争取独立自主的空间，但在学习上却难以摆脱对父母的依赖。这种矛盾源于他们从小在学习上习惯了被安排和管理，而学习管理比生活管理更为复杂和具有挑战性，于是孩子们往往陷入了一种无奈的状态：一方面对被动学习的方式感到厌倦甚至痛恨，另一方面又不得不依赖这种模式，因为他们尚未掌握自主学习的技能和方法。

这种被动学习的状态不仅严重影响了孩子的学习效率，还限制了他们的学习力发展。更重要的是，长期依赖外部驱动的学习方式会对孩子的心理健康产生负面影响，容易导致抑郁、焦虑、厌学等问题。

培养孩子的自主学习意识和能力，不仅是提升学业成绩的关键，更是关乎孩子终身学习力和综合素质健康发展的重要课题。

（4）缺乏自由沉浸式阅读

孩子自由阅读感兴趣的书籍本是自然而然的事情，但是如今大多数孩子却难以做到，他们的阅读大多被限于应试阅读：做阅读理解题目，跟着老师上阅读理解课，阅读校内或父母指定的书目。这种阅读是为了语文考试而读，是被动式阅读，孩子并没有进入真正的自由沉浸式阅读模式。

缺乏自由阅读，很可能导致孩子出现以下问题：一是容易形成错误的认知，认为阅读就是为了考试，自由阅读是"无用功"，对提升语文成绩无用，这导致他们远离书籍，进而更加缺乏自由阅读；二是容易导致孩子眼界狭隘、思想贫乏，对孩子学习动力发展起到负面影响，这也不利于真正提升孩子的写作能力；三是思想和精神上的贫瘠很容易导致孩子对电子产品上瘾。

2. 自然原则的运用

培养学习力的自然原则，核心是尊重孩子学习成长的自然规律，以慢养快。具体包括：让孩子在身心自然健康的状态下学习，这是基本前提；尊重孩子生理和心理成长的自然规律，理解学习中慢就是快的道理，切忌拔苗助长；注重生活和学习的自然统一，让学习成为自然而然的事；认识学习主体内力与外力的关系，充分发挥孩子学习的自主性；认识自由阅读对孩子学习力提升的特殊重要性，激发孩子自由阅读的天性。

（1）让孩子在自然健康的状态下学习

充足的睡眠是保持自然健康状态的前提。对学生睡眠的重视，实际上已成为社会共识。教育部办公厅2021年专门发布了《关于进一步加强中小学生睡眠管理工作的通知》，要求保证中小学生享有充足睡眠时间，并对小学生、初中生、高中生睡眠时间提出了要求：小学生每天睡眠时间应达到10小时，初中生应达到9小时，高中生应达到8小时。

大量咨询案例表明，学习能力强且成绩优异的初中生，大多能在每晚11点前入睡，不会搞疲劳战。案例中的初三学生小西，成绩突飞猛进至年级第40名，她的秘诀并非搞题海战术或参加补习班，而是根据咨询方案，首先调整了作息安排，保证了睡眠和运动，从而提升了学习效率。相反，许多学习力薄弱、学习效果差、成绩难以提升的孩子，恰恰都存在睡眠不足的问题。

作为家长一定要充分认识充足睡眠对孩子学习力提升的重要性，保持良好心态，帮助孩子平衡好作业和睡眠时间。同时还应帮助孩子形成健康的生物钟，减少自律障碍。即使在节假日，睡觉和起床时间也最好与平时相差不超过 1 小时，以维持生物钟的稳定性。

不必对孩子学习时的姿态过于苛求。家长只要注意纠正孩子眼睛与书本距离过近等影响孩子健康的不良姿势即可，不必对其他学习时的姿势过于苛求。自然的姿态能让孩子感到舒适，减少大脑能量的消耗，从而让孩子更专注于思考，有利于激发灵感。我们都有这样的体验：当沉浸于思考时，往往会忽略姿态，甚至听不到周围的嘈杂声，这其实是一种"形散而神不散"的思考状态。

学习前保持情绪平稳至关重要。愉悦的心情能让孩子更容易找到学习的乐趣，获得良好的学习效果。当发现孩子走神或状态不佳时，可以轻轻敲桌子或摸摸孩子的肩膀，轻柔的示意往往更容易被孩子接受。让孩子以"自然健康状态"进入学习，孩子才可能自愿且专注地投入学习。这是高效学习的一个重要前提，道理看似简单，却是当下不少孩子所欠缺的。

如果你想让孩子事半功倍地学习，不妨从这三个看似不起眼的方面入手：充足的睡眠、自然的姿态和平稳的情绪。你会发现，它们可能对提升孩子的学习效果具有神奇的作用。

（2）尊重孩子学习成长的自然规律

孩子的身心发展在不同年龄段具有不同的特点，正如俗话所说："什么年龄做什么年龄的事。"我们不能简单地因为孩子的言行不符合我们的期望就批评、指责，甚至强行纠正他们。

家长应该都知道，婴儿吃完奶后，如果不竖抱轻拍，就容易吐奶。这是正常生理现象，而非孩子生病或调皮。同样，当孩子的小手肌肉尚未发育完全，写字过大也是自然现象。如果父母因此责备孩子或急于报写字班强行纠正，就是违背自然规律。正确的做法是告诉孩子科学常识，引导他们正确看待这一问题，让他们保持信心和期待。只要孩子认真写字，就不应该批评。待孩子发育成熟后，再逐步提高要求。另外，小学低年级的孩子大都活泼好动，上课坐不住是正常现象。父母应耐心引导，通过运动（如跑步）增强孩子的专注力和行为稳定性，同时用心观察孩子的进步，适时给予肯定和鼓励，绝不能简单粗暴地批评孩子或给他们贴上"多动症"的标签。

尊重孩子学习成长的自然规律，首先要求我们对于孩子身心发展的规律要有敬畏之心，不能妄图强行改变，要让学习力培养的节奏符合孩子身心成长的规律，让孩子的学习成长成为一种自然健康的生命状态。

尊重孩子学习成长的自然规律，最重要的是要认识"慢"的规律。"慢"是学习力培养的特征，也是关键智慧。这种"慢"不是停滞，更不是退步、失败、异常，而是向下扎根的过程，是慢工出细活，是从学习到生活全方位汲取养分的过程，包括一定的试错和探索，是必要的酝酿与积累。先扎根，后开花结果。"一夜春风花万树，硕果累累满枝头。"相比开花结果的壮观和迅速，扎根的过程显得尤为漫长、寂寞，这也是自然规律。农夫深谙"欲速则不达"的道理，因此他们具有种植的智慧。要想做好学习力的培养，我们要像农夫一样能耐得住寂寞，具有强大的心智。放下对成绩的焦虑，放下虚荣和面子，专注而耐心地帮助孩子实现自主学习，积蓄能量。

例如，孩子刚开始自我管理时，学习效果肯定不如父母直接管理时的好，学习成绩大多会有一些下滑或起伏不定，这都是自然现象。如果父母因此焦虑，一看到孩子不自觉就想干预，一看到孩子成绩下滑就立刻恢复管制或安排补习班，这都是不自然的强扭。正确的做法是：给予科学的方法支撑，允许孩子有一个试错和调整的过程。

以前文的瀚瀚为例，初二刚开始自主管理学习时，瀚瀚的时间管理效率确实不高，常常写一会儿作业就要看一会儿小说，休息往往超时，那段时间，成绩也没有什么起色。妈妈看在眼里急在心里，担心再不干预的话，孩子的拖沓不自律会变成顽疾。这应该是很多家长放手让孩子自我管理时最大的担忧吧。我建议瀚瀚妈妈继续给予孩子自我调整的空间。于是她晚上出去散步，避免过度关注和影响孩子。在正确方式的引导下（详见实战篇之"时间管理能力"和案例篇中的"瀚瀚"），经过几个月的心理挣扎和自我调整，瀚瀚终于找到了适合自己的时间管理方法，自主学习效率越来越高。瀚瀚妈妈看到孩子状态和学习效率上的变化后，安心地接受了孩子的慢。随后，瀚瀚的成绩开始稳步提升。瀚瀚对这个过程也很有感触，他说："越挣扎，收获越多。"孩子自主学习的能力不可能无中生有，也不可能一蹴而就。我们要舍得给孩子自我管理的机会和信任，孩子的能力才能得到锻炼和提升。

（3）让孩子的生活和学习自然统一

学习不仅仅是为了获取知识，更是为了培养解决问题的能力、批判性思维和创造力。而这些能力的培养，离不开生活中的实践和体验。例如：孩子在观察植物生长时学习生物知识；在参与家庭购物时理解数学概念；在与他人交往中培养语言表达能力；通过参与家务劳动，学会时间管理和责任感；通过户外运动，锻炼意志力和团队合作能力；通过阅读和讨论，提升语言表达和逻辑思维能力；等等。孩子在生活中对知识的印证以及获得的认知和能力，有利于提升对学习意义的认识，也会有力支撑学习力的提升和发展。

国际教育界有"教育即生活"的理论，强调教育应当与生活紧密结合，通过真实的生活体验来促进学习。中国教育科学研究院的相关研究也表明，能够将学习与生活结合的孩子，在学习兴趣和创造力方面表现更为突出。

要实现生活与学习的自然统一，不必刻意划定专门的时间和空间来进行"教学",而应该在日常生活的点滴中,让孩子自然而然地体验、学习和成长。事实上,最有效的学习往往发生在那些看似不经意的时刻,生活中的每一个场景,都可以成为学习的契机。家长可以从以下几个方面入手。

① 厨房里的化学实验:烤蛋糕时,观察小苏打和醋的反应,理解酸碱中和;煮鸡蛋时,讨论蛋白质变性的过程,探索温度对物质状态的影响;制作果冻时,观察明胶的融解和凝固,了解胶体的性质。

② 超市里的数学课堂:比较不同包装商品的价格,计算单价,理解性价比;使用优惠券和折扣,练习百分比计算;估算购物车中商品的总价,锻炼估算能力。

③ 游乐场里的物理乐园:荡秋千时,感受重力和惯性的作用,理解摆动规律;滑滑梯时,体验摩擦力和加速度,探索能量转换;玩跷跷板时,讨论杠杆原理,理解平衡条件。

④ 旅途中的地理探索:观察车窗外的地貌变化,了解不同的地形特征;使用地图和指南针,学习方位和比例尺;记录沿途的天气变化,探索气候的形成原因。

⑤ 家庭游戏中的科学发现:玩积木时,探索结构的稳定性和承重能力;下棋时,锻炼逻辑思维和策略规划能力;玩拼图时,培养空间想象力和问题解决能力。

列举的这些只是冰山一角,生活中还有无数可以挖掘的学习机会,关键在于家长是否善于观察和引导,是否愿意将学习融入生活,让孩子在轻松愉快的氛围中自然而然地掌握知识,培养对世界的兴趣和探索精神。可能有的家长会说:"这对父母要求太高了!"其实这些建议并不是要让父母亲自给孩子详细地解说,而是要提醒父母们注意引导孩子使用一些工具方法,鼓励孩子自己去寻找线索和答案。在此过程中,父母完全是自由的、真实的，完全可以示弱，比如遇到自己不懂的可以告诉孩子："我好奇这个反应的原理是什么呢？你搞清楚了告诉我。"父母这种"示弱"常常会更加激励孩子的自由探索和思考。在孩子的探索和思考中，父母还要善于放下"效率"和"经验"，允许孩子花时间沉下心来深度探讨这些看似与学业无关的问题，因为寻找答案的过程本身就是培养学习能力的过程，属于高阶学习。

每一天、每一刻皆是学习，这正是学习的魅力所在——它不是刻板枯燥的，而是融入生活的。孩子如果具有这样的认知和感受体验，能不热爱学习和生活吗？只有融入生活、无痕自然的学习，才会自然而深刻，简单而有力，这是培养高层级学习力的重要途径。同时，这也是生活与学习的自然统一，是教育的内在自然规律，是孩子全面发展的必由之路。

家长应当摒弃将学习与生活割裂的观念，帮助孩子在生活中学习，在学习中生活，从而实现知识、能力和人格的全面发展。正如教育家陶行知所言："生活即教育，社会即学校。"只有将学习与生活融为一体，孩子才能真正成长为会学习、会思考、会生活的完整的人。

（4）让孩子自由沉浸式阅读

天下没有不喜欢自由阅读的孩子，只有不喜欢为考试而阅读的孩子。当阅读成为一种自由的选择而非任务或考试时，孩子才能真正体验沉浸式阅读，享受阅读的乐趣。自由沉浸式阅读的要点在于"自由"和"沉浸"。

所谓"自由"，指的是阅读内容应由孩子自主选择（父母可以适当把关，但不应按自己意志强加限制），阅读方式也完全由孩子自定义——不必从头到尾按顺序读，也不必读完一本再读另一本，孩子可以几本书穿插读，也可以反复读同一本书，甚至可以跳着读、挑着读。只要孩子喜欢，怎么读都是他们的自由。

所谓"沉浸",指的是孩子完全投入其中,甚至达到废寝忘食的状态。阅读过程中,孩子会被文字触动,产生情绪波动,引发遐想或深刻的思考。在王鼎钧先生的《桃花流水杳然去》中看到过一句话,大意是这样:有时一字一句会让我们突然怔住,受到撞击,有细微到难以觉察的东西进入我们的语言系统,产生难以描述的反应。这种体验是阅读的最高境界。可能一时半会儿我们看不到它的作用,但它对孩子心灵的滋养,如同树苗深深扎根沃土,默默汲取丰富的营养,初时不显枝叶,却为参天之材筑牢根基和积蕴力量。

自由沉浸式阅读会让孩子的能力培养受益良多:

① 提升阅读理解能力。大量自由阅读让孩子在不知不觉中积累词汇、熟悉句式、理解语境,通过长期的阅读积淀自然提升阅读理解能力。

② 培养独立思考能力。沉浸式阅读让孩子有机会与文字深度对话,激发他们的思考和想象力。这种独立思考的能力,远比记住书中的内容更重要。

③ 间接激发学习动力。自由沉浸式阅读能够通过培养自主性、激发兴趣、拓宽知识面、增强自信心、促进思维发展和形成积极的学习态度等多方面来激发孩子的学习动力。

④ 助力摆脱不良嗜好。我统计了一下,这些年来我所接触到的近200个具有自由沉浸式阅读习惯的孩子中,尚未发现有沉迷电子产品和网络游戏的。虽然统计范围不是很大,但是它至少给了我们一个可能的启示:热爱阅读的孩子,不易沉迷电子产品和网络游戏,甚至对于在孩子们之间风行的各种集卡,也不感兴趣。

阅读就像是埋下的能力种子,种子何时发芽、开花、结果,我们无法预知,但可以肯定的是,它总是在缓慢而坚定地成长,终会在未来的某一刻灿然绽放。

前文案例"薇薇和表弟的'反转'"中的薇薇就是自由沉浸式阅读的受益者之一。

薇薇从小学一年级起就与书为伴，阅读对她来说是一种纯粹的热爱和美好的享受。然而，这份热爱并未直接转化为小学语文成绩的亮眼分数。进入初中后，身边大量同学都在补课，根本没时间自由阅读，很多亲戚朋友都劝薇薇父母："赶快给孩子报个补习班吧，别看这些没用的闲书了。"但薇薇的妈妈却始终支持她沉浸在书海中。

记得有一次，薇薇妈妈悄悄录下一个视频：薇薇蜷缩在沙发里，手里捧着书，完全沉浸在故事世界中，忘了周围的一切。读到动情处，她不停地抽着纸巾擦拭眼泪……这样的画面，是薇薇阅读生活的常态。薇薇自己管理手机，碎片时间几乎都用来看课外书，偶尔才会刷一刷短视频或公众号文章。尽管初中时她的作文开始显露出阅读积累的痕迹，但语文成绩依然没能展现出阅读的力量。

当薇薇考入重点高中后，奇迹悄然发生——在没有补课、也没有刷题的情况下，她的语文成绩稳居班级前五。这时，她才真正体会到长期自由沉浸式阅读的威力：它让高中语文学习变得轻松自如。这个过程的确缓慢，却在学习难度陡增时展现了惊人的效果。遗憾的是，许多人只羡慕眼前这看似轻松取得的亮眼成绩，却无法忍受日积月累过程中的压力与孤独。

这些热爱阅读的孩子，对电子游戏的诱惑都具有强大的免疫力。

我的孩子童童亦是如此。他从小热爱阅读，但小学时的语文成绩同样平平，作文更是曾经只拿到过几分。然而，随着自由阅读的积累越来越多，进入初中后童童的语文能力逐渐显现出优势。在高中"脱产"三个月进行物理竞赛训练后，他参加校内统考，语文竟一举拿下年级第一。这样的成绩，绝非靠刷题或天赋得来，而是依靠日常大量的自由阅读赋予的硬实力。童童的思考和谈吐，也常常让人误以为他是文科生。

进入大学后，童童如饥似渴地沉浸在文学、艺术和哲学的海洋中。这种深入而广泛的阅读，为他开阔了眼界和思路，打下了扎实的写作基础，还让他在读博阶段展现出卓越的专业写作和阅读理解功底，他也因此受邀成为多个国际顶尖学术期刊的审稿人。

自由阅读的力量或许不会立竿见影，但它像一条隐形的河流，默默滋养着孩子的思维与心灵，最终在某个时刻迸发出惊人的能量。这种能量，不仅让学习变得轻松，更让生命变得丰盈。

当然，在自由阅读中也有一些事项需要特别关注：

① 设定底线，避免无节制阅读。在自由阅读的过程中，可能会出现孩子因过度沉迷而影响学习和健康的情况。为避免这一问题，父母应与孩子共同制订明确的底线规则：确保家庭作业的质量、充足的睡眠时间，以及维持"三足鼎立"学习力提升法中数学学习和运动的时间分配。只要不违反这些底线，孩子就可以自由安排阅读。

② 避免人为要求撰写读后感。有一些家长为检验孩子自由阅读的效果或出于锻炼其阅读理解能力的目的，会要求孩子在阅读后立即表达感受。应尽量避免这种做法：一方面，这种功利性的要求会改变自由阅读的初衷，影响自由阅读的持续性；另一方面，阅读的任何感受，一旦被说出来或写出来，都会打折扣，更何况是被动地说出来。

③ 尽量避免接触不健康书籍。对于某些不健康的动漫、血腥或灵异类书籍，应尽量避免让孩子接触。如果孩子偶尔阅读此类书籍，但同时涉猎其他类型的书籍，父母无须过度紧张或干预；然而，如果孩子经常阅读

不健康书籍，父母则需要积极引导和干预，帮助孩子开拓新的阅读兴趣点，拓宽阅读范围，培养健康阅读习惯。

（5）让孩子自主学习展现"素颜成绩"

学习的主体是孩子。当前很多父母却是在用"自己"这个外力去推动孩子学习，最终往往让孩子反感、抵触学习甚至厌学。正确之道应该是用心去调动孩子内力，保证孩子在自然健康、稳定良好的情绪下进入学习，利用孩子在生活中的好奇心，无痕自然地学习，逐渐实现自主学习。

"素颜成绩"就是孩子自主学习的最重要标志。"素颜成绩"是孩子在自主学习状态下的真实成绩体现。当孩子成为学习的主体，能够自主规划学习任务并付诸实践时，他们的成绩便是素颜成绩。素颜成绩反映了他们自己真实的认知水平、学习能力和行为结果。在这一过程中，父母的角色并非主导者，而是支持者——保护孩子的学习兴趣，在关键时刻提供建议、答疑解惑，帮助孩子突破瓶颈。素颜成绩不仅是学习成果的体现，更是学习力培养自然原则的核心实践。

与之相对的是"美妆成绩"，即孩子在父母的安排和监督管理下取得的学习成绩。这种情况下，孩子仅仅是父母学习计划的执行者，一旦脱离父母的长期管束，孩子的成绩往往会"卸妆"，暴露出与美妆成绩完全不同的真实水平。

遗憾的是，当今在小学甚至初中阶段，美妆成绩已成为主流，敢于以素颜成绩示人的孩子并不多。

① 素颜成绩对孩子成长具有重要意义，主要体现在两个方面。

首先，素颜成绩能让孩子更准确地感知自我需求。要获得良好的素颜成绩，孩子必须学会自我管理，而自我管理的前提是拥有自由。自由带来松弛，松弛则让孩子有机会向内探索，发现自己的喜好和需求，从而找到适合自己的学习方法,在实践中更好地把握自己。只有自己想出来的办法,才容易执行到位。当然,自由也会带来放纵,在放纵和自律之间,孩子会主动去平衡,慢慢具有"收"自己的意识和能力。这个"收"的力量,是他律无法给予的。如何帮助孩子"收",这也是学习力培养的一个重要内容,详见本章"三足鼎立"部分和实战篇之"学习意志力""时间管理能力"等。

其次,素颜成绩让孩子能客观地认识成绩、了解自己的学习力。美妆成绩往往让父母和孩子陷入虚假的成就感中,误以为孩子的学习力很强,于是越发难以"卸妆"。然而,这种"美丽"的成绩终将难以保持,因为父母迟早会无法介入孩子的学习,例如孩子进入高年级后父母无力管控或管控失效,或父母因忙碌疏于管理时,孩子的成绩就到了"卸妆"的时候,成绩的下滑暴露出孩子真实的能力水平。这种落差会让孩子感到惊慌失措、备受打击,甚至陷入迷茫和痛苦,因为他们无法理解也接不住突然的"难看的跌落"。

那么具有素颜成绩的孩子呢?我们来看看凯凯的案例。

【案例】自我管理的凯凯

凯凯的父母忙于工作,因此他从小学开始就不得不自己管理学习。凯凯贪玩,也爱读书,每次放学回家后,第一件事就是去楼下玩耍,然后看书,最后写作业。他的各科成绩大多在70分左右,这在小学属于垫底,数学还曾考过34分。

后来,凯凯发现看书比玩更有意思。每到周末或节假日,他都会央求父母带他去图书馆借书或去书店买书。随着阅读量的大幅提升,凯凯的知识面越来越宽,老师常常表扬他作文写得好。凯凯认为,自己作文好得益于大量的阅读，而语文成绩不够好是因为没有做好基础知识默背，数学成绩差、作业困难，则是因为上课没有认真听讲，漏掉了许多知识点。

当凯凯这样分析时，父母感到非常惊讶。"难看"的素颜成绩让凯凯清楚地认识到自己的薄弱点，他有针对性地查缺补漏，四年级时，数学和语文成绩逐渐提升到班级中等偏上水平。这让他深刻体验到努力与成绩之间的因果关系，也意识到自己之前的成绩确实是因为过于松散，而非自己笨。同时，看到周围孩子都是在父母的安排和辅导下学习，甚至上了很多补习班，而自己是单打独斗，凯凯也慢慢确信自己实力不差，尽管自己的成绩还不够出色。

相比班上那些考试一失利就哭的小学霸，凯凯的心智显得非常成熟和强大。从四年级开始，凯凯继续自主学习，采用"素颜成绩 + '三足鼎立'"的方式（详见后续内容），随着时间的推移，他的学习力不断提升。如今，凯凯已是一名初二学生，数学成绩在班级排名第五，总成绩位列年级前20%。

记得刚上初一时，凯凯有几次成绩不理想，父母担心他被打击。凯凯却安慰父母说："我小学可是当过班上倒数的，最低谷都待过，有什么可怕的？"

看，经历就是财富。对孩子来说，早点经历低谷，未必会像家长们担心的那样，导致孩子自卑或失去对学习的信心。只要父母不焦虑，给予科学的引导和方法支持，孩子原来并不美丽的素颜成绩是会随着孩子长大而"十八变"，"越变越好看"的。素颜成绩，让孩子能时刻了解自己的学习问题和学习能力，能正确地认识成绩和能力的关系，有助于孩子主动调整学习方向和方法。同时，从小面对不理想的成绩，从另一个角度看，也有助于提升孩子的心理承受力。

②小学阶段是展现素颜成绩的黄金期。

小学阶段的学习内容难度适中，普通智商的孩子完全能够掌握，因此是培养自主学习能力的绝佳时机。虽然小学成绩的好坏不会决定孩子的一生，但如果在这一阶段忽视了学习力、自主学习能力的培养，就可能对孩子的未来发展造成不良影响。

我通过大量案例发现：小学阶段培养的自主学习能力往往与孩子中学阶段的学习力及学业表现呈显著正相关关系。

在小学阶段实行素颜成绩有两大益处。第一，问题越早暴露，越容易纠正，代价越小。孩子在自主学习过程中遇到困难或错误，能够及时发现并解决，避免问题积累到后期难以纠正。第二，自主学习能力和习惯越早培养，收益越大。小学阶段形成的自主学习能力和习惯会对孩子的终身学习力产生积极影响。实行素颜成绩并不意味着父母完全放任不管。放手是出于对孩子的信任，是为了让孩子在自主探索中成长；但放手不等于放任，当孩子遇到困难或陷入僵局时，父母需要及时介入，提供方法支持和心理引导，帮助孩子找到解决问题的路径。这种"有放有收"的教育方式，既尊重了孩子的自主性，又为他们提供了必要的支持。

本书的实战篇将详细探讨如何在小学阶段科学实施素颜成绩的学习方法，帮助孩子在自主学习的过程中实现学习力的全面提升。

（6）拒绝无为，激发自然潜能

在学习力培养的"自然原则"中，还有一个问题需要重视：我们要遵循自然规律，但不应成为自然的奴隶。现实中有一些父母认为自己孩子天赋不足，便选择"顺其自然"的无为态度，放弃努力。这种认知和行为看似随缘，实则随便，很可能使孩子失去学习力提升和突破的机会，也失去了更好的人生发展机遇。

科学研究证明，绝大多数人的天赋和潜能相差并不很大，人和人之间最终的差异主要取决于基于科学方法的后天努力。放弃努力，在困难前止步不前，只会让天赋和潜能逐渐浪费并消退。

学习中的困难与疲惫是能力提升的必经之路，正如上坡时的不容易。每个孩子都有潜力突破自身的局限，关键在于科学的培养和引导。根据儿童潜能递减法则，越早开发学习能力，越能充分发挥孩子的潜能。关于顺其自然的危害和尽早培养学习力的重要性，可参见前文"学习力和智商"等部分。

我们不应被自然条件束缚，而应主动遵循自然原则，通过科学的方法和持续的努力，既顺应孩子的成长规律，又激发其内在潜力，这才是学习力培养中真正的"顺其自然"——在尊重规律的同时，追求超越与突破。如案例篇中的萱萱等孩子，如果他们只有顺其自然的放任，没有遵循自然原则的坚持和努力，那么他们将会呈现出完全不同的另一种生命状态。

（二）培养学习力的极简原则

1. 违反极简原则的现象及其危害

在近年来的教育咨询过程中，我发现许多家庭普遍存在"四多"现象：课外班多、教辅材料多、教育支出多、教育信息多。这些现象不仅违背了教育中的极简原则，还可能对孩子的成长和学习力培养造成很大的负面影响。

（1）课外班多

近年来，上各种课外班已成为许多孩子的日常，甚至成为一种普遍现象。不少父母给孩子报了各种各样的课外班，包括文化补习班、提优班、兴趣班等等。这种趋势使得不参加课外补习的孩子反而成了"少数群体"，甚至被视为"异类"。

以案例篇中的薇薇为例。她在小学五年级开始自主学习，可是上初中后，发现周围同学几乎都在补课，薇薇爸爸也赞同刷题补课。她内心感到极大的压力和不安，最终，无法抵抗这种环境的影响，主动要求妈妈为她报名了几个补习班。这种现象并非个例，而是反映了当前教育环境中普遍存在的学习焦虑和从众心理。很多孩子表示参加课外班是因为"看到别人都在补课，担心自己落后"。这种巨大的学习焦虑及其裹挟力，不仅让原本能够自主学习的孩子感到不安，还迫使他们加入补课大军。尽管一些补课的孩子认为课外补习对他们的学习"帮助效果有限"，但他们仍然选择继续补课，主要是出于对"落后"的恐惧和对学习方法的错误认知。

这些现象清晰地揭示了课外补习的普遍性及其背后的社会心理压力。它不仅加重了孩子的学业负担，还削弱了他们的自主学习意识和能力，甚至影响了他们的认知和心理健康。

（2）教辅材料多

中国教育报微信公众号曾发起一项调查，调查结果显示，目前，26%的学生一门学科有多本教辅材料，65%的学生至少"一科一辅"。[①] 这种现象在"双减"政策实施后不仅没有改善，反而进一步加剧。随着校外培训机构的减少，家长转而更加依赖教辅材料，认为这是弥补课外学习空缺的重要途径。

---

① 梁丹.超四成家长认为教辅有助孩子巩固和补充课堂知识——家长如何选好用好教辅材料［N/OL］.中国教育报，2022-01-10［2025-05-30］.http://paper.jyb.cn/zgjyb/html/2022-01/10/content_604321.htm?div=-1.

家长和学生对教辅材料的依赖心理也日益加深。很多家长认为教辅材料是提高孩子成绩的"必备工具",一些孩子则表示,如果没有足够的教辅材料,他们会感到"知识不完整",担心影响成绩提升。这种心理在毕业班学生中尤为突出。

然而,教辅材料的过度使用带来了诸多问题。孩子们表示,过多的教辅材料让他们感到压力倍增,甚至导致学习效率下降。

(3)教育支出多

教育支出一直是国内家庭的重要开支,近年来越来越成为许多家庭沉重的经济负担。这些支出涵盖了学习机、文具、课外辅导班、教辅材料等多个方面。许多父母在孩子学习相关的消费上毫不吝啬,认为物质条件的充足是孩子学业成功的关键。

大多数家长表示,只要是与学习相关的需求,他们都会尽力满足,担心物质条件的不足会影响孩子的学业表现。一些家长常会对孩子说:"你只管好好学习,学习上需要多少钱我们都给你花。"这种经济上的支持,初衷是为了让孩子能够心无旁骛地专注于学习,但却可能带来意想不到的负面影响。

孩子如果长期接受高额教育投入,容易逐渐产生依赖心理,认为"花钱可以买到教育",从而忽视了自身的努力和责任。这种现象不仅削弱了孩子的责任感和奋斗动力,还可能导致他们在面对挑战时缺乏独立性和主动性。过度依赖物质支持的孩子,在学业压力和挫折面前更容易出现焦虑和逃避行为。

虽然高额的教育支出反映了家长对孩子未来的期望,但同时也很可能给孩子带来一系列负面影响。

（4）教育信息多

在信息化时代，教育信息如洪流般席卷而来，鱼龙混杂，其中充斥大量商业营销宣传。家长表示，面对海量信息感到"无所适从"或"选择困难"。

在这场信息狂潮中，家长既是追逐者，也是迷失者。他们渴望为孩子找到最优资源，却被过载的信息压得喘不过气。从"速成秘籍"到"高分宝典"，从"名校攻略"到"天才养成"，每一则信息都在叩击他们的焦虑神经。他们在选择教育方法时容易受到广告和营销信息的影响，其中有家长曾尝试过一些未经科学验证的教育方法，结果却适得其反，让孩子在学习上走了弯路，甚至导致孩子的学习力受损。

家长的心态也愈发矛盾：一方面，他们深知教育具有长期性与个体差异性；另一方面，却被"不能输在起跑线上"的集体焦虑所裹挟，陷入盲目追逐的怪圈。

教育信息的泛滥在某种程度上加剧了家长的焦虑和困惑，也影响了孩子的学习效果，在不同程度上损伤了孩子的学习力。

2. 极简原则的运用

学习力培养的极简原则，是指在学习力培养上要通过精简内容、简化形式，减少干扰、聚焦核心，以最简单、最纯粹、最经济的方式实现学习力的高效提升。其核心在于"少即是多"。

正如老子在《道德经》中所言："万物之始，大道至简。"宇宙的根本规律是简单而质朴的，但人们却常常因为急功近利、被外物迷惑而偏离了大道。

删繁就简、返璞归真，是一条少有人走的路。极简的精髓在于"大道至简，大巧若拙"——用简单质朴的原则和方式解决复杂的问题。运用学习力培养的极简原则，需要从四个方面做好断舍离。

（1）精简兴趣班

如果我们的初衷是培养孩子的兴趣爱好，而非专业训练，建议在艺术和体育领域各选择一项即可。这样的安排既能让孩子接触不同领域，又不会造成过重的负担。其实，家庭本身就是培养兴趣爱好的沃土。我们可以通过亲子互动和家庭文化活动来激发孩子的兴趣潜能。比如，和孩子一起下棋、打球。这些温馨的互动时光不仅能培养兴趣，还能增进亲子关系。当发现孩子对某项活动展现出持续的热情和天赋时，再考虑寻找专业指导也不迟。这样的方式既尊重了孩子的自然发展规律，也能让兴趣培养更加从容有序。

（2）精简补习班

先看一个案例。

【案例】坚持自主学习的薇薇

薇薇在小学毕业时具备了自主学习的意识和能力。上了初中后，她看到身边的同学都在补课，心里不免感到焦虑。初二，她没能顶住压力，让妈妈给自己报了补习班。补习了近一年，薇薇非常疲惫，成绩不见起色，学习效率反而下降。到了初三，妈妈和薇薇商量后，决定停掉所有的补习，薇薇再次开始专注于自主学习。

一开始，薇薇是恐慌迷茫的，她自己写道："上课外班就相当于帮你计划好了时间，分配出这段时间是学数学，还是学英语。现在每减一门都感觉空出了很多时间，自己也不知道该怎么去分配。当最后一门课也被减掉，我整个人是一种轻松又迷茫的状态。周围的同学对于我有一种无形的压力，因为他们都上了课，给我的感觉是上课就额外学习了很多。我现在没有课也不用做课外布置的作业，会不会因此落下了？学习赶不上别人？"

随后，薇薇渐渐找到了自主学习的感受，她的记录原文如下："以数学为例，补课时做了很多题目，但没有时间去把它弄懂，作业也是在课外班都要上课了才勉强补完。课一上就是四个小时，回家后也感到比较疲惫。而现在假期是自己安排每天做一些题目，或是限时做一张试卷（就是寒假作业中的卷子）。量不是很多，但也有收获。特别是把一些难题想出来会很有成就感。因为寒假、暑假里的时间相对于平时来说比较充分，可以去思考这种难题，我有时甚至会用半天的时间去订正、思考之前没有做出的题目。我做的东西不多，但是能感觉到能力上的提升。这种提升不是很明显，更不迅速。有的时候我自己都感到失望，怀疑自己是不是不适合这种比较宽松、自主的学习方式。但在初三上学期，我的各科成绩比初二更稳定，并有上升趋势。在初一跌宕起伏、初二平平无奇的数学，从初三开始稳中有升了，这说明整个学习能力是在往一个好的方向发展，这更让我坚定地相信培养自学能力是重要且必要的，同时我也更有做下去的动力了，更加敢于去试错。在这种自主学习、自主管理的状态下，我的学习能力在一步一步地提升。目前我的心态平稳了许多，人也比以前更自信，我很庆幸有这样一个锻炼自己的机会。"

薇薇中考时，成功考入了其所在市的四大重点高中之一，而在此之前，她甚至连排名前六的学校都不敢奢望。

多年的教育实践和案例已经证明，孩子并不需要依赖文化补习班来提升学习成绩。除非孩子有特殊需求，比如参加理科竞赛或特长生的选拔，否则依赖外部辅导往往适得其反，不但起不到补习的作用，反而可能侵蚀孩子的学习力。

以萌萌为例，她从六年级开始自主学习，在六升七的暑假里，她主动预习初一数学，最终在期末考试中名列前茅。当老师询问谁没上过课外班时，全班48人中只有她和另外3名成绩较差的学生举手。萌萌成了"特殊"的存在。

然而，像萌萌这样的孩子并不多见。更多的情况是，那些从小被补习班填满的孩子，到了初高中阶段，成绩突然下滑，学习兴趣荡然无存。他们被"补伤了"。

霏霏就是一个典型案例。她原本数学天赋出众，但在四年级时被同学的家长劝说报了数学竞赛班。大半年后，问题逐渐显现：由于课程内容过难、学习量过大，霏霏开始敷衍作业，甚至跳步骤解题，对数学的兴趣也日渐消退。五年级时，霏霏的妈妈带她来做咨询。面对几道灵活的数学题，霏霏自信满满地说"太简单了"，但正确率仅有20%。而那些经过学习力培养的孩子，虽未上过任何竞赛班补习课，正确率却高达80%。

霏霏的问题在于学得太多太快，基础不牢，思维也变得浮躁。她的妈妈果断停掉了所有竞赛班，转而专注于数学思维能力的提升（具体方法见实战篇中的"头脑游戏"），每天只深耕1—2道题。短短几个月，霏霏的数学思维便得到恢复。如今，高一的她在没有补习班的情况下，获得了国际数学竞赛（International Mathematics Contest，IMC）金奖。

像霏霏这样有机会能重回正轨的孩子并不多。更多孩子在不科学的补习班中消耗了原本很好的学习能力。

（3）精简教辅材料

关于教辅材料的选择，特别是在数理化这些科目上，最忌讳的就是同时使用多套教辅材料，这样做不仅浪费时间，还容易造成知识体系混乱、难度把控不当等状况，徒增学习压力，影响专注力，也不利于学习能力的培养提升。

建议选择一套经典且经过验证的教辅材料，最好是经验丰富的老师推荐的版本。让孩子专注于这一套教辅，深入钻研，把教材的大纲内容和教辅的提高内容有机结合，这样既能确保知识体系的完整性，又能循序渐进地提升学习能力。当孩子能够将教材大纲的基础知识和教辅材料的拓展内容融会贯通时，他们的知识结构就会变得更加扎实，学习效率和成绩自然也会得到稳定提升。

（4）精简教育费用

在家庭教育支出方面，与其不计成本地为孩子提供"最好的"教育资源，不如培养他们主动获取知识的能力。过度的物质投入不仅会造成浪费，还可能让孩子产生"学习是为父母"的错觉。我们可以这样做：

① 引导孩子珍惜资源。比如买书时，如果不是必需，建议读完再买，培养专注力和选择能力。

② 教会孩子善用工具。指导他们使用字典、图书馆、网络等免费资源，学会和善于使用各种有益的教育工具，培养自主学习能力。

③ 简化学习用品。当下，各种时髦且功能繁复的学习用具、华丽的书籍层出不穷，许多是画蛇添足。我们要学会屏蔽这些不必要的干扰，简化学习用品，避免攀比，让孩子明白学习的核心在于努力，而非外在装备。

精简教育开支不是简单地减少投入，而是减少不当干扰，要有重点地投入。这样既能减轻家庭负担，又能激发孩子的学习动力，培养他们独立自主的能力。同时，帮助孩子建立正确的学习观。

（5）精简学习信息

在这个信息爆炸的时代，我们需要学会精简过滤学习信息。过量的信息可能会成为负担，影响判断，引发焦虑。建议从以下三个方面着手：

① 远离焦虑源。主动避开急功近利的不科学"鸡娃"群体，尤其是一些四处搜罗教学信息的妈妈群。每个孩子都有独特的发展节奏，过度比较只会徒增不必要的压力。

② 过滤干扰信息。不被各种教育类自媒体、短视频、小妙招等学习信息牵着鼻子走，不能人云亦云、见风是雨，这样才可能避免对孩子的错误指导，帮助孩子找到适合自己的学习节奏。

③ 聚焦经典教育。家长要聚焦经典的教育理论，认真研读一些经过时间和实践检验的教育著作，建立起比较科学、系统的教育理念。

认识并实践极简原则，是一场与浮躁和诱惑的持久较量，难点在于要真正做到断舍离，必须摒弃表面的繁华，专注于那些影响孩子成长的关键点。例如，阅读能力的提升不在于做阅读理解题目，而在于培养孩子对文字的热爱与思考，在于大量自由阅读的积累。再如，数学能力的突破不在于机械刷题，而在于对逻辑思维的深度训练。

这些都需要家长具有清醒的判断力和坚决的执行力，需要家长有勇气抵制那些看似轻松却有害无利的诱惑。当我们能够做到极简，就会避免不必要的消耗，教育就不再是一场无休止的追逐竞争，而是一次与孩子共同成长的自然旅程。

"自然"与"极简"这两个原则是孩子学习力培养的关键所在。现实中，绝大多数家长都能认同"自然"与"极简"两个原则的重要性，但"知易行难"，在实践中有不少家长难以坚持，让人遗憾。令人欣慰的是，一些真正重视培养孩子学习力且执行力强的家长已经做出了积极的改变。他们支持孩子自主学习，将重心放在营造温馨、有趣、充满文化氛围的家庭环境上。这些家庭的孩子每天都有自由阅读、运动和玩耍的时间，家中充满了欢声笑语，孩子的学习力也在潜移默化中成长。这些孩子也获得了充分的试错机会。虽然他们可能暂时在成绩上落后于同龄人，就像薇薇们一样，在其他孩子开花结果的时候，他们还在默默扎根。但当其他孩子因过度学习、能力不及而感到疲惫和厌倦时，这些孩子的潜力开始爆发，学习能力显著提升，便可取得令人惊喜的进步。

四、学习力培养方式和阶段性目标

（一）培养方式的重要性

在与每一个前来咨询的家庭交流时，我通常会提出三个问题：

①家庭教育愿景是什么？

②父母的教育理念是否一致？

③父母对孩子的具体培养方式是怎样的？

有趣的是，无论父母的职业、家庭教育背景或认知水平如何，几乎所有家庭的教育愿景都惊人地相似：

①希望孩子身心健康。

②希望孩子幸福快乐。

③希望孩子独立自主，未来能够自食其力。

④希望孩子具备良好的能力。

……

并且大多数父母都表示，他们的教育理念基本一致，都重视孩子能力的培养，绝不会为了追求成绩而牺牲孩子的身心健康。

然而，当话题转向第三个问题——具体培养方式是怎样时，矛盾便开始浮现。父母之间常常会互相指责，认为对方的实际做法偏离了初心轨道，导致孩子能力不足或学业不佳，养成一身坏毛病。有些父母甚至认为，正是对方的错误培养方式，才使得原本可能优秀的孩子出现了各种学习和心理健康问题。

这便是家庭教育中最深刻的矛盾：尽管父母的教育愿景和理念看似一致且科学理性，但具体的培养方式却十分感性、随性且千差万别，最终导致孩子的成长结果与最初的期望相去甚远、南辕北辙。在生活中，这样的场景也屡见不鲜：

• 父母希望孩子拥有独立人格，却在生活和学习中事无巨细地包办一切。

• 父母希望孩子早睡以保证充足睡眠，却因学习问题情绪失控，与孩子僵持数小时，最终导致孩子带着负面情绪直至深夜才能入睡。

• 有些父母，或许是名校毕业的高材生，或许是经验丰富的老师，他们能够对他人的教育侃侃而谈，提出科学、深刻的见解。然而，面对自己的孩子时，教育实践与理念背道而驰，给孩子的学习力和身心健康造成重创。

细微之处定乾坤，具体之处见真章。我们有必要深入思考：怎样的具体培养方式才是科学的，才能实现教育愿景？我认为，家庭教育培养方式大致可以分为两类：非系统培养方式与系统培养方式。

（二）非系统培养方式

非系统培养方式，是指父母在教育实践中，并未以培养孩子的学习力和身心健康为核心目标，或主观强势地为孩子设计学业路径，或只以眼前学业成绩为目标。这种培养方式往往缺乏全局观和系统性逻辑，忽视孩子自身特点，导致教育目标碎片化，仅仅聚焦于眼前的学业成绩：比如孩子今年小升初需要考到多少分、获得哪些竞赛证书、在班级排名多少、几年内要拿到多少校内荣誉证书、冲刺哪所名校……

非系统培养方式下的家庭教育往往表现为两种极端情况。

1. "卷王"型

这类父母对孩子抱有极高的期望，在孩子很小的时候就以他们将来能进入名校为目标，狠抓考试成绩，忽视对孩子学习力的培养和身心健康的维护。更令人担忧的是，一些"虎妈狼爸"式的家庭，计划性和执行力极强，让人感觉在狠抓孩子学习成绩上特别"有成效"，也因此，对孩子的学习力、身心健康造成的损害更大。

2. "放养"型

这类父母看似佛系，追求自然教育，实则是自己过于随性、对孩子不负责任。名义上给孩子一个"快乐的无拘无束的童年"，然而，当孩子面临幼小衔接或小升初的关键阶段时，他们往往抵不住现实的压力，随波逐流地加入补课大军。还有一些父母始终坚持放养，结果往往导致孩子在学业和能力上的全面塌方。原本希望通过放养保护孩子的天性，却因缺乏后天科学培养的支撑，使孩子失去了发掘潜在能力的机会，也失去了本应有的自信和发展前景。

非系统培养方式在家庭教育中占比较大，它的最大问题在于：父母对孩子的教育方式完全偏离了最初的教育愿景，忽视了孩子真正的能力培养和身心健康，导致教育的短视化和片面性，最终可能让孩子乃至整个家庭陷入焦虑和失控的泥潭。

（三）系统培养方式

系统培养方式是一种根植于深刻理解孩子生命本质的教育方式。父母将孩子视为一个动态而复杂的生命体，以培养身心健康和学习力为核心目标。根据孩子的成长规律，分阶段确定能力培养的重点，使教育既具有科学性，又形成完整的体系。

实施这种方式，需要父母具备较高的教育认知，但这种认知并非取决于高学历或丰富的知识储备。事实上，许多文化程度并不高的父母同样能培养出卓越的孩子，他们的成功在于秉持着朴素而科学的教育理念——注重教导孩子"做人"与"做事"的根本，尊重孩子的自然成长规律。他们自知教育知识有局限，反而更加谦逊，更懂得尊重孩子的天性和成长规律，具有"不做错的，就是对的"的朴素智慧。这与放养型教育有着本质区别。这些父母虽然在学业上给予孩子充分的自由，但在品格培养和行为规范上毫不松懈。孩子通过生活实践磨炼心智，积累经验，逐渐培养了自主学习的能力和坚韧的意志力。当孩子具备一定的智力基础时，学业上的优异表现便成为自然而然的结果。但这种培养方式也会存在硬伤——对于智力普通或稍弱的孩子，若缺乏科学的学习能力培养方法，孩子则可能无法有效提升和突破自己的学习能力。

采用系统培养方式的父母，通常具备比较科学的认知和宽广的视野。他们尊重孩子的成长节奏，自觉或不自觉地将学习力的培养置于首位。面对孩子暂时的学业困境，能保持平和心态，不急功近利。这种教育方式有助于培养孩子的长期主义价值观，使其远离浮夸和表演性学习，专注于自己的内在成长，最终形成严谨踏实的品格和优良的能力。

在孩子的每一个学习阶段，这些家庭往往都有明确的能力培养目标，并能够专注执行。他们不易被外界潮流所左右，不受周遭焦虑情绪的影响，更不会盲目跟风，从而避免了教育过程中的迷失与彷徨。

系统培养方式不仅是一条培养学习力的科学教育路径，更是帮助孩子认识自我、实现个人价值的成长之道。它超越了单纯的知识传授，着眼于培养完整的人格和学习力，为孩子的终身发展奠定坚实的基础。这种方式既是对孩子生命的尊重，也是对教育本质的深刻践行。

（四）系统培养方式下学习力的阶段性目标和任务

1. 初中毕业时孩子应具备的学习力

初中毕业时，孩子要获得良好的学习力，为未来的学习乃至终身发展奠定坚实的基础。初中毕业时孩子所应具备的良好学习力体现在：拥有强烈的学习动力、强韧的学习意志力和良好的学习能力，完全实现自主学习，能够保持2小时以上的专注学习状态，达到理想型的学习力；如果孩子的学习力培养和提升起步晚，至少争取达到潜力型的学习力。

为了达成这些目标，可以用"倒推法"为孩子的每个阶段设定具体的学习力培养目标和任务。"倒推法"是指从初中毕业时孩子应具备的学习力出发，倒推至孩子在初中阶段、小学阶段、学前阶段，分别应该具有什么水平的学习力，并注意从哪些方面入手培养。这种从教育愿景到目标，再由目标倒推至每个阶段的培养目标和任务的做法，有效保障了目标和初心在执行过程中的始终统一。

以下按倒序分别阐述初中、小学、学前阶段的学习力培养目标和任务，其中提到的具体方法可参见本书实战篇。

2. 初中阶段学习力培养目标和任务

整个初中大致可以分为两个阶段：长期提升学习力阶段、短期冲刺中考应试阶段。

（1）长期提升学习力阶段（初一至初三上学期）

初一至初三上学期是提升学习力的主要阶段，其关注重点不是成绩，而是学习力的提升。考试成绩只是检测学习效果的手段，是为了帮助孩子找到自己的问题、优化学习方法、夯实学科基础。要避免孩子过早陷入应试技巧训练，否则孩子可能会因能力不足而中考失利，甚至损害身心健康，如大量咨询案例显示出的应试弊端。

初一至初三上学期，孩子学习力的目标和任务如表 1-2 所示。

表 1-2　长期提升学习力阶段培养目标及任务表

学习力培养目标	学习力培养任务
自主学习	• 基本上无补习课，完全实现自主学习 • 父母仅仅是在孩子需要时，在学习方向、方法上给予适当参谋和指导（如孩子遇到某门功课确实薄弱等特殊情况，可根据孩子的要求以 1 对 1 方式请老师集中答疑解惑指点 1—3 次）
提升学习动力	• 培养对自我和对家庭的责任感、对人类社会的使命感 • 通过提升学习能力获得学习成就感 • 保护好学习兴趣，比如每日自由阅读，不把阅读和提升语文成绩画等号
增强学习意志力	• 具有较强的诚信意识 • 每周坚持长跑 3—4 次，每次 40—60 分钟左右 • 深耕"每日一题 + 限时提速"，提高抗挫能力，在挑战中学会坚持，在失败中学会获胜 • 坚持常年规律作息，节假日不睡懒觉
发展学习能力	• 提升数理化的思维能力，寒暑假能自主完成数学和物理大预习，春秋季能完成每日一题和周末的限时提速 • 能够通过自主学习解决中等偏上难度的题目，思维速度足以应对考试时间的限制

此外，还应关注如下几点：提升时间管理能力，让孩子自己规划寒暑假大预习，定期通过时间自测法发现时间管理上的问题，能及时做出调整；提升阅读理解能力，保持大量沉浸式自由阅读，保证平均每天至少有半小时的阅读，愿意阅读经典名著；记日记，勤练笔，平时注意收集书籍和生活中的素材；保持开放、善于反思的态度，不固执己见；写作和社交

表达时能逻辑清晰、自然流畅、较为准确地输出自己的思想观点，具有独到见解，常有奇思妙想；有较强专注力，能长时间沉浸于学习，逐渐从初一的 1 小时、初二的 1.5 小时上升至初三的 2 小时。

（2）短期冲刺中考应试阶段（初三下学期）

初三下学期，孩子随校内节奏进入模拟考试阶段。这个时期的主要目标是针对性适应中考题型、考试节奏和掌握答题技巧，对知识点查缺补漏以进一步巩固。

这个阶段的核心任务是保证精力充沛而不是疲劳作战，要保证充足的睡眠、坚持每天 30—40 分钟的长跑，保持良好的体能和心态。

老同学的孩子芊芊在距离中考 3 个月的时候，十分焦虑、紧张，每天学到很晚，睡眠不足，疲惫不堪，情绪烦躁，在家动不动发火哭泣，成绩一直处于下降趋势，孩子十分恐慌。老同学劝她调整状态，可芊芊根本听不进去也无从下手。无奈之下，老同学托我做做孩子的思想工作。电话里，小姑娘将信将疑地听着我的考前建议。一个月后，我接到老同学的反馈，芊芊仅仅就是做到了我建议的两点——每天跑步和保证充足的睡眠，状态便越来越好，中考第一次模拟考进入了年级前 20 名。孩子又惊又喜，非常满意。有了成绩的印证，孩子便能更安心踏实地做好这两项，学习效率显著提高了。

俗话说："大考大玩，小考小玩，不考不玩。"不考不玩，不是真的不玩，而是在玩中学、学中玩，玩和学不分家。而大玩、小玩中的玩，则指放松休闲娱乐、运动。初中阶段的应试教育是以中考为目标，我们的学习力培养要使其成为"用平时的检测性考试锻造学习力，以学习力赢得选拔性考试——中考"的理性闭环。

3. 小学阶段学习力培养目标和任务

小学阶段是学习力培养的基础阶段，如果能明确培养目标和任务，将为孩子今后的发展奠定良好基础。

表 1-3　小学阶段学习力培养目标及任务表

学习力培养目标	学习力培养任务
自主学习	• 四年级之前重点培养自主学习的意识 • 四年级开始重点培养自主学习能力，可以自己管理完成校内作业，自主完成校内学习 • 四年级之前可在父母的引导和帮助下完成课外的"三足鼎立"（数学、阅读、运动）训练，四年级开始尝试自主完成"三足鼎立"训练
提升学习动力	• 保护好奇心与学习兴趣，通过各种亲子游戏激发学习兴趣与好奇心 • 在时间管理上获得掌控感、胜任感 • 通过学习数学头脑游戏、自由阅读，对学习获得掌控感、胜任感乃至成就感
增强学习意志力	• 具有诚信意识和能力 • 通过运动改善体质、提高体能，提升身体耐力，坚持每周3—4次、每次30分钟的跑步 • 学会思辨地接受批评和规则，客观看待考试分数的意义，敢于体现素颜成绩 • 日常生活中不娇气，能自理基本生活，能独立处理和同学老师的各种关系，培养坚韧的品质 • 在路程合适的情况下，三年级以上能独立上下学
发展学习能力	• 通过头脑游戏法提升数学思维能力，体验数学对生活的影响，比如去菜场买菜、超市购物 • 具有大量沉浸式自由阅读，每天有30—40分钟，周末每天有3—4小时的自由阅读时间 • 具有时间管理意识和能力，自己安排管理校内学习 • 口头与书面表达，自然真实、逻辑清晰 • 不追求小学期间的作文成绩，但侧重价值观的培养，大量阅读并积淀，能独立自主地表达观点 • 课外班可保留一门英语，以保护专注力 • 通过自由玩耍激发想象力与创造力

需要注意的是，父母在孩子的整个小学阶段，对孩子教育的一项极其重要的任务和贡献就是激发和保护好孩子的学习兴趣，让孩子感受到学习是一件辛苦但有成就感、能带来快乐的事，为进一步培养学习力奠定良好基础。

4. 学前阶段学习力培养目标和任务

学前阶段的孩子虽然年龄尚小，但也需要针对学习力长远发展实行对应的培养方法。

表 1-4　学前阶段学习力培养目标及任务表

学习力培养目标	学习力培养任务
自主意识	• 知道学习、能力提升是关乎自我成长的好事、大事，具有独立自主的意识 • 4 岁以上能尝试独立睡觉、洗澡、洗漱
提升学习动力	• 通过各种亲子游戏激发学习兴趣与好奇心 • 增加户外活动，积累较丰富的生活体验 • 对自我和小家庭具有一定的掌控感 • 对数学游戏、识字游戏等具有成就感
增强学习意志力	• 建立诚信意识 • 规律作息 • 逐步具有独自睡觉的意识和能力 • 通过各种户外运动增强体质与体能 • 完成一些不喜欢但对成长有益的事 • 培养良好的生活和社会行为习惯
发展学习能力	• 在生活游戏中积累加减乘除等丰富的数学模型经验，为数学逻辑思维发展打下基础 • 在生活游戏中增加识字量，为简单阅读做好准备 • 建立时间观念，能自己设立闹钟，知道几点起床、吃饭、睡觉 • 注意培养口头表达能力，能与家人进行良好的语言交流 • 保护专注力，不需要上幼小衔接班，根据兴趣和要求，最多报一个体育类、一个艺术类兴趣班 • 有充足的自由玩耍时间，激发和保护想象力与创造力

只有总体目标明确，阶段性目标和任务清晰且易操作时，父母才不会患得患失，才能扎实推进孩子学习力的提升与突破。无论孩子在哪个阶段，

学习力的培养都应该是核心目标。

（五）需要重视的3个问题

1. 父母的决定性力量

在孩子的成长过程中，父母无疑起到最为关键的作用。作为与孩子相处时间最长、情感联系最紧密的人，父母不仅是孩子生活的支柱，更是他们未来发展的主要引导者。相比之下，家中的老人虽然可能在日常生活中提供帮助和支持，但他们的角色是辅助性的，难以替代父母在孩子的长期教育和人格塑造中所起的核心作用。而学校的老师，尽管可能对孩子的成长产生重要影响，但他们的职责主要集中在某段学业指导上，且往往受限于教学任务和时间，难以兼顾孩子长远学习力和综合素质的培养。因此，父母需要清醒地认识到：自己对孩子的教育是责无旁贷的。

父母与老师的教育目标在本质上存在差异。老师更多关注孩子当下的学业表现和教学任务的完成情况，而父母则需要从更长远的角度思考孩子的全面发展。长途和短途的行囊装备肯定是不一样的。因此，父母在听取老师的建议时，应保持独立思考，结合孩子的实际情况做出判断。父母有责任投入时间和精力，根据孩子的个性特点，确定系统的学习能力培养计划。当应试教育的短期要求与孩子的长远发展目标存在冲突时，父母应坚定地以后者为重，做出明智的决策。

在系统培养的过程中，父母需要警惕一种常见的"目标陷阱"。许多父母出于各种考虑，过早地为孩子设定了具体的学业目标，例如"学习某个专业""考上某所名校""一定要出国留学"。这种目标看起来是对孩子成长前景的规划，实际上可能成为孩子成长的枷锁。每个孩子都是独特的个体，他们的兴趣、天赋和人生轨迹无法被简单地框定在一个预设的具体目标中。过于具体的规划不仅可能限制孩子的发展空间，还可能给他们带来不必要的心理压力。尤其当孩子意识到自己必须达到某个"标准"，而内心却并不完全认同这一目标时，可能会陷入迷茫与焦虑，甚至可能出现心理问题，失去继续学习的动力。

教育的真正意义，不在于将孩子塑造成父母心目中的某种"成功模板"，而在于帮助孩子真正发现自我、认识自我，并最终发展自我、实现自我。

系统培养方式的核心，是父母应关注孩子在 0—15 岁这一关键阶段的学习力培养，将能力发展放在首位，而不是过早地锁定具体的专业方向或学校。当孩子具备了良好的学习力后，他们将拥有更多的主动选择权，孩子也有能力审视自己的内在，根据自己真实的兴趣和志向选择更适合自己的发展路径，从而实现更全面、更有意义的人生价值。

综上，父母在教育孩子的过程中，既要注重系统性和科学性，也要保持开放和灵活的心态。父母要帮助孩子成为独立、自信、有思考能力的个体，而不是简单地按照自己的好恶和价值判断，固执地将他们推向某个预设的终点。

父母的心力投入是守恒的：今日偷闲，明日忧烦；此刻深耕，彼时收获。

父母的心力投入更要科学、明智，否则将事倍功半甚至事与愿违，贻害孩子终身。

教育，永远是一场智慧引领、先苦后甜的长远的修行。

2. 父母的教育理念和方法要统一

家庭教育理念与方法的统一，是孩子精神成长的根基，是塑造其价值观与人格的关键力量。然而，当父母在教育问题上各执己见，甚至在孩子面前争吵时，这种根基便被悄然动摇。父母的每一次争吵，都可能在孩子心中刻下一道裂痕，让他们徒生焦虑，在困惑与不安中迷失方向。

当父母争吵时，孩子往往会敏锐地察言观色，选择对自己更有利的一方。这种"站队"行为是孩子的本能反应，也是一种无意识的生存策略，但对孩子成长危害甚多。首先，孩子可能会逐渐学会利用父母的分歧来操纵局面，满足自己的需求。这不仅会让孩子失去对规则的敬畏，还可能使其在未来的人际关系中养成功利化的交往习惯。其次，孩子在这种分裂的忠诚中，内心会充满矛盾与挣扎。他们既渴望亲近一方，又担心疏远另一方，这种情感上的撕裂感会让他们长期处于焦虑与不安之中，甚至影响其人格的健全发展。更严重的是，孩子可能会将父母的争吵内化为自己的责任，认为自己是家庭矛盾的根源，从而陷入深深的自责与无助中。这种内化的负罪感，可能会伴随他们一生，成为心理健康的隐患。

父母的这类争吵一旦常态化，不仅会破坏家庭的和谐，还会让孩子误以为解决问题的方式是对抗而非沟通。这种错误的认知将深刻影响他们未来的人际关系与处事方式。孩子会模仿父母的行为模式，将冲突视为常态，将对抗视为解决问题的唯一途径。这种扭曲的价值观，可能会让他们在未来的生活中难以建立健康的关系，甚至陷入孤立无援的困境。

因此，父母要努力在孩子面前展现出教育理念的一致性，即使存在分歧，也应平和沟通，达成共识。如果实在无法统一，可以采取家庭会议方式，邀请孩子一起参加。例如，可以设定会议议题为"关于某某某（孩子姓名）作业磨蹭问题的讨论"，既让孩子能抓住要点、感受自己被重视而不是被针对，又能让孩子学习到如何通过协商来实现解决问题、协同合作。如何开展家庭会议请参见实战篇的"召开家庭会议"。

家庭教育的一致性，不仅是父母的责任，更是对孩子未来的最好馈赠。父母的每一次选择，都在塑造孩子的未来；而家庭的每一次协商解决问题，都是对孩子心灵的最好滋养。我们所有人的努力，都是为了让孩子成为一个优秀的人。

真正的优秀是具备热爱之下的终身学习力；是永不过时的坚韧、热爱生活；是风雪之中闪亮的眼、微笑的唇。

3.学习力培养越早越好

（1）儿童潜能递减法则

有些父母认为，孩子的能力会像树木年轮一样，随时间自然增长，无须刻意培养。尤其是近年来，当"赢在起跑线"的鸡娃热潮被许多案例证明有害后，一些人走向了另一个极端——完全依赖"本自具足"，认为只要给孩子自由，他们就会像野花一样自然绽放。这种观点虽比过度应试温和，却是不科学的，很可能导致不良后果。

事实上，人类大脑的发育并非一条平稳的上升曲线。在生命初期，大脑如同一块高度敏感的海绵，对外界刺激反应迅速且强烈。随着年龄增长，这种敏锐度逐渐减退，适应新环境的速度也会放缓。如果没有通过教育不断注入新的能量，人的内在能力的发展便会停滞。

卡尔·威特在他的书中曾提到一个案例：司各特伯爵夫妇携新生儿出海遇难，幸存于荒岛后，夫妇相继离世，婴儿被大猩猩收养。20多年后人们发现已成年的小司各特，他像大猩猩一样攀爬跳跃，不会用双腿走路或说人类语言。尽管科学家花费十年教导，他却仍然无法说出连贯句子，更习惯用吼叫表达。[①]类似的案例还有虎孩、狼孩等。这些现象表明，人类潜在能力最重要的发掘期是在幼儿阶段，错过这一时期，能力将逐步退化甚至消失。

卡尔·威特在书中提出了"儿童潜能递减法则"：每个儿童都具备潜

---

① 威特.卡尔·威特的教育大全集［M］.哈尔滨：黑龙江科学技术出版社，2014.

在能力，但这种能力随年龄增长而递减。如果说初生婴儿具备 100 度的潜在能力，那么从出生起持续接受系统科学的教育培养，成人时有可能达到 100 度的能力值；若从 5 岁开始教育培养，成人时最多达到 80 度；若从 10 岁开始，则成人时最多只能达到 60 度。教育开始得越晚，儿童潜能的挖掘和实现就越少。

蒙台梭利认为生命早期是智能和其他潜能形成的关键时期，童年构成了人生中最重要的一部分。她指出，儿童有一种与生俱来的"内在生命力"，具有无穷无尽的力量，教育的任务就是激发和促进儿童"内在潜力"的发挥。① 因此，教育的第一要旨是避免能力递减，尽早为孩子提供发展能力的机会。

值得注意的是，早期学习力培养与"鸡娃"或超前学习完全不同。前者注重兴趣保护和能力激发，后者注重知识积累和眼前成绩体现。学习力培养不是将孩子塞进知识流水线，而是要像园丁一样，精心培育孩子大脑中的"学习花园"，提供适宜的土壤、阳光、水分和养料，并适时修剪枝叶、去除虫害。过早的知识填鸭如同撒化肥，短期内看似繁茂，实则破坏土壤天然肥力。而那些看似"无用"的游戏、探索和想象，却是最好的有机肥料。

真正的学习力是一种综合能力，使孩子能在面对未知挑战时，自主寻找适合自己的解决方案，而非依赖标准答案。每个孩子都有自己的生长节奏，重要的是要培养其内在的学习生态系统。当这一系统运转良好时，学习就不再是负担，而是一种自然的生命状态。

事实已证明，学前阶段便开始培养学习力的孩子，基本不用上幼小衔接班，进入小学后在一至三年级就能实现自主学习，让父母得以解放，

---

① 蒙台梭利. 有吸收力的心灵［M］. 高潮，薛杰，译. 北京：中国发展出版社，2006.

并且学习力效果会逐渐体现在良好成绩上。孩子的性情、亲子关系稳步改善，孩子会获得成就感、自信心和学习热情，形成良性循环。这种效果让父母和孩子更加踏实，让他们对学习力的进一步提升和今后学业都充满信心。相关案例可参见案例篇中有关学前阶段的部分。

（2）此刻即未来

如果孩子已经上小学甚至初中，家长才意识到学习力培养的重要性，是否已经错过了最佳时期？答案是：虽可能错过，但亡羊补牢，为时不晚，一切还来得及！只是从现在开始，家长和孩子需要更加坚定和专注，过程会更加艰难和辛苦。现实教育从来不是完美的。在我接触的 800 多个家庭中，许多孩子是从小学或初中才开始培养学习力的。

小学低年级（一—三年级）开始培养学习力的孩子，通常可塑性较好，往往会在一到三年后展现出良好的学习力和学业成绩。

小学高年级（四—六年级）开始培养学习力的孩子，他们的心理成熟度、理解能力和学习消化能力较强，具有较高的可塑性。如果孩子综合素质良好，学习力提升会较快，通常在 1—2 年内见效；如果孩子存在应试损伤、家庭教育条件欠佳（如父母认知较低、缺乏思辨能力、思维机械等）、自身意志力薄弱、生活学习习惯差等问题，则会明显影响学习力的提升效果和速度，需要更长的培养时间。

初中开始培养学习力的孩子，效果差异较大，主要取决于孩子的基础状态和底层能力。有的孩子半年内就有显著提升，有的则需要 3—4 年，也有少数家庭因浮躁和对教育的焦虑而无法继续下去。

总体而言，初中生的品格素养已基本形成，学习力提升难度较大。几乎每个孩子都需要对之前的教育问题进行修正。此外，初中生父母在提升教育认知、打破固有惯性和提高执行力等方面也相对较为困难。

由于孩子的个体条件和家庭教育背景差异较大，即使是同龄孩子同时开始学习力提升，在过程和效果上也会存在差异，但有一点是共同的：只要孩子和家长都能严格遵循学习力培养的要求，共同配合、持续努力，就会取得良好效果。我选择了不同时期开始学习力培养并取得良好成效的代表性家庭作为案例（见案例篇），这些家庭的孩子学习力培养的成效包括：

- 实现自主学习，解放家长；
- 学习力提升，带动校内成绩进步；
- 热爱阅读，能合理使用电子产品，能抵御电子游戏等低级诱惑；
- 坚持运动，身心健康。

本书将学习力培养的年龄段锁定在 0—15 岁，为何不包括高中生？并非高中生无法提升学习力，而是提升难度很大、效果相对有限。原因有三：一是根据儿童潜能递减法则，高中生潜能开发很难；二是高中生及其父母的思维和行为模式大多相对固化，改变很难；三是高中生面临高考压力、学业繁重，集中时间和精力实施学习力提升方案很难。

尽管如此，对于学习力提升而言，任何年龄段开始的努力都比停滞不前要有意义、有收获。

五、激发学习动力

激发孩子的学习动力，核心在于帮助他们找到学习的兴趣、目标感和成就感。学习兴趣有时是由孩子与生俱来的天赋所带来的，有时是学习的结果。激发学习动力的方式分为直接激发和间接激发两种：一种是直接树立目标、直接发现和培养孩子的天然兴趣，以此激发孩子的学习动力，这种激发孩子学习动力的方法，我称之为直接激发法。另一种是通过提升孩子的学习能力并由此提升学习成绩，让孩子获得成就感，产生后天的学习兴趣，从而激发孩子的学习动力，我将这种激发学习动力的方法称为间接激发法。

其中，学习动力的间接激发法是我多年以来一直努力实践的方法。它能有效解决现实中多数孩子学习动力缺乏的问题，其高效性和可持久性被大量案例印证。

（一）直接激发法

直接激发法分为直接目标法和直接兴趣法两种。

1.直接目标法

直接目标法是直接用目标激发孩子的学习动力。无论是想上个心仪的学校或是找个好工作，是想当个工程师或是科学家，还是心怀"为全人类造福""为中华崛起而读书"的情怀，只要孩子真正树立了自己内心明确的目标，自然会产生学习动力。

在现实中，不少家长往往采取"直接目标法"：有一部分是通过向孩子勾画努力学习的美好前景，鼓励孩子树立良好学习目标；但更多一部分是以"坏结果"威胁，例如告诉孩子学习不好就考不上好大学、找不到好工作，只能"扫大街""送外卖"等等，想以此倒逼孩子树立良好的学习目标。显然，这样建立的学习目标，对大多数孩子而言，并非自己内心真正的目标，对激发孩子学习动力作用很有限。

2.直接兴趣法

直接兴趣法就是直接找到并激发孩子的天赋、兴趣，直接支持孩子的学习兴趣，以此激发孩子的学习动力。这种由天然兴趣而产生的学习动力是最轻松自然，也是最有效的。而善于发现并保护孩子的学习兴趣是家长极其需要关注的。

（1）善于发现孩子的学习兴趣

对孩子而言，自由地玩其实就是一种重要的学习方式。通过玩，孩子认识世界、感知自己，并将自己与世界联结起来。玩得越多，联结越多，潜在的兴趣通道也就越多。孩子的兴趣往往是在玩的过程中被发现的。比如，有的孩子特别喜欢观察蚂蚁等小虫子，或者对动植物类书籍充满好奇，这时我们可以引导他们进行生物类的深度学习，学习生物便成为培养孩子学习力的载体。再比如，有的孩子玩数学游戏时特别"输不起"，输了会不高兴发脾气，但闹完情绪之后，会自己翻看数学类书籍琢磨，非要赢回来不可。尽管孩子表现出哭闹，但他的不服输、坚持探索恰恰是充满学习兴趣的表现。如果我们能看到这些并加以引导和鼓励，孩子就很可能在数学学习上获得宝贵的学习动力和学习能力，并学会如何面对输和赢。

当孩子在某个方面表现出强烈兴趣时，自然会展现强烈的学习动力，推动他们进行深度学习，而问题的初步解决和新问题的产生，又会引发他们更广泛的学习兴趣。家长需要注意的则是，不必过于关注孩子在玩的过程中的一些无关安全的负面问题，如被弄脏的衣服或输了就哭的情绪反应，而是要有意识地发现孩子的兴趣点在哪里，并加以保护和进一步激发。通过孩子的自由玩耍，父母可以帮助他们孕育学习动力，为未来的学习力提升奠定坚实的基础。

有不少家长想通过报各种兴趣班，努力发现和培养孩子的兴趣，以此来激发孩子的学习动力。但是不要忽略这个事实：孩子的学习兴趣大多源自于某些天赋，当孩子遇到天赋范畴内的学习内容时会因兴趣自然产生学习动力。如果孩子天赋不足，硬性的兴趣培养往往事倍功半，甚至可能走向反面——扼杀了学习的兴趣。

（2）不要让"正确"赶跑兴趣

现实中，有一种看似正确的做法可能恰恰破坏了孩子的学习兴趣。老师和父母们往往过于在意孩子学习结果的正确，不断纠错，但这也许会让孩子逐渐失去学习兴趣。

因此，为了保护孩子的兴趣，可以参考以下建议：

①延迟纠错——先让孩子自己发现错误，如提醒孩子"检查一下这一步"。

②关注过程——不要过分关注结果，表扬孩子过程中的努力和策略，如"我喜欢你的解题思路"。

③引导分析——对错误不要单纯否定，要善于把错误当作学习机会，引导孩子分析错误原因，如询问孩子"这一步你怎么想到的呢"。

（3）不要让"效率"扼杀兴趣

现实生活中，一些父母出于养成孩子"高效"做事的目的，喜欢用自己的经验直接替代孩子的体验过程和感受，这很容易扼杀孩子的学习兴趣。

父母频繁地直接给孩子经验和方法以达到高效，会导致孩子对学习的兴趣显著低于自主探索的孩子。长此以往，孩子会形成依赖父母决策的习惯，这将严重损伤孩子探索的兴趣和思考的能力。可以说，父母用自己的"高效"经验来替代孩子的"低效"体验，这种"高效"，实质是以牺牲孩子长期发展为代价的"伪高效"。对于这些情况，可以参考如下建议：

① 用引导代替给经验——如询问孩子："你觉得可以怎么解决？试试看，错了也没关系。"

② 注重孩子的努力和策略——如鼓励孩子："你的方法跟我的不一样呢，真有意思，一个人一个思路。"

（二）间接激发法

现实中，很多孩子内心往往缺乏明确的学习目标，也缺乏天赋兴趣，学习动力的直接激发法常常效果不佳。这时，我们可以采用学习动力的间接激发法。

1. 间接激发法的核心是能力

间接激发法的核心，是提升孩子学习能力。正是通过学习能力的提升，让孩子在学习中获得胜任感、成就感，自然产生学习兴趣。随着孩子学习能力的持续提升，他们不断达到令自己惊喜的学业高度，对自我的期许和目标自然会不断提升，进而激发出自己更为强大的学习动力。因此，在间接培养孩子学习动力的过程中，目标感不是具体和明确的，而是学习能力水到渠成的产物，学习兴趣也是学习的结果而不是起因。这方面的案例很多，案例篇中的冉冉、鸣鸣、奇奇、妙妙等都是如此，通过间接激发法产生了强烈的学习动力。

2. 间接激发法的重要因素是掌控感

虽然说间接激发法的核心是提升孩子学习能力，但对学习的掌控感是间接激发孩子学习动力的重要因素，值得关注。

当孩子能够自主掌控学习时，他们才可能有动力去主动规划和管理自己的学习。在中国家庭，许多父母往往对孩子有强烈的控制欲，尤其是在学习方面——父母总是希望牢牢掌控孩子的学习进程。出于"为孩子好"的初衷，父母根据自己的学习经验替孩子做决定，结果反而剥夺了孩子对学习的掌控权。

一个典型的场景是：孩子完成作业后总会问"妈妈，接下来我该做什么"。作为学习主体的孩子，如果只会机械执行父母的安排，而无法自主决定学习内容和节奏，这显然是不正常的。

很多家长会问我："孩子现在遇到数学上'行程问题'的学习困难，是该继续攻克还是换其他内容？"这时我总会反问："您问过孩子的想法吗？为什么不先听听孩子的意见呢？"令人惊讶的是，大多数家长从未想过要征求孩子的意见。而当他们真的询问孩子时，又会发现：孩子们未必会像家长想象的那样选择简单的内容，很多孩子是能够根据自己的实际情况做出合理学习安排的。

只有当孩子拥有学习决策权时，他们才能真正获得对学习的掌控感，确立学习主体的意识。这种掌控感是孩子自主权的根本体现。失去了掌控感，就等于失去了自由意志，自然也就谈不上什么学习动力。

学习动力的激发是一个较复杂的系统工程，涉及兴趣、目标、成就感等多维因素。直接激发法见效快，但对大多数孩子而言具有一些局限性或效果难以持久；间接激发法更适用于多数孩子，但需要持续的努力和积淀，见效慢但后劲足，体现了"慢就是快"的教育精髓。

六、强化学习意志力

强化学习意志力，要注意做好以下五个方面：建立明确目标；正确认识输赢；克服身心娇气；强化诚信意识；启动意志力小助手。

（一）建立明确目标

培养学习意志力，首先要建立明确的学习目标。学习意志力本质上是一种为了达到学习目标而克服困难、抵御干扰的坚持能力，只有目标明确，才可能进一步谈论为实现目标而克服困难的意志力。

1. 制订学习的具体目标

学习的具体目标可以分为短期和长期两类。短期目标如一个月内背完

200 个单词、每天完成一定量的习题等，它们能够锤炼意志力，使人在面对枯燥或困难时仍能保持专注。而长期目标如考取理想大学、成为某一领域的专家，则拓展了意志力的作用范围，使其在更长时间跨度内经受更多的考验，从而变得更加强韧。

以童童的经历为例。他在小学低年级阶段缺乏清晰的学习目标，学习意志力自然薄弱。而进入小学高年级之后，随着"要进入心仪的初中、重点高中"等明确目标的形成，他的意志力逐渐增强，能在假期自主预习下一学期的课程，能每天刻苦学习，不拖延，不糊弄。到了大学，当他的目标上升至"推动人类科技进步"时，意志力的强度与持久性更是大幅度提升，这使他能够长期克服个人私欲、保持高强度学习而不懈怠。

由此可见，意志力的培养并非空谈坚持，而是要在具体目标的指引下，通过一次次克服困难、抵御诱惑的实践来强化。目标越清晰，意志力的锻炼就越有效；目标越长远，意志力的成长空间就越广阔。

2. 以"学习能力提升"为目标

明确的学习目标不应仅局限于短期的考试成绩或某个好学校，同时也应着眼于学习能力的长期、系统性提升。当孩子因成绩压力感到焦虑时，家长可以引导他们设定分阶段的能力培养目标，如高效阅读、逻辑思维训练等（详见前文"学习力培养方式和阶段性目标"），使其更关注自身成长而非外在评价。

这种目标设定方式能有效减少因分数攀比带来的内耗，让孩子的意志力真正用于能力突破而非低效消耗。

当孩子以学习能力提升为目标导向时，他们会更理性地分析与调整学习策略，而非盲目坚持低效方法。例如，初中生普遍存在的"熬夜赶作业"现象，表面看是意志力的体现，实则是对目标的认知偏差——真正的意志力应服务于能力成长,而非机械完成任务。这一点在前文瀚瀚的案例中也得到了印证:初三时,面对繁重作业,他并未盲目熬夜,而是主动优化任务、与老师沟通,在确保充足睡眠的同时高效学习。做出这种策略性取舍,正是因为他清晰认识到"能力提升"才是核心目标。因此,他的意志力不仅体现在坚持学习,更体现在敢于做出正确抉择——拒绝低效消耗,专注真正重要的能力训练。

真正的学习意志力,不是蛮干硬撑,而是在长期目标的指引下,智慧地分配精力,坚定地执行最优策略。体系化的能力目标能帮助孩子在复杂的学习环境中保持清醒,避免被短期压力带偏,从而培养出更强大、更可持续的意志品质。

3. 目标建立越早越好

无论是具体的学习目标还是"学习能力提升"目标,都是越早建立越好。

以"学习能力提升"目标的建立为例,小西的经历很能说明问题。小西虽然从初一开始就感觉自己在学习方面存在问题,也在不断尝试调整学习节奏、保证睡眠,但始终缺乏正确的能力培养观念,而是抱持"少睡就是多学"等错误观念,过度关注短期成绩而忽视真正的能力成长。直到初三成绩持续下滑,她才真正醒悟——健康比熬夜重要,方法比蛮干重要,能力培养比短期成绩重要。

小西的案例告诉我们:确定以能力培养为核心的学习目标必须趁早。真正的意志力不是靠硬撑,而是建立在正确的学习认知基础上。只有孩子从小就被引导关注"如何学得更聪明"而非"如何学得更久",他们在面对学业压力时才能做出理性判断,形成可持续的自律习惯。

越早让孩子理解"能力提升才是学习的本质",他们就能越早摆脱"伪勤奋"的陷阱,培养出真正坚韧的学习意志力。这种认知一旦扎根,将成为伴随孩子终身的成长基石。

（二）正确认识输赢

孩子的学习意志力是否强大，一个重要体现就是"不怕输"，这涉及对输赢的正确认知，更关乎对时间与成长、学习价值的深刻认知。只有引导孩子正确看待输和赢，认识两者的辩证关系，孩子才能具有输得起的底气，具有"留得青山在，不怕没柴烧"的豪气，具有在学习的长途跋涉中一路艰辛一路歌的能力。

1. 输赢的智慧

学习和成长的路上，输不起和输得起，往往会形成截然不同的人生。

（1）输不起

现实中，不少孩子会被1—2次比较重要的考试的失利击垮。近年来，我目睹了一些成绩优异的初三学生在中考前选择弃考——不是因为他们能力不足，而是因为他们害怕面对可能的失败。这种对"输"的恐惧，往往源于缺乏对挫折的正确认知，以及从失败中站起来的真实体验。

我曾经接受过一个孩子的咨询，这个孩子叫威威，当时15岁。但他的学籍一直停留在初二，在家休学了一年多。几乎所有的熟人都说他是个非常善良温暖、情感细腻的阳光男孩，小学期间成绩非常优异。但是，他的父母只看重成绩而忽略对孩子的认知和相关能力培养，用妈妈的话来说："在我的影响下，孩子十分追求成绩上的完美。"初二下，孩子忍受不了偶尔成绩上的不理想，十分焦虑，开始失眠，晚上睡不好，白天在课堂上犯困……渐渐地，成绩越来越不理想，威威无法面对这个局面，更无法面对不完美的自己，于是开始躲在家不上学，直至最后办理休学。

我了解到的不上学的孩子，他们的境况跟威威出奇地相似，都是开始很优秀，几乎完美。其中一个朋友家的孩子，休学后依然告诉父母："等我复学了，还是要冲清华的。"孩子在这样的压力和焦虑下度过了一年多，最后陷入了重度抑郁，三年过去了都没能复学。

大家可能都听说过这个故事：一家名企招聘员工，某位高材生因未被录取而一蹶不振。不久后又传来消息，原来他是所有应聘者中成绩最好的，只因为工作人员操作失误，把他的成绩搞错了。公司向他道歉，此时的他春风得意，认为被这家企业录用肯定是"板上钉钉"了。可没想到的是，又传来新的消息，企业不准备录用他，原因是他输不起。

人生真正的较量不在于某次考试的分数，而在于如何面对挫折。输，不可怕；怕输，才可怕。

（2）输得起

真正的"输得起"并非对失败无动于衷，而是懂得在挫折中保持前行的勇气。当考试成绩不理想时，感到沮丧和难过是人之常情，重要的是我们要学会正视、接纳这些情绪，更重要的是，有情绪后我依然能够重拾书本，继续向着目标迈进——这才是"输得起"。而这种在泪水中坚持、在压力下深耕的能力，正是学习路上珍贵的意志力。

"输得起"还意味着为长远发展而做出明智选择的智慧。比如有些学生会为了保障睡眠质量和学习效率，勇敢地调整作业量，即便这可能引发老师的误解或短期的成绩波动。

许多家长关心孩子的健康，提出不必完成超量作业的建议，但孩子自己往往不敢减少作业，主要出于三个顾虑：一是认为"好学生"就必须完成所有作业；二是害怕被惩罚或批评；三是担心影响阶段性测验成绩。面对这种情况，家长可以这样引导孩子：

• 帮助孩子重新认识"好学生"的标准，通过科学知识让孩子理解充足睡眠对身体健康和学习效率的深远影响；

- 鼓励孩子与老师沟通，比如协商将部分作业延至周末完成；
- 培养孩子的长远眼光，明白暂时的调整是为了更好的未来。

浩浩的经历就是个很好的例子。初二时，他面对超量超难的数学提优卷作业，果断选择每天只完成3—5道中等难度题目，以保证学习质量和睡眠时长。起初由母亲与老师沟通，后来他学会了自主表达需求。虽然短期内周测成绩受到影响，但他坚持每日认真地进行针对性练习，最终在期中和期末考试中稳居班级前十。

这段经历让浩浩学会了把握自己的学习节奏，在健康与学业间找到平衡，更培养了他的沟通能力和抗压能力。这种放眼长远、勇于取舍的智慧，不仅让他在学业上持续进步，更塑造了他坚韧不拔的意志和解决实际问题的能力。

（3）正确看待输赢

田忌赛马的故事告诉我们输赢的智慧：暂时的、局部的失利，往往是为了长远的、大局的胜出，我们要学会延迟满足。发明家爱迪生曾历经上万次失败，他说："我没有失败，我只是发现了一万种行不通的方法。"这些故事都告诉我们应该怎样看待输、什么是不怕输的精神。

要想赢得良好的学习力，一定要学会放下眼前的利益、虚荣、面子，这就是学习上的输赢智慧，亦是学习力培养极简法则中的断舍离——舍得舍得，有舍有得，不舍不得。培养孩子具有输得起的精神，具有抗压能力，具有良好的意志力，是我们能给孩子的最大的保护。

2. 真正的赢是超越自我

真正的胜利，不是永远不输，而是每次跌倒都能重新站起；真正的成长，不是战胜别人，而是不断突破自己的局限。当孩子能这样看待学习上的输赢时，他们就不会被外界的评价束缚，而会专注于自身的学习进步。

比如案例中的凯凯，小学时素颜成绩一度跌至谷底，但他能坦然面对："最低谷我都经历过了，还有什么好怕的？"正是秉持这种心态，他才能坚定走在学习力提升之路上，在初中时实现学习能力的突飞猛进，不仅提升了成绩，更找到了学习的乐趣。

每次谈到我的孩子童童，大家总认为他一直很顺利很优秀。其实，几乎在每个求学阶段，童童都是自己从后往前跌跌撞撞追上来的。那些画面至今还很清晰——

童童上幼儿园时，我去接他，一进门，他就一头扑进我怀里，开心地大喊："妈妈，妈妈，我得了2颗星。"我环顾四周，小朋友的额头上基本都贴着4到5颗小星星。我忍不住笑，我有一个多么乐观的宝宝啊！也许是平时的游戏中，我从不在乎结果，所以童童只会享受过程，只看到了自己的获得。

小学时，因为他调皮，我被叫去学校几乎成为常态，但他六年级时成了"学霸"。

刚上初一时，他的英语全班倒数第一，总分倒数第二；初三毕业，他的英语成绩逆袭成全班第一。

刚上高一时，他的成绩在全班排中下层，也考过倒数几名；高三毕业，他被北京大学择优录取（简称"优录"）。

本科时，大一第一学期考试，他的成绩全年级倒数，但他对科研兴趣盎然，本科期间因科研突出获得北京大学"学生五·四奖章"。

本科毕业时，童童的平均成绩点数（Grade Point Average, GPA）并不高，申读研究生没成功，但一年后靠自己的努力成功申请到美国麻省理工学院的硕博连读资格。

研究生阶段，最初 2 年童童没有发表任何论文，顶着巨大压力埋头苦干，第 3 年发表了轰动业界的科研成果。

熟悉童童的朋友们都感慨他的不容易，也都知道他很"皮实"，恢复能力特别强，可以说，如果意志力弱一点，他是一定成为不了现在的他的。

培养意志力，是帮助孩子在学习的困境、逆境中保持心智韧性。教会孩子"失败不是终点，而是新的起点；真正的强者，不是从不跌倒，而是每次跌倒都能站得更高"。只有让孩子真正理解并接纳学习上的失败，他们才能守得住寂寞，扛得起孤独，无惧未来挑战，走出属于自己的路，并且更稳、更远、更幸福。

（三）克服身心娇气

身心娇气，在学习中不能吃苦、害怕吃苦，是现在许多孩子共有的问题，也是强化学习意志力需要重点关注和解决的问题之一。如何有效解决这个问题？实践证明，运动、早起、集训等方法，在帮助孩子克服身心娇气、克服自身的惰性和虚弱方面能起到显著作用。

1. 运动法

运动不仅能强身健体，更是克服孩子身心娇气、塑造意志力的重要手段。长期规律的运动训练，能够帮助孩子在面对学习挑战时，表现出更强的坚持力和抗挫折能力。

首先，运动能直接锻炼孩子的意志品质。无论是完成一次长跑、坚持每日跳绳，还是掌握一项新技能，都需要克服身体和心理的惰性和虚弱。这种"突破舒适区"的体验，可以迁移到学习领域——当孩子遇到难题时，他们更倾向于选择坚持而非放弃。

其次，运动培养的目标感和节奏感，与学习意志力密切相关。设定运动目标（如一个月内提升跑步耐力）并逐步实现的过程，能让孩子体会到"分解目标—持续行动—达成成果"的正向循环。这种经验在一定程度上会转化为制订学习计划并坚持执行的能力。

最后，运动能调节孩子的身心状态。适量的运动可以缓解学习压力，提升专注力和情绪稳定性，使孩子在学习时更容易进入"心流"状态。一个典型的例子是，很多坚持运动的孩子，在写作业时往往表现出更好的持续专注能力。

孩子的运动习惯最好从小就开始培养，在不同的阶段也应该有不同的重点任务。

- 学前阶段：通过趣味性运动（如跳绳、拍球等），初步培养坚持性。
- 小学阶段、初中阶段：通过一些更需要意志力的运动（如长跑、游泳等），进一步培养坚持性和抗压能力。

值得注意的是，运动习惯的建立本身就是一个意志力培养的过程。当孩子学会在疲惫时仍坚持完成训练计划，这种"坚持"的品质同样有益于学习意志力的养成。真正的意志力，不仅体现在运动场上，也能体现在书桌前。通过科学合理的运动训练，孩子的体魄和意志力将不断增强，这往往更能赋予他们战胜学习困难的力量。

我所接触的大量咨询案例都说明了这样的事实：长期坚持运动的孩子，在进入初中后展现出明显的体质优势。当同龄人被繁重的学业压得疲惫不堪时，这些孩子依然能保持充沛的精力，有效抵抗疲劳和抑郁情绪的侵袭。这种身体素质的优势，无形中为他们的学习意志力提供了坚实的体能支撑。

运动还有一个神奇之处，不仅能强健体魄，还能帮助许多孩子完成"从抗拒到热爱"的心理蜕变。在各种运动中，我十分推崇跑步。当孩子们问我为什么一定要选择长跑时，我的回答是：你试图用其他运动替代长跑的理由（枯燥乏味、累），恰恰证明了长跑的独特价值——那就是它特别适合培养意志力。一方面是因为它简单易行，另一方面则在于它能有效磨砺孩子的心性。多数孩子不喜欢长跑的原因很直接——它既累又枯燥，但正是这种特性，让长跑成为锻炼意志力的绝佳选择。每一次迈开脚步的决定，都是一次对惰性的胜利；每一次坚持到底的完成，都是一次对自我的超越。

这种将"不喜欢"转化为"擅长"的过程，对孩子的心智成长具有深远影响。当孩子们学会把一件原本抗拒的事情变成热爱的事情时，他们获得的不仅是成就感，更是一种可迁移的心理韧性。这种体验会重塑孩子的认知模式——面对新的挑战时，他们不再轻易说"我不擅长"，而是会充满信心地告诉自己："就像当初跑步一样，试试看，说不定就能做好！"

因此，我们不能仅仅因为孩子不喜欢就放弃长跑。真正的成长往往发生在舒适区之外。当孩子学会用理性战胜冲动，坚持做那些虽然困难但有价值的事情时，他们收获的不仅是某项技能，更是一种可贵的意志品质。这种品质，将会成为他们未来面对各种挑战时最有力的武器，会不断扩大孩子的舒适区。

2. 早起法

我有一位作家好友，比较高产，经常有新书面世。一开始我想当然地认为她肯定经常挑灯夜战，甚至通宵达旦，直到有一天她无意中说出她的作息时间：每天晚上 9 点半就睡觉，凌晨 4 点半起来写作。

这让我想到苹果公司 CEO[①] 蒂姆·库克（Tim Cook），他每天凌晨 3 点 45 分起床，处理邮件、健身，然后开始一天的工作。作家村上春树也坚持

---

① CEO 是首席执行官的英文缩写，全称是 Chief Executive Officer。

凌晨4点起床写作数十年，他认为清晨的几小时内世界还未醒来，思维最清晰。在硅谷，许多创业者信奉"5 AM Club（清晨5点俱乐部）"，认为早起能让他们在竞争对手醒来前，先一步思考、行动。但毕竟早起工作对于大多数人而言还是比较困难的，尤其是在寒冬腊月，更别说是长年累月。对于那些常年坚持早起工作的人而言，在很大程度上，是他们的超常意志力在发挥着作用。

当然，并不是要求孩子们每天都起这么早，但至少不要在寒暑假、节假日时睡懒觉。孩子们应该有意识地在平时的每一天里，尽可能利用好早上的时间去做一些费脑力的学习，或者说把最难的学习任务放在清晨。

俗话说"一日之计在于晨"，古人的闻鸡起舞，就包含了这层意思。

据我所了解，目前国内的孩子早起的不多，当然这可能有多种原因，但对很多孩子而言，意志力薄弱则是不可回避的问题。培养孩子养成早起习惯，是锻炼意志力的一个良方。孩子克服困难的每一次早起，都是对惰性的宣战，是自身意志力的展现。在这个意义上，能驾驭清晨的人，往往也能驾驭人生。

3. 集训法

对于自制力较差、比较贪玩或者被过度宠溺的孩子，特别是家里管教比较困难的孩子，寒暑假可以让他们参加一些管理严格的封闭式训练营。这类训练营通常要具有以下特点：

- 实行准军事化管理，作息时间非常规律；
- 每天都有固定的训练和学习任务；
- 强调团队协作和纪律性；
- 远离电子产品和其他干扰因素；
- 有专业的教官或教练进行指导。

不少案例证明,这种短期集中训练让孩子暂时离开了舒适区,在严格而有序的环境中重新认识自己,在严格而规律的训练中学会克制自己、遵守规则。许多孩子经过这种集训后,原来好吃懒做的坏习惯有所改正,独立生活能力和身体素质都得到了提高,特别是意志力得到了锤炼。

4. 以数学锻炼学习意志力

数学和学习意志力,看似风马牛不相及,但实际上,数学学习可以成为培养孩子学习意志力的绝佳载体,这也是我多年以来的研究成果之一。通过精心设计的数学能力培养方法,孩子能够切身体验克服困难、突破学习瓶颈的那份成就感和喜悦感,从而强化自身战胜困难的意愿和韧劲,对提升学习意志力作用很大。

运用"抱小猪"的成长原理:每天坚持"抱小猪",随着小猪慢慢长大,孩子的力量也在不知不觉中增强。数学训练的难度设置也是如此——从简单有趣的数学游戏开始,让孩子在完成一个个小目标的过程中,即刻能感受到成功的喜悦,不会因难度过大而退缩。这种循序渐进的方式能有效激发孩子的内在动力,让他们主动坚持每日训练,因为他们清楚地知道:今天抱一抱小猪(取得小进步),都是为了未来能抱起长大的小猪(解决更复杂问题)而积蓄力量。这种以数学为载体的意志力培养方法,最大的优势在于:它让孩子在收获知识的同时,更获得了不惧困难、战胜困难的心理素质,有效提升了学习意志力。

具体操作方法见实战篇之"数学思维能力"。

(四)强化诚信意识

学习意志力的核心在于持久专注、克服惰性、实现目标,而诚信意识恰恰为其提供了内在动力和保障。诚信不仅是道德要求,更是学习自律的支撑点——对己诚实，才能直面不足；兑现承诺，才能稳步前行。

1. 将诚信有效内化为学习意志力

诚信意识是学习意志力的内在支撑。当孩子具备坚定的诚信意识时，他们会在学习过程中秉持真实与可靠的态度，不被投机取巧、敷衍了事等不良心态所影响，会努力克服困难去完成预定的学习计划和目标。

诚信意识要求自我认知的诚实性。诚信意识首先要求孩子真实评估自身的能力（如"是否拖延""自己按答案批改对错时，是否抄答案"等），避免自欺欺人，这是制订合理的学习目标和计划、自主学习的前提，也是诚信意识能有效转化为学习意志力的前提。

诚信意识能内化为意志力。孩子制订的学习目标和计划，实际上是一种对自我或他人的承诺（如每日背20个单词、坚持做"每日一题"等），诚信意识的强弱，直接决定这种承诺能否有效转化为"说到做到"的行动力、克服困难的意志力。诚信意识能有效内化为孩子自身的意志力，诚信意识越强，意志力也越强。

2. 通过目标管理强化诚信意识和能力

实践证明，通过目标管理法，即制订和实施比较科学可行的学习目标和计划，能有效强化孩子在学习上的诚信意识和能力。目标管理法要做到以下几点。

• 量力承诺：家长和老师可以根据孩子的学习能力和实际特点，与孩子共同制订具有挑战性但又切实可行的学习目标和计划。学习目标和计划务必要根据孩子的实际能力设定（如"每天专注2小时"而非"突击10小时"），避免因目标过高而失信放弃。

• 分段履约：可将大目标拆解为可验证的小任务（如"本周完成第三章习题"），通过阶段性兑现承诺逐步积累信心。

• 监控纠偏：要引导孩子学会自我监控学习过程，对照目标和计划检查自己的学习行为是否符合诚信要求，是否按照预定计划和目标稳步开展。如果在执行中出现了问题或偏差，父母要及时与孩子共同商议解决。

3. 诚信意识的相关原则

• 诚实面对失败：将学习中的失败和挫折都视为可贵的改进机会，诚实面对，而非逃避、找借口。

• 渐进式承诺：从微小的、能做到的承诺开始，特别是制订学习计划或规划，逐步提升难度，巩固学习诚信意识和能力。

• 塑造诚信氛围：家庭要有诚信氛围，如通过家庭会议共签家规，对学习相关事项予以规定，强化监督每个人的坚持性。

诚信意识是学习意志力的"校准器"，能确保目标不偏离现实；诚信能力是意志力的"推进器"，能通过持续履约积累正向反馈。唯有以诚信为基，才能以强大的学习意志力，将"我想学"转化为"我能坚持学"，最终实现学习效能的提升。

（五）启动意志力小助手

提到意志力的培养，我们首先就会想到要吃苦耐劳，磨炼心智。这当然没错，但与此同时，我们可以借用脑科学上的一些"小助手"来帮助孩子启动意志力。

《考试脑科学3：打开学习动力的"脑开关"》一书告诉我们，人类大脑会故意让人只有三分钟热度，热度一过，一开始喜欢的也好，不喜欢的也罢，到后来都会习以为常，我们的心情会回归到一个平均线上。[①]

---

① 上大冈留，池谷裕二. 考试脑科学3：打开学习动力的"脑开关"[M]. 陈庆祥，译. 北京：人民邮电出版社，2024.

了解了这个常识，我们就不容易对孩子的三分钟热度生气和失望了，而应该学会利用大脑的这个特点帮助孩子更好地坚持。

比如，让孩子明白，如果一件事对我们有益，一开始我们很喜欢做，新鲜劲过去后不想做了，这是大脑的一个自然现象，不用给自己贴个"做事虎头蛇尾、没有常性"的标签，而是应该淡定地坚持做下去。相反，如果一开始不喜欢做某件事，比如长跑，感觉麻烦、辛苦，也不要因此认为这件事不适合自己就放弃和排斥，而是要坚持一下、再坚持一下，因为我们知道随后这些烦恼会慢慢淡化，变得不那么讨厌，坚持下去就可能成为习惯。

关键问题来了，怎样才能让自己一直坚持到习以为常呢？

我们的大脑中有一个部位叫苍白球。它最基本的功能是负责身体活动，在瞬时做出判断，比如遇到危险时，它会告诉我们的身体要逃跑或战斗。人类的苍白球还有一个附加能力，就是产生做事意愿。当苍白球活跃时，我们就有做事意愿；当苍白球不活跃时，我们就不想做事。

可喜的是，脑科学又告诉我们大脑里有 3 个小助手，能让我们的苍白球变得更活跃，分别是：

- 身体小助手，位于大脑中的运动区；
- 新体验小助手，位于大脑中的海马体；
- 奖励小助手，位于大脑的腹侧被盖区。

如何启动 3 个小助手呢？

1. 身体小助手

脑科学揭示了一个有趣的真相：即使我们内心抗拒、懒散到极点，但只要让身体先迈出第一步，行动的意愿便会悄然跟上。

很多孩子跟我分享他们写作业的感受："最难的是一开始怎么也进入不

了写作业的状态,真的开始写了,写着写着就会很投入,不觉得困难。"对此,我深有共鸣。有时写作,常常面对空白的屏幕,脑中一片混沌,千言万语不知从何说起。但当我强迫自己打开电脑,放下对逻辑和修辞的执念,只是像记流水账一样随意敲下思绪时,奇妙的事情发生了——灵感随着文字开始流淌,最终我能完全沉浸在写作中。

其实,行动最难的时刻,往往就是那个"想开始却还没开始"的临界点。这时,我们千万别傻等。相反,要让身体先动起来,哪怕只是微小的一步。这一步,就像压下杠杆的那一下,足以撬动整个地球。我们不需要深思熟虑,只需要让身体先动起来,翻开书,拿起笔,写下一个字……意愿便会如影随形。如果孩子们能学会驾驭这个"身体小助手",畏难情绪就会慢慢弱化。

请记住:行动的力量,往往始于那轻轻的一下、小小的一步。

2. 新体验小助手

当我们面对新鲜事物时,大脑会像被点燃的烟花,瞬间迸发出兴奋的火苗。其实,日常生活中,只需要一些微小的改变,就能点燃这种新鲜感,带来意想不到的专注与愉悦,让原本枯燥的事情变得有趣而持久。比如:跑步时换一批新歌单,或探索一条陌生的路线;学习时在书桌上摆一束鲜花,或放一个心爱的小物件。这些小小的变化,就像给平淡的生活注入了一剂魔法药水,让我们对即将做的事情重新充满期待和动力。

对于父母来说,帮助孩子坚持做好一件事,关键在于"破局"。与其一遍遍催促、提醒,不如尝试用出其不意的方式,打破孩子的预设。

新鲜感,不仅是生活的调味剂,更是坚持的助推器。学会利用"新体验小助手",我们和孩子都能在平凡中发现惊喜,在重复中创造可能。

小孩子做事没有常性,不肯吃苦,这时父母可以变着花样增加一些新鲜感,让孩子在新鲜感、好奇感下愿意去做,那么父母无疑是在孩子意志力形成上助推了一把，孩子多坚持一次，意志力就强健一些。

3.奖励小助手

科学家曾做过一个有趣的实验：在老鼠大脑的快乐中枢植入电极，只要老鼠按压手柄，就能体验到一阵电流带来的快感。结果呢？老鼠疯狂地按压手柄，甚至废寝忘食，直到精疲力尽。这个极端的例子揭示了奖励的强大力量——它能让大脑上瘾，甚至超越本能。

奖励大致分为两种：物质奖励和精神奖励。

许多家长喜欢用物质奖励来激励孩子，比如"考满分就给你买新玩具"。然而，最强大的奖励其实是孩子内在的成就感。当孩子通过努力达成目标时，那种纯粹的满足感会像大脑中的电流一样，让他们欲罢不能，甚至主动寻找新的挑战。这种内在驱动力，远比外界的物质奖励和赞美更有持久性。

此外，期待奖励本身也能让大脑兴奋不已。比如，一想到周末能和好友聚餐或去旅行，我们就会瞬间充满干劲，告诉自己："再坚持一下，快乐就在眼前！"这种期待感，就像一块悬在眼前的糖果，让我们忍不住向前奔跑。在现实生活中，我们可以巧妙运用这些原理。

奖励小助手的魔力，不仅在于它能让我们坚持，更在于它能让我们在坚持中找到乐趣。无论是内在的成就感，还是外在的小惊喜，都是我们前进路上的甜蜜动力。

当孩子做事由于缺乏意志力而坚持不下来的时候，我们不妨提醒孩子想想：

- 今天该用哪个小助手呢？
- 是让身体先动起来？
- 还是制造点新体验？

- 或者给自己设置一点奖励？

我们要引导孩子善于启动意志力小助手，帮助孩子把枯燥的坚持变成有趣的习以为常。

七、提升核心学习能力

（一）数学思维能力是学习能力的核心能力

在培养孩子的学习能力时，数学逻辑思维能力是一条既幽深又高效的路径。数学被誉为"思维的体操"，数学逻辑思维则是科学思维的基石，是打开智慧之门的钥匙。

1. 数学思维能力的重要性

"学好数理化，走遍天下都不怕。"这句老话并非空穴来风。数学思维能力无论在自然科学、社会人文科学以及跨学科科学中都具有极其重要的作用，是基本思维工具。数学思维能力是核心学习能力，主要表现在如下几个方面。

（1）是基础教育的关键内容

- 小学阶段：数学是基本课程内容之一，影响科学、逻辑表达等能力。
- 初高中阶段：数学思维是数理化课程必备的基本思维，直接影响理科学习效果。
- 认知发展：9—15岁是抽象思维发展的黄金期，系统的数学训练可提升大脑的工作记忆、问题解决能力和抗干扰能力。

（2）在跨学科领域被广泛应用

- 理科：数学能力强的学生在物理、化学中的计算和建模表现更优。
- 艺术与金融经济：音乐、金融经济学等领域也依赖数学思维，如理解音乐结构或经济模型。

（3）是职业发展的竞争优势

世界经济论坛指出，未来最需要的能力（如分析思维、复杂问题解决）均与数学思维密切相关。具备高阶数学能力的人职业晋升更快、跨领域适应能力更强、决策质量更高。

（4）尚存在社会认知误区

有人认为"数学只需掌握基础即可"，但研究显示，掌握高等数学的人群收入更高、创业成功率更高，且更愿意积极参与社会问题的解决。数学思维不仅是学术成功的关键，更是未来社会竞争力的核心。

华罗庚说：宇宙之大，粒子之微，火箭之速，化工之巧，地球之变，生物之谜，日用之繁，无处不用数学。[①] 在 AI 时代，人类的数学思维能力将愈发珍贵。

2. 数学能力焦虑——全球学生数学能力下滑

在国内，数学学习的"断崖现象"常常出现在初中和高中阶段。尤其是在高中阶段，学习难度陡然提升，许多孩子因缺乏足够强的逻辑思维能力而"掉队"。可见，大多数孩子的数学能力在小学、初中阶段的学习上并没有得到实质性的提升。

难度，是学习能力的试金石。我们再看看国际上的 15 岁孩子的数学能力情况。2023 年底，世界经济合作与发展组织（Organisation for Economic Co-operation and Development，OECD）公布了 2022 年国际学生评估项目（Program for International Student Assessment，PISA）的结果：参与测评学生的数学平均成绩比 2018 年下降了 15 分，相当于倒退了 9 个月的学习进度。尽管各国教育投入不断增加，但学生的数学表现却

---

① 华罗庚.华罗庚科普著作选集［M］.上海：上海教育出版社，1984.

持续下滑。

很多孩子在做数学题时感到紧张、恐惧，甚至出现身体不适。这种焦虑的根源在于数学的特殊性——

- 非对即错：数学没有文科的模糊主观空间，错了就是错了。
- 高度抽象：数学需要强大的逻辑思维，而逻辑思维不是靠题目积累就能获得的。
- 智商因素：孩子语文不好，家长可能觉得"还小"；英语不好，可能归因于"不够努力"；文科成绩不好是暂时的，只要孩子肯努力，慢慢积累，总能提升；但数学不好，却容易被贴上"笨"的标签。

这些压力不仅影响孩子，也让家长焦虑。正因如此，在数学思维能力培养上，孩子要尽早开始。较理想的状态是在15岁前能循序渐进地完成科学的数学思维能力的孕育、培养、提升，打下扎实的数学逻辑思维基础，为未来的数理化学习铺就一条正轨。这不仅是帮孩子克服学习障碍，更是为孩子培养优良的学习能力奠定了坚实基础，也缓解了整个家庭的数学学习焦虑。

3. 数学思维的培养是一场马拉松

数学，常常被贴上"智商过滤器"的标签。能否学好数学，固然与智商高低有关，但后天的培养方法和努力亦是决定因素。数学逻辑思维能力的培养，绝非仅仅依靠知识的堆砌，而是需要一套科学、系统的工具和方法。遗憾的是，普通老师和家长往往难以掌握这些方法，这也使得数学逻辑思维能力的培养成为教育中最具挑战性的任务之一。

在学校里，数学教学大多停留在知识的灌输和阶段性目标的考核上。老师们按部就班地讲解公式和定理，学生们则被动地学习套用。这种模式虽然能帮助孩子掌握基础知识，却极少能针对个体特点，进行深度的逻辑思维训练。对孩子而言，这样的教学方式对他们数学思维能力提升的作用微乎其微。

真正的数学逻辑思维能力的突破，需要专业的教育认知和经验来引导。它不应仅仅教会孩子如何解题，更应引导他们如何思考。这场"思维马拉松"，不仅需要持久的耐力、速度，还需要科学的训练方法和节奏。教育者既要为孩子设定合理的"配速"，运用"抱小猪"的原理逐级设置"难度"，还要在过程中不断因势利导地调整策略，帮助孩子在思维的"长跑"中保持专注和动力。只有通过长期的积累和反复的练习，孩子才能逐步突破思维边界，真正领略数学的魅力，而不是被困在"智商决定论"的牢笼中或被淹没在"汪洋题海"中，为应试成绩苦苦挣扎。

4. 带动学习力的全面飞跃

当孩子的数学逻辑思维能力得到突破后，其影响远不止于数学成绩的提升，孩子的深度思考能力、阅读理解能力、表达能力、专注力、想象力乃至创造力，都会随之跃升。数学思维的训练，就像为大脑装上了一个高效的"处理器"，让孩子在面对其他学科时也能发挥逻辑思维能力的作用，事半功倍地实现全面突破。

总之，数学逻辑思维能力的培养，不仅是为了征服数学这座高山，更是为了让孩子在未来的学习和生活中，拥有披荆斩棘的智慧和勇气。这需要专业引导，需要科学方法，需要因材施教。

（二）培养数学思维能力需要注意的 6 点

学习，既需要有知识视野的广博，也需要有洞悉精髓本质的深度。只有在深度学习的基础上拓展广度，学习才能从"知道"升华为"悟道"，从"积累"跃迁为"创造"。

孩子在数学学习上也是如此。在培养孩子数学逻辑思维能力的过程中，如果将以下 6 点内化为自己的认知，就能更有效地提升孩子的逻辑思维能力，让数学从一门应试科目转化为打开智慧之门的钥匙。

1. 数学能力发展贵在启思

首先，学数学要让孩子的大脑运动起来。其次，大脑转速越快越好，思考越深越好。大脑如果长期处于转速慢、运动量小的状态，就容易变懒，导致脑力停滞不前或下降。久而久之，积懒成笨，积弱不振。

孩子只要肯动脑，便是迈出了关键一步。能点燃孩子思维火花的引导者，远胜于那些只会灌输知识却无法激发孩子思考的"数学高手"。只要孩子思考了，我们就要给予孩子积极的肯定和鼓励，哪怕他们的答案并不完美或不正确，因为真正的成长藏匿于思考的轨迹中，结果总是可以做对的，不在乎是第一次还是第三次能做对。

怎么判断孩子是否真的动脑了呢？观察孩子学完数学之后，是否还可以再做一些耗费脑力的事，比如下盘围棋、写一篇作文。如果孩子还可以做这些事，说明之前的数学动脑不足。如果孩子说，脑袋快爆炸了、动不了，则说明孩子是真动脑了。

深度思考后我们会感到大脑疲软，就像长跑后那样无力，无法再继续做需要思考的事情，也只有这样大脑才能得到充分的运动和锻炼。

数学逻辑思维能力的孕育与培养越早越好，不仅仅因为儿童潜能递减法则，也因为越早开始，孩子对数学的胜任感越强，能力越容易体现在成绩上，并形成正向反馈和激励循环。同时，孩子学得开心，也增强了信心，父母看到效果自然会放下焦虑，这又更利于孩子能力的进一步提升。

越早开始培养时间越充裕，父母和孩子才能真正完全按科学路径从容地慢慢攀升，这样也更容易突破孩子原本的思维天花板。这个锻炼过程像保持身体健康和增长肌肉一样，需要细水长流，持之以恒。某段时间躺平、摆烂，某段时间熬夜恶补，都不利于健康。

孩子数学能力的提升需要一定的时长，无论孩子还是父母，都要对此具有科学的认知，做好长期主义的准备。

2. 建立具象的数学模型

此要点主要针对学前和小学阶段的孩子。根据皮亚杰（Jean Piaget）的认知发展阶段理论，2—7岁孩子的抽象思维能力尚未完全成熟，主要依赖具体的、可感知的事物来理解世界。这一阶段被称为前运算阶段（Pre-operational Stage）。

从7岁左右开始，孩子逐渐进入具体运算阶段（Concrete Operational Stage），此时他们的逻辑思维能力开始发展，能够理解守恒、分类等概念，但仍然需要依赖具体事物进行思考。直到11岁左右，孩子才进入形式运算阶段（Formal Operational Stage），开始具备完全的抽象思维能力。针对这三个不同的认知阶段，我们需要有不同的数学思维能力培养策略。

（1）注重具象感知经验

所谓具象感知经验，指通过感官直接感知具体事物所获得的经验。

在5—7岁孩子中，家长常常反馈孩子不能理解很简单的等量代换问题。比如常见的：1只狗可以换2只兔，1只兔可以换2只鼠，那么2只狗可以换几只兔、几只鼠？即使有些孩子在解决其他数学问题上顺利灵活，但在这个问题上会时不时地卡顿、迟疑。原因正是7岁之前的孩子难以理解抽象的逻辑关系，如等量代换。

面对这个问题，我并不建议直接放弃，而是可以通过类似下面的演示互动和游戏来引导孩子建立具象感知：

①准备一杯红色的果汁，依次倒入不同形状的几个杯子中，观察果汁高度的变化。最后再把果汁倒回原来的杯子里。帮助孩子理解果汁的量是守恒的。可以用黄色的、绿色的各色果汁多次演示。

②与孩子玩换东西的游戏。规定好1个苹果可以换2个橘子，1个橘子可以换3个枣，那么9个枣可以换几个橘子、几个苹果？

对于7岁之前的孩子，我们要通过建立具象的数学模型，帮助孩子将抽象的数学概念转化为可视、可触、可操作的具体对象，从而更直观地理解数学原理。例如，通过积木搭建理解几何结构，通过分糖果游戏理解余数意义，这些具象体验不仅能激发孩子的学习兴趣，还能让他们在动手操作中建立数学模型。在体验中学习，不仅符合孩子的认知特点，还为日后更复杂的理科学习奠定坚实的思维基础。

此外，具象模型的建立还能帮助孩子形成系统化的知识框架和逻辑推理能力，与碎片化的知识点不同，具象模型的建立、体验，可以让孩子在解决问题的过程中，拥有系统化的认知思维，深度理解问题的内在逻辑。

（2）避免抽象概念灌输

我们已经知道，过早地将数学概念、术语和公式塞进孩子的小脑袋，就像给一颗正在发芽的种子盖上厚重的石板，这种人为增加的难度容易压垮孩子的学习兴趣。此外，过早接触抽象的数学，还会带来两个问题：第一，孩子会误以为自己"懂得很多"，虚荣心悄然滋生，易夸夸其谈，然而，这种"懂"只是浮于表面的假象；第二，当孩子进入学校，老师正式讲授这些概念和公式时，他们会因为"提早学过"而掉以轻心，错失深入领悟的机会。这正是许多父母抱怨的"早学的坏处"。

更糟糕的是，学前阶段的孩子对抽象的数学概念和公式的理解既不深刻也不到位，去解决小学甚至更高年级的数学问题，就像用玩具铲子去挖一座山，心有余而力不足，难以做到精准和到位。相反，那些拥有清晰数理模型却不知概念、术语和公式的孩子，处于一种"不知道自己知道"的高级认知状态。他们不会夸夸其谈，也不会掉以轻心。当老师讲授具体的数学概念时，他们充满好奇与新鲜感："啊，这些都是我不知道的新内容，我得好好听！"在学习过程中，他们又会惊喜顿悟："原来这些都是我玩过的呀！原来这个叫余数，原来这就是除法！原来如此！"

这种自然而然的恍然大悟，对孩子而言才是学好数学之道。与其用抽象的概念填满孩子的童年，不如让他们在具象的世界中自由探索，积累经验，等待抽象思维的种子在合适的时机自然萌发。

此处与大家分享一个十分常见的"我会了"的假象。

在数学学习上，孩子们如果没有建立好数学模型，对概念、原理不清晰，就容易出现"我会了"的假象。我们来看一个例子。

【案例】"我会了"假象

小学三年级数学题：小兰和小丽买本子，小兰缺 3.7 元，小丽缺 4.8 元，他们俩的钱合起来正好买一个本子。本子单价多少钱？

林林做错了，林林妈妈给我看他的订正过程，如下：

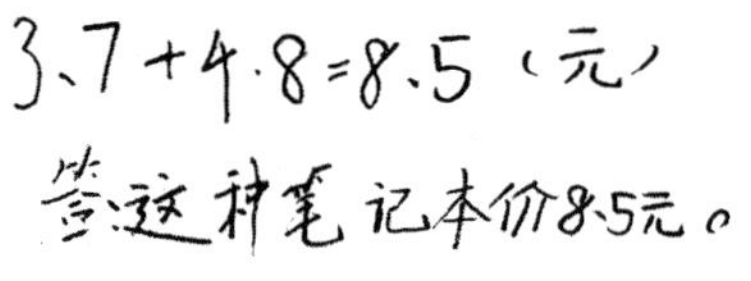

$$3.7 + 4.8 = 8.5 \, (元)$$

答：这种笔记本价8.5元。

图 1-1　林林数学题的订正过程

林林妈妈认为孩子订正对了，是懂了。我给孩子出了一道类似的题目，孩子很快写出正确答案。我接着请他讲讲思路，孩子开始支支吾吾，说不清楚。

我问:"是不是有个小窍门可以算这种题目呀?"

孩子惊奇地说:"是呀!"他告诉我这个小窍门就是:遇到此类题目,把两个人欠缺的数字加在一起就可以了。

妈妈愕然……

这个套路很好掌握,这样的题目做 100 道对孩子的思维有何助益?我通过画图帮助林林理解这类题目的模型:

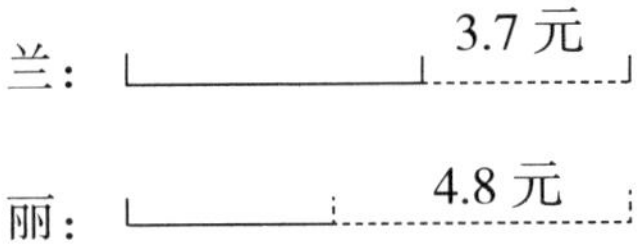

```
兰: |————————3.7元————|

丽: |—————4.8元————————|
```

图 1-2 题目解答模型

"本子的单价"用一样长的线段表示,其中"已有的钱"用实线表示,"缺的钱"用虚线表示。由图 1-2 可知,小兰有的钱加 3.7 元是一本本子的价格,小丽有的钱加 4.8 元是一本本子价格。根据已知条件,小兰有的钱加小丽有的钱是一本本子价格,所以小丽有的钱就是 3.7 元,所以一本本子价格是 3.7+4.8=8.5 元。

孩子这才恍然大悟。

我请孩子将大脑排空,重新看着图,我问他:"小兰有多少钱?"

孩子想了一下说:"小丽缺的钱就是小兰有的钱,所以小兰有 4.8 元。我明白了!小丽有 3.7 元,小兰有 4.8 元,所以一个本子价格是 3.7+4.8=8.5 元!"

孩子之所以彻底搞懂了,是因为他看到了图,在脑子里建立了具象的数学模型。这个案例也说明,在学习数学时一定要搞懂原理,才能升级打怪,以不变应万变。

3. 积累数学学习的体系体验

（1）体系体验的重要性

想象一下，如果按照一个孩子对"家"的描述去布置家，当孩子踏进这个家的大门时，他很可能会因为感到陌生而哭泣。出现这种情况，排除孩子的描述偏差或我们的理解偏差，主要原因在于：孩子对家的体系感知与我们通过碎片化信息拼凑出的"家"并不等同。

孩子学习数学，需要的不是零散知识点的拼凑、套用，而是对数学体系的具象感知与经验积累，其内涵与外延远超孤立的知识点集合。

正如我们对各自"家"的体系感知包括但不限于：家庭成员、每个人的性格特点、房间布局……这些碎片化的元素，能构成一个人对"家"的全部感知吗？显然不能。无论你描绘多少细节，别人也无法真正感受到你对"家"的那种完整而独特的体系感知。

一个人对"家"的感知，正是一种具象的、整体的体验积累，它无法被拆解成若干特质，再通过物理的方式叠加还原。它是气息、温度、情感与记忆无法言传却深刻于心的融合交织。

（2）积累数学学习的体系体验

什么是数学学习的体系体验？针对15岁前的孩子，数学学习的体系体验，是指孩子在数学学习过程中，通过主动思考、亲身实践逐渐形成的对数学的完整认知和体会。它不仅仅是对单个知识点的理解和掌握，更是对数学内在逻辑关系、思维方法联动、整体知识架构的理解和把握。

我们可以这样形象地理解：

- "看清每一棵树"——孩子能够清晰理解每个数学概念、原理的本质，比如为什么需要分数？乘法交换律为何成立？
- "看见整片森林"——孩子能把知识点串联起来，明白它们之间的逻辑关联，比如除法是减法的简便运算，代数与几何可以相互印证。

这种既见细节又见全局的认知能力，正是数学思维培养的关键所在。它让孩子真正地"懂数学""会数学"。对15岁前的孩子来说，这种体系体验的建立尤为重要，因为它为后续更抽象的数学学习奠定了思维基础。孩子的数学体系体验主要来自四个维度。

① 从具象到抽象的体系体验。孩子早期的数学学习，一定要从具体、可视化的内容开始。比如通过数学游戏、生活中的数学实例，帮助孩子建立清晰的加减乘除等数学模型。这样，当他们未来学习更抽象的分数、代数等内容时，就能轻松理解，灵活运用，而不是死记硬背、生搬硬套。

② 数学思维工具和方法的体系体验。经典的数学思维工具和方法并不是独立存在的，它们的系统性组合，犹如数学认知的"化学反应"，当它们产生恰当的"化合作用"时，往往能突破单一方法的局限，催生出解决新问题的创造性方案。譬如：分类枚举与归纳推理相结合，既能确保问题的全面性，又能发现隐藏的数学规律。这种体系化的思维体验，正是数学区别于其他学科的核心特质之一。

③ 解决数学问题的体系体验。数学问题的解决是一个系统化的思维过程，需要多层次的策略协同。完整的解题体系通常包含以下几个关键环节。

• 问题识别与转化：通过审题明确问题的本质，将其转化为熟悉的数学模型或逻辑结构。例如，爬楼梯和敲钟等问题，其本质模型是植树问题，孩子在解决爬楼梯等问题时，根本无须套用公式，只要掌握台阶数量和跨台阶次数之间的模型（相当于植树问题中的棵数和段数的逻辑关系），就能化繁为简。

• 策略选择与工具组合：根据问题特点灵活选用、组合数学工具和方法。

• 逻辑推演与验证：逻辑推导的同时，可通过特例检验、逆向思考或图形辅助确保逻辑的正确性。

• 反思与拓展：在解决问题后，总结方法的核心思想，探索问题的变式，形成可迁移的解题经验。

这一体系化的解题过程，不仅培养孩子严密的逻辑思维，也锻炼孩子面对未知问题的灵活性与创造力。数学的真正魅力，往往就隐藏在这种从混沌到清晰、从复杂到简洁的系统化突破之中。

④ 数学能力和成绩提升的体系体验。数学能力的提升与成绩进步并非简单的线性关系，而是一个动态循环、自我强化的系统过程。当孩子完整经历"问题识别→策略探索→突破瓶颈→能力内化→成绩显现"的闭环时，他们收获的不仅是知识，更是一套可持续进步的学习机制。这种体系化体验让孩子深刻理解：

• 困难是能力的生长点，每一道难题背后都蕴藏着思维升级的契机。

• 过程决定结果，系统化的思考训练自然会反映在成绩曲线上。

• 韧性比天赋更重要，持续突破瓶颈的体验会重塑学习心智。

当这种认知体系真正建立，孩子就能以"系统思维"看待数学学习：不再焦虑单次考试的得失，而是专注于能力提升的底层逻辑。这种体系自信，才是支撑数学素养长期发展的核心动力。

数学学习的体系体验，不是靠刷题套用公式得来的，而是通过具象到抽象的过渡、思维工具和方法的组合运用、解决问题的多层次体验、能力与成绩的正向循环逐步积累出来的。只有经历过这些过程，孩子才能真正理解数学，爱上数学，并在未来的学习中游刃有余。

4. 清晰概念，构筑逻辑，精准表达

数学基础知识包含原理、公式、定义和概念等核心要素。针对不同年龄段的孩子，学习重点应有所区别。

小学四年级前，这个阶段的学习重点在于：建立数学模型思维，积累具体感知经验，理解基础知识的内涵。这一阶段不必强求死记硬背基础知识。

小学四年级及以上，这个阶段需要：逐字逐句精确理解基础知识，深入把握文字表述的准确含义。

然而现实中，孩子们普遍存在轻视基础知识的现象，主要表现为：缺乏对知识内在逻辑的深入思考，缺少必要的巩固练习。造成这种现象的主要原因有二：一是教学进度过快，部分中小学老师默认学生已在课外班学过，课堂教学时仅简单带过基础知识，直接进入中等偏上难度的拓展内容；二是存在认知偏差，学生往往认为基础知识"一看就懂"，满足于表面理解。这些状况需要引起重视。为帮助大家更清楚地认识问题，我通过具体案例来说明孩子们对基础知识的实际掌握程度和学习能力。

【案例】初中生随机访谈

我随机选择10多位初中生，提问："什么是单项式？"（初一所学内容）

A生思索后回答："数和字母的组成叫单项式。"

组成？这个组成形式有很多。2+M是吗？显然不是！可它的确是数字和字母的组成啊。A生的认识含糊不清、表述相当不严谨。孩子的数学知觉和数学逻辑较弱，成绩不太可能会好。

B生修正："单项式是数字和字母用×和÷这两个符号连接而成的。"

对吗？没错。可是该生语言描述啰嗦、注重组成的表象形式，缺乏对内在逻辑的本质探索。大约三分之一的孩子属于这种情况。他们的成绩基本游走在平均分偏上一点。

C生说:"单项式就是数字和字母相乘或相除。"

这个表述明晰了数据间的内在逻辑关系,但是否可以再精练一些呢?能给出这样定义的学生,学习能力和成绩可能排在同龄孩子的前三分之一。

现在,我们来看看教材中单项式的定义:"由数与字母的积组成的代数式。"

如果孩子能基于理解而非记忆给出这样精准的定义,一定是妥妥的"学神"。在复习了单项式的精准定义后,几乎所有孩子都能这么定义多项式:"几个单项式的和叫多项式。"

这,就是一种认知和表达上的提升。

正式教材中,大师们一定是字斟句酌,提供极为精准的语言描述。孩子们当然不具备他们的总结表达功力,但孩子们字斟句酌地理解这些精准语言,对其涵义的准确掌握,却是学习所必需的。

只有对基础知识真正地熟悉和理解,才有助于深刻、精准理解其内在逻辑关系,碰到相应的关联词时,这些基础知识就会自动跃进脑海,而不用我们费劲去搜索,有利于成功解决各类题目。另外,熟悉基础知识,我们就自然而然地拥有了逻辑严谨、表述精准的语言意识和习惯,这有助于形成强有力的学习能力。

5. 丰富"思维工具箱"

(1)"思维工具箱"和数学

每个人的大脑中都有一个隐形的思维工具箱,里面存放着或多或少的思维工具和方法。当遇到一个具体的数学问题时,大脑就会从工具箱中选择对口的方法和工具去解决这个问题。有时遇到复杂的难题，还需要把某些简单的方法和工具组合升级为更高能的新方法或新工具。从这个角度上讲，数学逻辑思维能力是使用合适的思维工具和方法去解决崭新的数学问题的能力。

由此可见，大脑中思维工具和方法越丰富，对其使用越娴熟，越利于解决各种新的、复杂的问题，也意味着数学逻辑思维能力越强。将崭新的思维工具和方法使用娴熟后纳入自己的思维工具箱，这是最重要的数学学习过程。

（2）思维工具和方法是什么

思维工具和方法之间并没有严格的分界线。以大家非常熟悉的方程为例，方程是一种思维方法，设置未知数并列出方程等式则是思维工具。

我们熟悉的思维方法有：枚举法、找规律法、假设法、归纳总结法……思维工具包括：图表、各种公式原理、计算法则……思维方法和工具种类繁多，没有上限，学无止境。

我们应该在有限的时间里，首先学习经典的思维方法和工具，其次再补充常用的。这些思维方法和工具可以有许许多多神奇的组合，足以解决常见的数学问题。就像我们搭积木一样，只要你有基本的模块，用基本的组合拼接方法，就可以搭建出房屋、桥梁、飞机、花园……而不是说搭房屋需要一组方法和模块，搭桥梁又需要另外一套完全不同的方法和模块。如果基础的思维方法和工具都不会用，就去猎奇，学偏门、高深的方法和工具，这是好高骛远、本末倒置。

（3）个人思维工具箱的天然储备存在差异

高智商孩子数学逻辑思维能力浑然天成，生来自带思维方法和工具（尽管他们自己也不清楚具体叫什么），可娴熟地使用它们来解决数学问题，这是天赐的能力。即便如此，高智商孩子也需要后天不断扩充、升级思维工具箱。否则，再聪明的孩子也不可能生来就会用微积分。

普通智商孩子生来自带的思维工具箱比起高智商孩子，要相对少一些。但好消息是大部分工具和方法可以靠后天获得。一些经典的工具和方法可以从生活中获取，比如枚举法、排除法、找规律法、归纳总结法等。还有一些需要从课堂、书本中习得，比如图表法。因此，我们不但不能忽略反而要极大化地利用好生活这个大课堂，自然丰富孩子的思维工具箱。

（4）后天丰富思维工具箱

后天不断增加思维方法、拥有经典的思维工具并组合应用，可以有效提升数学逻辑思维能力。

以荷荷为例，这个极具艺术天赋的女孩，在数学学习上却起步艰难。一年级刚开始培养数学思维时，她几乎完全跟不上，理解能力和反应速度明显落后于同龄孩子。但在荷荷父母的坚持和积极配合下，经过6年系统训练，到初中时她的数学成绩已跃居班级中上等水平，她不仅爱上数学，还自认具备理工思维，乐于挑战难题。

这说明：若没有科学引导和方法支撑，像荷荷这样的孩子很可能在小学就出现严重偏科，到初中更难跟上。早期培养数学逻辑思维，实质上有效提升了她的学习能力，可以说改变了她的学习轨迹和命运。

值得注意的是，荷荷的进步并非源于智商变化，而是源于思维工具箱的丰富。面对难题时，她会调动各种方法尝试解决，这个探索过程不仅锻炼了大脑，提升了综合应用能力，而且培养了良好的心理素质。这证明，孩子通过持续丰富和升级思维工具箱，完全能够突破先天智商的限制，实现数学逻辑思维能力的质的飞跃。

（5）思维工具箱的储备量与专注力的关系

学好数学，离不开专注力。思维工具箱的储备量直接影响到专注力的质量。解决难题时，孩子在放慢速度的深度思考过程中，很容易跑神。能否不跑神，很大程度上取决于工具箱里是否储备了足够多的思维方法和工具。在孩子慢慢思考的过程中，如果他的思维工具箱里有一些方法和工具，大脑就有了工作的对象，进而不断对它们进行挑选、组合、迭代，这个过程非常有益于提升孩子的专注力。所以，我们可以很巧妙地利用增加思维工具箱的储备量来提升专注力。反之，当思维方法和工具匮乏时，大脑"赤手空拳"闲得慌，但是它又无法停止思考，这时庞杂无效的信息就会趁机涌入，造成分神或无效思考。

因此，当孩子的思维工具箱储备量较少时，或者对于某个方面的难题缺乏对口方法和工具时，死磕这道难题不是件值得推崇的事，反而很可能会造成专注力下降或思考无效。这种情况下，不必死磕难题，可以直接参考答案中的解题过程，看懂后，自己梳理一遍，学会其中的工具和方法，先丰富思维工具箱。

应当注意的是，丰富思维工具箱，并不是像把工具放入工具箱这么简单，而是首先需要真正理解和掌握工具，这往往需要比较长的时间，很考验孩子和家长的心智。有了足够多的思维工具和方法之后，孩子的数学思维能力自然会有所提升，才会像荷荷一样跃跃欲试地挑战难题，专注力也将得到有效发展。

6. 大道至简

（1）学习上的大道至简

一般人常常认为，简单的方法和工具只能解决简单的问题；复杂且高级的方法工具才可以解决复杂的难题。在这个误解之下，很多孩子一窝蜂地去超前学习知识，大量补课刷题，其中一个重要目的就是想尽可能多地学习一些高大上的工具和方法，以解决各种难题。

其实，能灵活组合运用看似简单但实则经典的方法和工具去解决复杂的难题，才是思维能力和水平的体现，这其实正是学习上大道至简的道理。

孩子在小学和初中的数学学习，尤其要遵循大道至简的原则，思维工具箱中具备大纲要求的方法工具即可，不必猎奇，追求方法和工具上的高级、复杂。

小学和初中数学学习的本质，在于自主深耕，在于锻炼思维的韧性。因此，孩子的时间和精力应该花在对经典思维工具与方法的精准掌握以及灵活运用上。我们来看一个案例。

【案例】五年级的流水问题

一艘小船，如果船速不变，它顺水航行32千米，逆水航行16千米共用8小时；顺水航行24千米，逆水航行20千米，也用了同样多的时间，那么顺水航行16千米，逆水航行32千米需要多少小时？

相信手上有纸笔的家长已经准备开始列方程了。一个小学三年级的孩子，没有学过方程，但他并没有束手就擒，而是用等量代换法求解出了此题，大家认为这个孩子的数学思维能力如何呢？以下为这个孩子的求解过程。

首先，把两个已知条件用图表示出来。

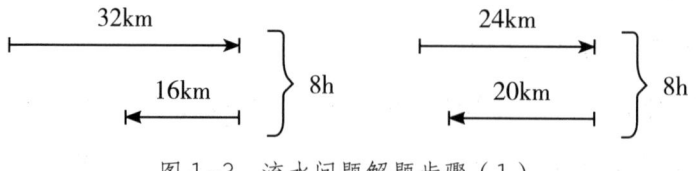

图1-3 流水问题解题步骤（1）

然后，把要解决的问题用图表示出来。

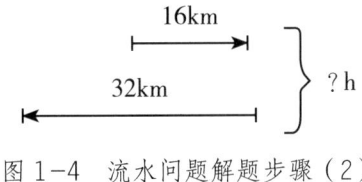

图 1-4　流水问题解题步骤（2）

接下来，运用等量代换的解决思路可以得到逆水 1 小时能航行 4 千米。

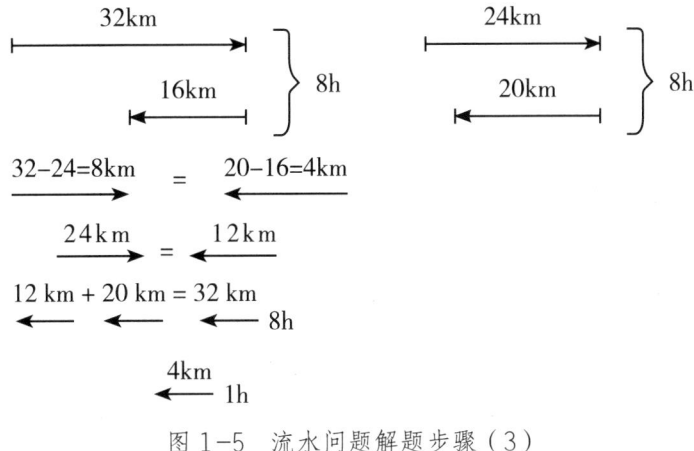

图 1-5　流水问题解题步骤（3）

分析：第一种情况比第二种情况多出顺水 8 千米，第二种情况比第一种情况多出逆水 4 千米，因为两种情况都用了 8 小时，那多余的这两部分时间也相等，即顺水航行 8 千米的时间等于逆水航行 4 千米的时间，也就是 1 小时顺水路程是 1 小时逆水路程的 2 倍。把第二种情况全部换成逆水航行 32 千米，用了 8 小时，所以 1 小时逆水行驶 4 千米。

等量代换之后再来求解，把问题中的路程全部换成逆水航行 40 千米，再用 40 除以 4 可以得到 10 小时。用时 40÷4=10 小时。

解题思路：

16km
32km
？h
16km
=
8km
32km + 8km = 40km
10h

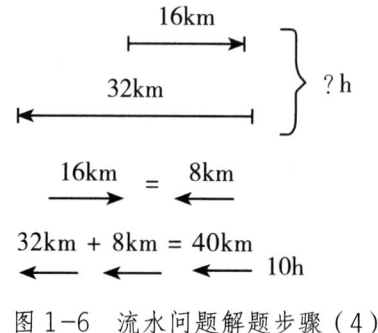

图 1-6　流水问题解题步骤（4）

（2）教授上的大道至简

数学教授方法上的大道至简，不只给“鱼”，一定要给“渔”。题目是“鱼”，方法和工具是“渔”。简单说，“鱼”差不多就行，但经典的“渔”不可少。此处也通过举例来说明如何给“鱼”和给“渔”。

【案例】给“鱼”和给“渔”

小学四年级数学题：一个长方形的操场，长 100 米，宽 60 米，如果在操场一周每隔 5 米种一棵树，那么一共可以种多少棵树?

森森的解答过程如图 1-7：

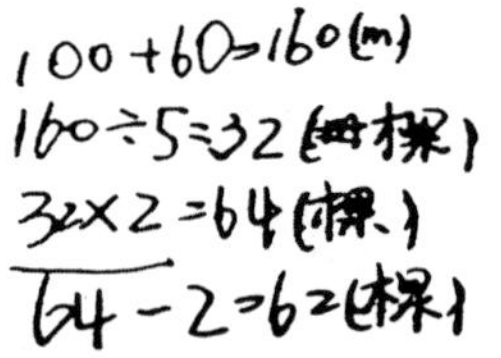

100+60=160(m)
160÷5=32(棵)
32×2=64(棵)
64-2=62(棵)

图 1-7　森森的解答（1）

我问：“树的具体位置？”

森森茫然。

我请森森画图,并在图 1-8 中标注出树木的位置。森森很自然地把第一棵树的位置定在四个角的右上角上。

我问:"第一棵树木可以定在其他任何地方吗?第一棵树位置变到其他地方,会不会影响结果?"

森森茫然:"没想过。"

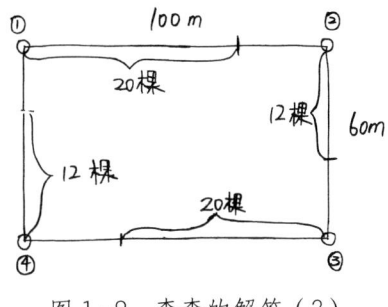

图 1-8　森森的解答(2)

我们来看看植树问题中的两种典型的数学模型(渔):不封闭、封闭。如图 1-9。

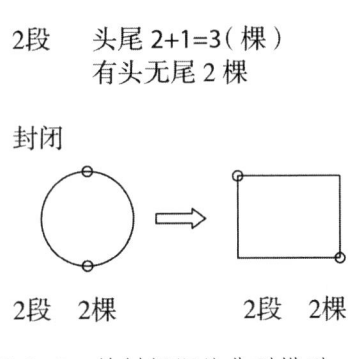

图 1-9　植树问题的典型模型

森森对图 1-9 两种情况的数学模型理解不够深入，不清楚两种模型中段数和棵数的关系，导致思维混乱，对是否计算头尾树木的封闭和不封闭这两种情况存在混淆，出现最后一步的错误。此时可以做方法对比：直接给孩子讲授此题的解题过程，指出孩子的错误，此乃"鱼"也；或者抛开此题，讲授图 1-9 的封闭和不封闭两种数学模型，让孩子拥有具象化概念，理清段数和棵数的关系，授之以"渔"。

在教授两种数学模型的时候，可以引申出很多种情况，举一反三，加深学生对模型细节的清晰度和对各个概念、各种逻辑关系的具象化理解。在孩子复习过图 1-9 中的封闭和不封闭两种模型后，请孩子自己订正此题。森森瞬间明白了：完全可以把长方形看成封闭的圆形，树的位置其实没有固定，可以随意安排，最终顺利求解。

由此可见，"鱼"无穷无尽，但有限的经典的"渔"几乎可以让我们捕获遇到的所有"鱼"。

（三）数学学习要避免的雷区

1. 雷区一：眼高手低

孩子学数学最常见的一种情况是：对学过的、做过的、自认为"简单"的题目，隔段时间再做，却又做错或不会做了；又或者是对一些基础题目，也不会做。人们常说"基础不牢，地动山摇"。大家可能好奇：简单、基础的题目到底长什么样？此处列举两个例子。

【题目1】（小学四年级）：对于数 A 和数 B，A 是 B 的 6 倍，当 A 和 B 各增加 2 时，A 是 B 的 4 倍。问：A 和 B 原来是多少？

孩子认为此题很简单，但是一旦离开方程就不会做，这就是基础不牢。而我认为此题不简单，蕴含着经典的思维工具和方法，值得小学生拿来做头脑体操。可是事实相当扎心：四年级孩子在没有学过方程的情况下几乎做不出来；而绝大多数五六年级孩子如果不用方程也做不出来，甚至一大半的初中孩子做起来都略显费劲。

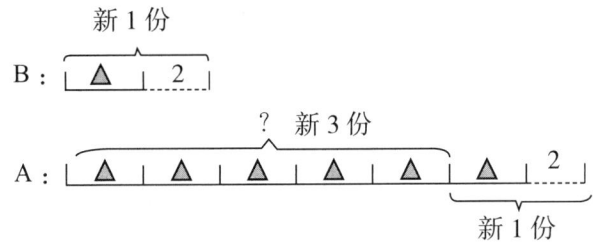

图 1-10　等量代换图

这道题目其实完全有不用方程的求解思路：原来的一份用△表示，新一份则用△+2 表示。那么用等量代换就可以知道，原来的 5 份等于新组成的 3 份，也就是 5△=3（△+2），可以求出 1 个△=3，进一步求得 B 是 3，A 是 18。

画线段图法、等量代换法，是经典又简单的思维方法和工具，让不可能变成可能——一年级或二年级孩子运用这些方法和工具都能很好地求解出四年级的题目，这让做出此题的小孩子们获得满满的成就感，最重要的是孩子解题过程中能让大脑运动，而不是因为不会使用方程就束手无策，任凭大脑休息。

再举一个例子，这种就属于客观上简单但孩子们普遍害怕的题目。

【题目 2】（小学四年级）：有一种用六位数表示日期的方法，例如，用 080812 表示 2008 年 8 月 12 日（重复数字为 0 和 8）。如果用这种方法表示 1991 年全年的日期，那么全年中 6 位数字都不相同的日期共有多少天？

此题非常灵活，猛一看也怪吓人的。但其实没有什么知识门槛，只需要用一些来自生活的基本常识和方法：枚举法、排除法、找规律法。即使用最"笨"的枚举法把日子一个个写出来再判断，一年级孩子也都可以做出来。

然而事实又是相当残酷的：在我所接受咨询的孩子中，迄今为止做得又快又对又好的是一名二年级小女孩，大多数五年级或六年级孩子做不出来或做不对。有几个四、五、六年级孩子一上来就直接列算式计算，这让人震惊，还有一部分初中生做不出来或做不对。孩子们为何遇到自认为简单或客观上确实简单的基础题目，却做不出来？原因主要有两个：

一个是只看、只听，不写、不做——这就好比不会游泳的你站在岸边学游泳，一听全懂，一看全会，一下水全是问题，并且每个人下水后呈现出的问题都出乎自己的意料，有的嘴里灌水了、有的眼睛进水了、有的鼻子呛水了……事实上，只有下水，你才能知道自己会出什么问题，怎么解决问题。学数学最忌讳的就是站在岸上学游泳。做题，就如同下水扑腾，是"会"的必经之路。

另一个是孩子和家长都容易忽视基础知识和题目，只做难题、偏题，导致孩子对基础知识和方法的理解掌握不扎实。其实所谓的难题，都是基础知识的多重组合、迭代，抽离基础知识，也无法形成难题，没有扎实的基础知识，是无法解决复杂的难题的。学会了一个泳姿，再学其他泳姿事半功倍。反之，还不会游泳就同时学几种泳姿，只会事倍功半。

2. 雷区二：让成人思维凌驾于孩童之上

二年级的可可委屈地说："爸爸讲数学题时，我总听不懂，他就骂我笨。"而可可爸爸也很困惑:"那么简单的问题,怎么讲她都不明白!"当我询问讲解方式时,答案揭晓了——这位爸爸一直在用"解方程"的方法给二年级的孩子讲题。类似的情况也发生在四年级的朵朵身上。面对一道关于布匹的数学题:"两块同样长的布,第一块用去31米,第二块用去19米,第二块剩余部分是第一块剩余部分的4倍。求布原长多少米?"朵朵妈妈虽然画了图(如图1-11),但思维方法仍停留在列方程求解。

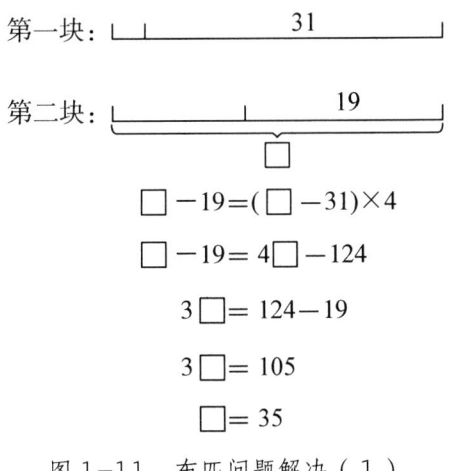

图1-11 布匹问题解决(1)

而当我用孩子的思维方式——通过画图(如图1-12)找出一份量的方法解答时,妈妈才恍然大悟:原来女儿的做法是正确的,只是自己没能理解孩子的思路。

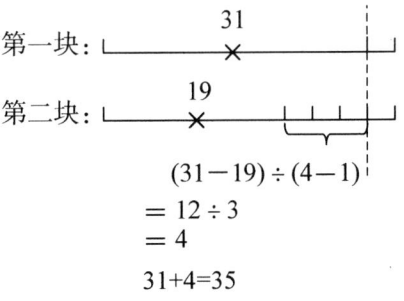

图1-12 布匹问题解决(2)

这个事例揭示了一个关键问题：成人和孩子站在不同的认知平台上。父母习惯使用孩子陌生的专业术语和抽象思维，而这些对孩子来说往往是理解障碍。所以，如何才能真正帮助孩子？我认为有三点。

① 用已知解释未知：比如用跷跷板代替天平来解释等量概念，孩子更容易理解"平衡就是两边一样重"。

② 放下效率执念：虽然用孩子能理解的方式讲解需要更多的耐心、用心，需要花费精力和时间先去了解、理解孩子，但这样的学习让孩子容易理解，学得更扎实，能真正提升孩子的思维能力。

③ 不做错的，就是对的：如果孩子无法理解你的讲解，不如暂时放下。

真正的引导不是俯视，而是从成人的知识高度下降到孩子的知识高度上，以孩子能理解的方式去引导他们的学习。

3. 雷区三："一本正经"地学习数学问题

还有一个雷区，就是家长总会把数学看作是高深莫测的学科，用正经的方式、正式的时间、正规的工具或手段刻意去教授孩子。但实际上，数学问题、数学思维往往是与生活紧密相关的，需要在日常生活中去渗透和学习，此处列举三类数学问题。

（1）生活常识类数学问题

家长们经常会用图片、书籍等教辅工具很认真地教孩子识别方向、认识时间。这些在生活中能直观接触、应用的问题，建议家长不要刻意当成一门知识，严肃地去教孩子，而是要在生活中自然引导孩子观察、运用。

低龄孩子对生活中直观事物的学习理解、接受度最好，并且在实际运用中最容易获得成就感、积累经验，这样的学习是事半功倍的。而书本上这些相关的知识，对孩子尤其是低年级或学前孩子而言是抽象的，即使从文字变换成图片，还是抽象，需要孩子做抽象和具象的转化，这无形中增加了孩子学习、掌握和应用的困难，孩子容易失去信心和兴趣，家长也会觉得孩子反应慢、头脑笨，易对孩子做出错误判断。

（2）计算类数学问题

计算问题，是孩子上小学之后，每天都要面对的问题。每天都要做练习，单纯的计算熟练度对孩子思维能力的提升没有多大助益。谁要培养出一个计算器呢？建议孩子们认真做好每天的数学作业，保证作业中所有题目计算的正确率和相应速度即可，不用专门做大量的计算训练。计算正确率特别差的孩子，除了学习习惯不好之外，往往是对各种计算的概念和规则掌握不清。这种情况下，家长可以适当对孩子做一些概念、运算规则的解释与训练，也可以做一些计算游戏，详见实战篇之"计算闯关小游戏"。

（3）"急智"类数学问题

类似的问题，还有"火柴棒游戏"等。这类游戏考查的是游戏者的"急智"——"急智"一部分体现游戏者的智商，一部分体现学习上的阅历经验，是综合智能的应急反应，具有偶然性，对智能、知识经验度有要求。

（四）数学学习的路径和方法

数学思维能力的培养，是一个长期连贯的过程，其中包括培养孩子的专注力、思维深度、思维韧性、思维方式，帮助孩子积累思维工具、思考方法等。根据孩子实际能力的进展，可将数学思维能力分为三个循序渐进的阶段（如表1-5）：孕育阶段、培养阶段、提升阶段。各个阶段的年龄分段仅供参考，实际上，各个阶段因人而异，没有严格固定的年龄分隔。比如小学一二年级的孩子，可能就处于数学思维能力孕育和培养阶段的交界处。

表 1-5　0—15 岁孩子数学学习的目标和方法简表

数学逻辑思维能力	孕育阶段（学前）	培养阶段（小学）	提升阶段（初中）
目标	大脑动起来 建立数学模型 具有自主学习意识	丰富思维工具箱 提升数学思维能力 具有自主学习能力	提升数学思考能力 提升深耕能力 提升自主学习能力
方法工具	数学游戏	头脑游戏	寒暑假自主大预习 每日一题 + 限时提速 日常小预习

1. 孕育阶段（学前）

数学思维能力的孕育阶段通常在孩子的学前阶段，也包括一些小学一二年级的孩子。孕育阶段的主要任务是通过各种数学游戏和生活实践，帮助孩子建立加减乘除等各种数学基础模型，积累成体系的具象感知经验。比如孩子在分糖果的游戏（详见实战篇）中，就能感知到乘法是加法的简便运算，除法是减法的简便运算，体会到自己手上分不出去的那个橘子就是余数……一些孩子到了小学四五年级学习小数和分数时，思维混乱、计算错误多，最主要的一个原因可能就是他们在二年级之前没有建立过清晰的加减乘除数学模型，只是机械学习抽象概念和练习计算熟练度。

人们常说：游戏，是孩子的天性；单纯学习，是反人性的。当把游戏和学习结合在一起时，学习就会变得有趣、富于挑战且具有博弈精神，孩子将在游戏中体会学习的严肃和深耕，在学习中感受游戏的趣味和灵动。身为老师和父母，我们对孩子最大的爱，正是花心思把人们印象中枯燥艰涩的学习转化成符合孩子身心特点的各种有趣的游戏，让孩子在玩中学习，在爱中获得能量。

小孩子的数学，不是用来"教"的，而是用来"玩"的。让孩子在游戏中触摸数学的本质，体会数学的有趣，是父母给予孩子最好的礼物。

2. 培养阶段（小学）

数学思维能力的培养阶段主要针对小学生。实战篇里提供了工具和方法——头脑游戏，它符合"抱小猪"理论中对难度设置的要求以及孩子们学习的心理需要。对于很多孩子来说，可以直接拿来应用。

孩子在小学阶段的数学学习任务，是在思维工具箱里装入各种经典的思维工具和方法，并能灵活运用它们去解决难题，提升脑力，提升数学思维能力、实现自主学习。

3. 提升阶段（初中）

数学思维能力的提升阶段主要针对初中生。可以利用实战篇里提供的学习方法——寒暑假大预习法、春秋学期的"每日一题+限时提速"、日常小预习法，来提升孩子的数学思维能力、深度思考能力、自主学习能力，全面提升学习力。

孩子在上述数学思维能力培养的全过程中，完全可以从小学一年级开始，在数学学习上脱离课外辅导班，摆脱父母干预，稳步提升数学思维能力，逐步实现自主学习，让父母得以解放，让自己收获掌控感。

八、学习力系统提升法之"三足鼎立"和"抱小猪"

（一）"三足鼎立"的应用

1. 什么是"三足鼎立"

"三足"指的是数学学习、自由阅读和运动（跑步）。"三足鼎立"指的是日常通过这三项活动分别来提升孩子的数学逻辑思维能力；专注力，培养孩子的阅读理解能力，帮助孩子积淀人文素养、开拓视野；改善体质，增强体能和意志力等。通过三项活动齐头并进来推动学习力的整体跃升。

"三足鼎立"是一种简化的系统的培养策略和训练方法，旨在帮助孩子均衡发展学习力，让孩子实现自主学习，在学业成绩上取得显著进步。"三足鼎立"要求孩子做到以下几点：

① 每天练习1—3道数学逻辑思维题，小学生采用头脑游戏法，初中生采用"每日一题+周末限时提速"、大预习等方法，从而提升数学逻辑推理能力、专注力等；

② 每天进行不少于半小时的自由沉浸式阅读，从而培养阅读理解能力、拓宽视野、积累知识、提升审美、愉悦心情等；

③ 每周进行3—4次、每次半小时以上的中慢速跑步，以增强意志力和专注力，同时促进身心健康发展。

这些方法看似简单，但长期坚持并不容易。如果能持之以恒，必然能为孩子打下坚实的学习力基础。具体的操作细节和实践案例，请参见实战篇的详细解析。

2."三足鼎立"的诞生

"三足鼎立"最初是为工作繁忙或缺乏教育经验的家长设计的培养孩子学习力的方法。近年来，因其操作简便且效果显著，越来越多的家庭开始采用这一方法。

在家长的引导下，孩子们也逐渐认识到：课外三项核心能力（阅读理解能力、数学逻辑思维能力和意志力）的锻炼和提升至关重要，因为他们体验到了这些能力的发展能直接推动校内成绩的显著进步，并从中获取极大的信心。在当下的教育环境中，能够认识到"能力提升才是成绩提升的基础和前提"，显得尤为难得且具有前瞻性。

"三足鼎立"的核心理念体现了学习力培养的两大原则：自然原则和极简原则。自然原则强调"慢就是快"，即顺应孩子身心发展的规律，注重内在驱动和长期积累，避免急功近利；极简原则则是"以少胜多"，通过聚焦核心能力，摒弃冗余，实现高效突破。这两大原则相辅相成，帮助孩子在自然、简朴的环境中实现学习力的全面提升和质的飞跃。

我提出的"三足鼎立"正是基于这两大原则而设计的。

3. "三足鼎立"的底层逻辑

"三足鼎立"的底层逻辑是三种方法分别对应了学习力中各关键能力的有效发展。

（1）数学能力提升——强化逻辑思维与学习能力

数学能力是学习能力的核心。数学学习要求孩子从具体问题中总结出规律，并通过逻辑推理找到解决方案。这种思维训练不仅提升了孩子的分析能力和创造力，还增强了他们在面对复杂问题时的抗压能力和自信心。

从神经科学的角度来看，数学学习能够激活大脑的前额叶皮层（负责逻辑推理和决策）以及顶叶皮层（负责空间感知和数量处理）。这种神经功能的增强，不仅直接提升了数学能力，还间接提高了其他学科的学习效率。因此，数学能力的提升是学习能力的核心支柱之一。

同时，数学题目往往需要深入思考才能解决，这提升了孩子的专注力，逐渐锻炼出他们自主思考和自主学习的能力。

（2）阅读理解能力提升——增强信息处理能力与学习动力

阅读理解能力的提升是学习动力的重要来源。阅读不仅是获取知识的途径，更是培养信息处理能力、批判性思维和情感共鸣能力的关键方式。通过阅读，孩子能够接触到多样化的观点和知识体系，从而激发他们的好奇心和求知欲，形成内在的学习动力。

阅读理解是一个复杂的认知过程，不仅涉及注意力分配，还涉及工作记忆和长期记忆的协同作用。优秀的阅读理解能力能够帮助孩子快速提取信息、整合知识并形成自己的见解。这种能力的提升,不仅能够增强孩子的学习兴趣,还能为他们提供持续的学习动力。

此外,阅读还能够培养孩子的情感感知力,帮助他们更好地理解自己和他人的情感,从而在学习过程中保持积极的心态和稳定的情绪。这种情感支持是学习动力的重要保障。而具有学习动力的孩子,大部分能够尝试自主学习,并积极做好时间管理。

(3)坚持跑步运动——锻炼意志力与身心韧性

坚持跑步运动是培养学习意志力行之有效的方法。跑步运动不仅能够增强身体素质,还能够通过神经内分泌调节(如多巴胺和内啡肽的释放)提升孩子的心理韧性和抗压能力。跑步作为一种规律性的有氧运动,能够显著改善大脑的执行功能(如注意力、计划能力和自我控制力),从而增强孩子的学习意志力。

从生理学的角度来看,跑步运动能够促进大脑海马体的神经生成,提高记忆力和学习效率。同时,跑步运动还能够降低压力激素(如皮质醇)的水平,缓解焦虑和疲劳,帮助孩子在学习过程中保持专注和持久性。

更重要的是,坚持跑步运动本身就是一种意志力的锻炼。通过设定跑步目标、克服身心惰性和坚持完成计划,孩子能够逐渐变得自律,这些品质正是学习意志力的核心部分。

"三足鼎立"通过数学学习、自由阅读和跑步运动的协同作用,形成了一个有机整体:

• 数学学习为学习能力提供逻辑基础和思维方法、工具;

• 自由阅读为学习动力提供知识源泉和情感支持;

• 跑步运动为学习意志力提供身心韧性和自律保障。

这种协同效应不仅能够全面提升孩子的学习力,还能够帮助孩子形成成长型思维，即相信能力可以通过努力不断提升。这种思维模式是终身学习的基础，也是应对未来复杂挑战的关键。

4."三足鼎立"的协同应用

"三足鼎立"的协同应用实际就是"素颜成绩+'三足鼎立'"协同应用。实践证明，这种协同应用所取得的学习力培养成效，要优于单纯的"三足鼎立"培养效果。其具体操作模式和在不同阶段应用特点的相关说明如下。

（1）校内自主学习+校外"三足鼎立"

校内自主学习是指孩子自己管理和规划校内的学习内容，自主完成校内作业、复习、预习等学业任务，体现素颜成绩，这能够锻炼和提升孩子的学习责任感、自主学习能力、抗挫能力。而校外"三足鼎立"则为孩子提供了坚实的学习力基础，能从根本上持续提升校内素颜成绩，让孩子感受到自己是在完全没有补课、脱离家长的辅导和管控下取得了进步，更加确定自己的实力，获得满满的学习成就感，从而增强孩子对学习的自信和对学习方法的信心，最为重要的是提升了孩子对于学习经验的科学认知，这将让孩子一生受益。

"素颜成绩+'三足鼎立'"协同应用实现了"1+1＞2"的效果。

前文中凯凯的案例就说明了自主学习的重要性。凯凯由于父母工作繁忙，从一年级就开始自我管理校内学习，基本实现校内自主学习，这很好地锻炼了他的抗挫能力和自我管理能力。但因为没有科学方法的加持，凯凯的素颜成绩一直没有良好的体现，学习能力也没有得到提升。从四年级开始，他采用"校内自主学习+校外'三足鼎立'"相结合的方式，并且一直按照要求认真坚持。到了六年级，他的各科素颜成绩稳定在班级偏上水平，这让他自信心大增，进一步提升了学习动力，也更加注重学习力的培养。进入初二后，他的学习力尤其是自主学习能力和意志力都明显强于一般同学，他的素颜成绩也跃升至年级前20%。凯凯回顾自己成长经历时很有感触地说："只有自主学习肯定是不够的，还需要采用科学的方法有效地提升学习力。只有提升了学习的能力，得到正反馈，证明自己的努力方向是对的，才能更有学习信心和动力，也才能在学业上持续进步。"

（2）不同阶段启用的特点

"三足鼎立"在不同阶段启用具有不同的特点和要求，具体如下。

第一，学前阶段。如果孩子在学前阶段就开始启用"三足鼎立"进行培养，那么孩子基本上在小学一年级时就能实现自主学习，校内课程学习和作业不需要家长过多辅导和干预，顺利进入"校内自主学习 + 校外'三足鼎立'"模式，比如案例篇中的鸣鸣、奇奇、妙妙等。在校内自主学习所呈现的素颜成绩方面，由于学习力得到了提升，进入小学后，多数孩子在一年级就能看到显著效果，有些孩子因为各种原因可能需要较长时间。无论快慢，这都是一个向下扎根、积蓄后劲的过程，随着时间的推移，孩子的学习力和成绩提升会越来越明显。数以百计的案例都呈现了这样的结果：在孩子学前阶段启用"三足鼎立"培养，家长投入最少、孩子受益最大。

第二，小学阶段。小学阶段开始实施"校内自主学习 + 校外'三足鼎立'"的孩子们，其进步的程度和速度千差万别，但他们的共性是：经过几年的培养，无论是素颜成绩还是学习力，在初中阶段都呈现出显著、可持续的提升，详见案例篇中一到六年级段的孩子们。

第三，初中阶段。初中阶段开始运用"校内自主学习 + 校外'三足鼎立'"的孩子们，根据孩子自身学习力基础情况，较好的在半年内就能取得优秀的素颜成绩（如案例篇中的瀚瀚），情况一般的则需要相对更长的时间来提升学习力和素颜成绩。

无论是从学前、小学还是初中开始,"校内自主学习＋校外'三足鼎立'"的协同应用都不晚,都为孩子的学习力培养提供了一条清晰、有效的路径。让孩子提升学习力获得良好的学业成绩的同时,逐渐找到自己的学习节奏,成为真正的学习主导者,才能为学业的进步和未来的成长奠定更加坚实的基础。

5."三足鼎立"的运用心得

(1)关于数学

关于数学,"三足鼎立"要求孩子每天只做1—3题,可以自己根据题目难度选择当天学习的量。由于这不是家长的建议和安排,孩子具有了对学习的掌控感,产生了自主学习的意识。当孩子看到同学都在补课、自己的学习量这么少时,很乐意也很容易接受,而题目量少加上学习时间充足,孩子也能慢工出细活地深入思考。

这个数学学习任务虽然看上去量少,但实际做起来是有难度和含金量的。比如:每日一题,需要孩子沉下心来深入思考;限时提速环节,需要孩子们高度专注,提升思维速度……长期坚持下来的孩子,他们的数学思维能力会在不知不觉中得到有效提升。许多孩子的数学由此逐渐变成自己的强项,课堂上其他同学做不出来的难题,他们能轻松解决,数学成绩也得到稳步提升。最让其他孩子羡慕的是,这些孩子依然有充足的时间玩耍和休息。

这方面案例众多,其中有一个叫思思的四年级孩子,不补课不刷题,认真坚持每日一题仅3个月,数学成绩便从班上倒数第四名上升到第二名,让老师和同学大吃一惊。

（2）关于跑步和阅读

孩子们在运用"三足鼎立"时，一开始最排斥的往往是跑步运动，一旦接受了，就会越战越勇，比父母更能坚持，更热爱跑步。很多孩子到了初三依然能坚持每周跑步3—4次。有些孩子在中考前夕有些紧张，会自发出去跑1小时，回来洗个热水澡踏踏实实睡个好觉，进入良好的应试状态。坚持常年跑步的孩子，心理上会很健康，抗压力强。因此在考试中能发挥出最佳状态。

关于自由阅读，孩子们相对容易接受。当我们允许、鼓励孩子自由阅读时，几乎所有的孩子都爱上了阅读。阅读让孩子们语言表达更丰富，亲子沟通更顺畅。为了挤出更多时间来阅读，孩子们无形中提高了学习效率。

【案例】爱上跑步和阅读的菲菲

菲菲是一名初一的女生，原本不爱看书也不爱跑步，比较娇气，喜欢看动漫和小视频。在运用"三足鼎立"的初期，她对看书和跑步都显得不情不愿。我建议菲菲妈妈给她配个耳机，跑步时听书，以缓解跑步的枯燥和疲劳感，同时把听过的书的纸质版买来，引导她阅读。在父母的积极带动下，菲菲开始有兴趣翻看、阅读听过的书。

一天晚上菲菲自由阅读后，拉着妈妈分享她在书上看到的一篇文章，看完后立刻要求出去跑步。那篇文章是这么写的："我每天坚持跑40分钟，最后的那10分钟是最煎熬的，可以说每一分钟都让我筋疲力尽。但真正的喜悦却正是来自最后一分钟，虽然我汗流浃背、气喘吁吁，但那不仅代表我完成了又一天的跑步目标，最重要的是，我接近了更健康的状态。小的欲望，放纵即可满足；中等欲望，靠克制才能满足；而上等欲望，则需要一天天地煎熬并为之努力才能满足。"

菲菲通过跑步不仅锻炼了体质，还提升了心智。难怪菲菲妈妈惊喜地说："孩子这是把阅读和跑步结合起来了呀！"

（3）关于身心健康发展

孩子们对"三足鼎立"的运用，不仅提升了他们的学习力和素颜成绩，还丰富了他们的业余生活，特别是有效减少了他们对电子产品的依赖，促进身心健康发展。

"三足鼎立"的实践结果印证了这一点：这些将大量业余时间投入户外运动和阅读的孩子，对阅读和运动的兴趣远超电子产品和网络游戏，这些孩子几乎没有对电子产品产生依赖的。

长期坚持"三足鼎立"，能让孩子逐渐地在不知不觉中实现自主学习，带动所有学科成绩的提升；能使孩子的成长变得更加顺畅；也能够让父母真正放下焦虑，拥有属于自己的时间和生活。

（二）"抱小猪"的应用

"抱小猪"的应用能帮助孩子克服学习中的懒惰和畏难情绪，有效提升学习能力和学习意志力，深受孩子们的喜爱。

1. 什么是"抱小猪"

"抱小猪"是将学习力和学习难度的关系以及学习力提升的过程形象化，具体可作如下类比：

- 学习难度 = 小猪体重
- 学习力 = 孩子的臂力
- 持之以恒 = 臂力与小猪体重的同步增长

学习难度就像小猪的体重，需要孩子有匹配的"臂力"（学习力）才能抱得动。如果小猪太重（难度过高），孩子会畏难、感到心有余而力不足；如果小猪太轻（难度过低），则无法达到锻炼臂力的效果。因此，选择合适体重的小猪（学习难度适中）是关键。

孩子的臂力（学习力），需要通过持续的训练来增强。只有每天坚持"抱小猪"（坚持学习），孩子的臂力（学习力）才能随着小猪的体重（学习难度）同步增长。这样，当小猪长成200斤的大猪时，孩子就会在不知不觉中变成大力士。

2."抱小猪"的实践价值

（1）克服畏难情绪

通过选择等于或略大于孩子当前能力的小猪体重（学习难度），孩子能够慢慢上手，逐步建立信心。随着臂力（学习力）的增长，原本觉得困难的学习任务也会变得容易。

（2）战胜懒惰心理

孩子明白，如果偷懒一天，小猪的体重（学习难度）就会增加，而自己的臂力（学习力）却没有增长，这会倒逼他们主动克服惰性，坚持完成任务。

（3）建立学习信念

"抱小猪"的过程让孩子直观地感受到努力与成长的关系，从而建立对学习的信念：只要坚持，就能不断进步，就会感觉不到难度，让学习变得轻松。

3."抱小猪"的深层应用

（1）意志力的可视化培养

通过"抱小猪"这一具体行为，孩子能够直观地感受到能力提升和意志力的作用，从而更愿意坚持。

(2)学习信念的内化

孩子从"抱小猪"的过程中领悟到:成长是一个渐进的过程,只要坚持,就能不断突破自我。

(3)从被动到主动的转变

孩子从最初的被动完成任务,逐渐转变为主动迎接挑战,最终形成自律与自主学习的能力。

"抱小猪"不仅是一种培养学习能力和学习意志力的方法,更是一种帮助孩子建立学习信念、克服畏难情绪的有效工具。通过选择合适的小猪体重(学习难度),设计科学的载体项目,并给予持续的反馈与激励,父母可以帮助孩子在坚持中成长,最终成为能够"抱起200斤大猪"的"大力士"。这一过程,既是对意志力的锤炼,也是孩子对自我潜力的探索与发现。

学习力之术

·实战篇·

一具体，就深刻，重道不能轻术。

本章所涉及的具体实操方法，不仅仅在自家孩子童童身上获得应用成效，而且经过20多年的反复探究、修正、打磨，已经被数百个家庭的实践所验证，对各类孩子学习力的提升均有显著效果（详见后文案例篇）。每个实操方法都尽量落实到细节，包括：游戏中如何对孩子提问，如何观察孩子的反应，父母在小学生自主学习过程中该怎样记录孩子的学习结果，初中生如何在学期中和寒暑假进行自主学习……操作细节详尽是为了确保家长和孩子能对学习力培养方法执行到位，同时每个方法又为孩子的实际情况和特点预留了自由发挥的空间。

本章的具体实操方法主要围绕"学习意志力""数学思维能力""阅读理解能力""时间管理能力"的孕育、培养和提升。

对于学习动力，一般家庭会较多采用比较简单的直接目标法、直接兴趣法等直接激发法，但我重点推荐间接激发法，即通过提升孩子的学习能力，让孩子获得学习成就感、兴趣、目标感，从而激发出学习动力。由于学习动力间接激发法的核心是提升学习能力，实操方面便不再赘述。

一、学习意志力

（一）提高抗挫力

孩子在学习中，要学会正确面对挫折和失败，要有面对输赢不妄自菲薄也不妄自尊大的底气，这是学习意志力强大的重要标准。

具体可以从以下四个方面做起。

1. 挑战素颜成绩

（1）勇于探底

对校内的学习任务，孩子要实践自主管理和安排，首先要敢于面对真实的自己，勇于接受自主学习下的素颜成绩，探探自己的底，看看离开父母和辅导班，自己到底水平如何。只有面对真实的自己，才能发现真实的问题，才能知道努力的点和方向。

（2）耐心锤炼

知道问题所在之后，就要沉住气耐得住寂寞，心无旁骛地解决问题，从而实现能力上的锻炼和提升。案例篇中的薇薇、冉冉、瀚瀚等，都经历过无数次的输、长时间的锤炼，才能使素颜成绩不断提升。

2. 体验竞技输赢

孩子最好从小长期坚持一项体育竞技运动。日常则可以通过家庭游戏、比赛活动，让孩子尽可能地试错、体验输赢。对于孩子在游戏中的输不起、耍赖等行为，父母尽量少讲大道理，也不必对孩子做太多情绪疏导，只要严格执行游戏规则即可。

在多次对弈中，孩子自然会对失败后的"遗憾、沮丧、痛"提高耐受度，学会从失败中站起来，这往往比赢几场还重要。因此，游戏的关键点在于父母的耐心陪伴和引导，要能让孩子通过游戏体验拼搏过程，输了游戏不输斗志，输了还想再拼。在长期博弈中，孩子才会具有输赢两种丰富的体验，才能真正懂得输赢的价值，才能真正懂得拼搏的价值。

3. 分辨哪些可"输"

（1）学会分辨"哪些是可以'输'的"

判断的标准在于：如果学习目标利于个人成长且仅凭个人努力即可达成，就应全力以赴去争取；如果目标的实现还需要依赖外界评价，则可以不必过于在意"输"。例如，学习能力和成绩是个人努力可以掌控的，应尽力争取；而校内荣誉，如"三好学生""优秀班干部"等，依赖于他人评选，不必强求，可以"输"。

如果一个孩子能够清晰分辨哪些可"输"、哪些需要争取，他就会更注重内在成长，而非外界评价，意志力将更强大。

（2）深刻认识"真正的赢是获得个人成长"

赢，不是跟他人竞争，而是超越自我。如果孩子能把个人的每一个点滴成长都定义为"赢"，那么也就赢得了整个人生。很多时候，父母和孩子纠结的往往是：这个学习内容是否有价值？在我个人看来，"是否有价值"只有一个判断准则——对个人成长是否有助益。有，就做；没有，就不做。如果能这么认识，便不会内耗和焦虑，就很快能判断并选择究竟是补课还是自主学习。

4. 敢于接受短期的"输"

坚定学习力培养系统方式中的各阶段目标和任务，如果它们和校内学习任务、老师的要求有冲突，应以学习力培养为优先考虑。无须过度在乎周测、月测的成绩，争取在期中期末考试中发挥出应有的水平即可。

小宇初二了，最近数学、物理周测，突然都考了不及格。小宇和妈妈都有些慌了。校内老师建议孩子补课。小宇和妈妈征求我的看法，我分析如下：小宇的特点是学习新知识时接受、消化吸收的速度较慢，但他学习较为刻苦扎实，一直在做学习力提升。对于新知识，小宇多次巩固练习后，就会收到良好的学习效果，并且一旦掌握了，就会越来越自如、稳定。周测是现学现考，正好戳中他的薄弱点，不必在意短期的测试成绩。过2个月，小宇就能拿下这些新知识点，那时的综合成绩会提升的。结果，2个月后，小宇就开心地告诉我：数学期中模考成绩在班上排第9名。

所以，短期的"输"并不可怕，重要的是找准原因、调整心态，勇于面对挫折并战胜它。

（二）克服身心娇气

1. 运动法

鼓励孩子坚持日常运动，加强体能训练，积极参加长跑、游泳以及各种竞技体育项目。这些运动能有效改善体质，提升孩子的体能和意志力，增强大脑对身体的控制能力。

每周最好进行2次左右的体能训练，每次2—4小时。对于意志力特别薄弱的孩子（如因懒惰逃学、不肯学习、肥胖、饮食无节制的孩子），可以在科学指导下每天做1—2小时的体能训练。

此处重点推荐孩子进行长跑运动。长跑是一项简单易行且高效的体能和意志力训练方式。通过持续练习，孩子不仅能有效提升体能、改善体质，更能有效磨炼坚持到底的意志力，这也被无数教育咨询案例所证明。跑步时要做到以下几点。

（1）达到一定的时间和频率

每次跑步时间至少要达到30分钟，而且要保持不间断的中慢速跑。速度不必太快，如果刚开始跑不动也可以快走，但关键是要保持持续运动，不能中断。这种锻炼能帮助孩子提升大脑对呼吸和身体的控制能力。想想看，如果连这样简单的身体动作都无法坚持 30 分钟，孩子又怎么能保持 30 分钟的高度集中思考呢？意志力的培养要从看得见的体能训练开始。

关于锻炼频率则要达到以下要求：

• 小学生建议每周至少跑步 4 次。

• 初中生建议每周至少跑步 3 次。

如果平时课业繁忙，至少要保证周五到周日连续 3 天跑步。

（2）设定阶段性目标

孩子不会一次就达到跑步的要求，可以慢慢来，通过设定不断进阶的运动目标帮助孩子循序渐进稳步提高，如第一个月每次跑 2 公里，第二个月每次跑 3 公里……三个月后可以每次坚持跑满 30 分钟。

（3）记录反馈

孩子记录自己的进步（如运动时间、频次、体重变化等），通过正向反馈，看到自己的坚持和成长。家长可以陪伴孩子一起跑步，以身作则，为孩子树立坚持与自律的榜样。

（4）帮助孩子爱上跑步

我们可以用智慧和科学的方法引导孩子坚持跑步。每个孩子情况不同，方法也需要灵活调整。比如，有的孩子跑步时容易肚子疼或岔气，父母可以教他们正确的呼吸方法和热身技巧。有的孩子性格活泼但不喜欢跑步，父母可以通过设置游戏、让孩子跑步时听音乐或故事来缓解跑步的枯燥感。再比如，可以用抽签游戏决定跑步时长，在一些小纸条上分别写 15 分钟、20 分钟、30 分钟……孩子当天要完成抽到的跑步时长，增加趣味性。还可以启动身体小助手，孩子只要走出家门，就容易跑起来。

另外，父母的以身作则也尤为重要。父母可以自己先规律跑步，从 2 公里跑到 10 公里，孩子受到感染也逐渐跟上，甚至能跑 15 公里。每突破一个瓶颈，全家人都可以收获 1 件运动装备的奖励，这能让孩子感受到进步的喜悦。

父母不要逼迫孩子，更不要追求一次到位，要耐心引导和鼓励，即使一开始孩子只能跑走结合，但能走出家门就是胜利！坚持，才是关键。

2. 集训法

对于自制力较差、比较贪玩或者被过度宠溺的孩子，寒暑假可以让他们参加诸如军事化管理的夏令营、体能训练营等。

如果孩子非常抵触，不肯参加，也可以给他们选报一些为期 15—30 天的徒步旅行团，或者一些专门针对孩子体能提升、独立生活能力和意志力培养的训练营等。在参加这类集训时，家长需要注意：

- 选择正规有资质的机构。
- 了解具体的训练内容和强度，去之前给孩子体检，看看强度是否适合孩子的身体状况，如果孩子有轻微的慢性疾病（如轻微过敏史等），要提前告知训练机构，并且给孩子准备相应药品。
- 要和孩子进行充分沟通，让孩子了解训练的意义，通过分享一些训练的积极故事或者优秀前辈的训练经历，激发孩子对训练的兴趣和期待。
- 在训练过程中，可以定期和孩子沟通，了解其生活和心理状态，但要注意不能过于频繁，以免影响正常训练生活和作息节奏。鼓励孩子分享对训练的积极感受，多给予表扬和肯定。

总之，当孩子在学习上明显缺乏意志力时，家长不能只关注孩子学习本身，要舍得花时间帮助孩子先克服惰性、软弱，培养自律和吃苦耐劳的意志力，这正是"磨刀不误砍柴工"的道理。

3. 生物钟法

培养孩子早睡早起的作息习惯，也有助于提升学习意志力。我们可以从以下方面着手：

- 最初培养早起习惯之时，适当前置入睡的时间，保证充足睡眠。
- 建立固定的睡前习惯，如跑步、洗澡、阅读、听轻音乐。

同时，家长也要以身作则：

- 和孩子一起养成早睡早起的习惯，尽量避免在孩子面前睡懒觉或熬夜。
- 节假日、周末可以比上学日晚起、晚睡半小时，但不要熬夜、睡懒觉，破坏孩子的生物钟。

良好的作息习惯不仅能让孩子白天更有精神，还能培养孩子的自律性和时间管理能力。当孩子养成规律的生物钟后，你会发现他们的学习效率、专注力和意志力都会明显提升。

4. 数学学习法

数学头脑游戏、"每日一题+限时提速"法、大预习法等，都能有效锤炼孩子的学习意志力。

以小学数学为例，通过限时解题、趣味数学游戏等训练，孩子会经历"解决小问题—能力提升—完成挑战性任务—获得成就感"的良性循环。这种循环不断强化，最终会带来学习能力和成绩的显著跃升。在这个过程中，孩子的自主学习能力和意志力都会得到质的提升。

对于初中生而言，建议采取"每日一题+周末限时训练"的模式，同步配合寒暑假的大预习计划。这种方法将短期具体目标与长期能力目标培养巧妙地结合起来，帮助孩子在突破一个个学习瓶颈的过程中，持续强化意志力。当孩子习惯这种学习节奏后，面对难题时表现出坚持和专注就会成为自然而然的事。具体方法见实战篇之"数学思维能力"部分。

5. 减法训练法

在培养孩子意志力的过程中，我们往往过于关注"要坚持做什么"，却忽略了同样重要的另一面——"要坚持不做什么"。这种"减法"训练同样能有效锻炼孩子的自控力。

- 每周改掉一个坏习惯：请孩子列出自己的不良学习习惯清单，比如写作业时走神、拖沓、粗心等。每周从中选定一个，如果成功坚持一周不犯这个毛病，就隆重地在清单上划掉它。这种可视化的进步能给孩子带来满满的成就感。

- 循序渐进叠加目标：第二周在保持第一个好习惯的基础上，再增加一个新的"不做什么"目标。就像搭积木一样，让好习惯层层累积。

这个方法妙在：用"不做"来培养"做"的意志力；通过克服小毛病积累大改变；用看得见的进步来激励孩子持续努力。真正的意志力不仅体现在开始新行动，更体现在停止旧习惯。这种"减法训练"有助于孩子培养自控力，增强学习意志力。

6. "抱小猪"法

引导孩子了解并在各种学习上实施"抱小猪"法，建立学习信念，在细水长流中、在不知不觉中提升学习能力和学习意志力。

（1）让孩子懂得"抱小猪"的道理

教育和引导孩子懂得，每天坚持"抱小猪"（坚持学习），自己的臂力（学习力）才能随着小猪的体重（学习难度）同步增长。孩子每一天认真动脑、努力完成当天的学习任务，就相当于每天都抱起了体重在慢慢增长的小猪，孩子的臂力也在每一天得到锻炼并增长。这样，当小猪慢慢长成 200 斤的大猪时，孩子就能在不知不觉中变成大力士。

实践证明，这个道理比较容易被孩子认可和接受，并能较好地转化成孩子的意志力和学习能力。比如下面的两个案例。

【案例】"抱小猪"的蔓蔓

蔓蔓是一个三年级小女生，学习惰性大，写一会儿作业就喊累死了，一累就开始焦躁，开始糊弄作业。爸爸妈妈哄也哄了，催也催了，吼也吼了，道理讲了很多但都毫无作用，他们为此愁坏了。我跟蔓蔓讲了"抱小猪"的原理，蔓蔓很感兴趣。

蔓蔓妈妈反馈：开始的几天孩子坚持得很好，但第四天写作业，蔓蔓又犯懒了，这时妈妈没有像以往那样责怪，只是提醒她："小猪今天长大了一点点，你抱起来肯定是比昨天费劲的。要不要坚持一下呢？"蔓蔓皱着眉头不吭声，过了一会儿说："我如果今天不'抱小猪'，明天会更累。"妈妈赶紧说："是啊是啊，如果你今天抱起来了，明天肯定就能抱起来了。每天'抱小猪'是会累一些，但总是能抱起来的。"蔓蔓叹口气说："好吧，我还是抱抱吧，不然以后这只猪长太胖了，我就真的抱不动了。"蔓蔓妈妈说很神奇，就这样，孩子居然每一天都能坚持认真地完成作业，不到一个月，作业正确率明显提高，孩子高兴地说自己的力气变大了，写作业不觉得累了。

【案例】"抱小猪"的木木

木木，四年级开始学习数学的头脑游戏（详见实战篇之"数学思维能力"），每天做3道较难的数学题。木木想成为数学大力士，寒暑假爸爸妈妈带他外出旅游，他都会利用路途中的碎片时间做3道数学题。有一次，爸爸妈妈说出去玩就几天，可以不做的。木木说："不行！几天不'抱小猪'，再抱难度会更大，说不定前功尽弃。没事的，我天天抱也不觉得累，不会影响旅途的愉快。"现在木木初二了，数学成绩排在年级头部。他还是天天'抱小猪',哪天不抱,他说就像缺少了什么一样,很不习惯。

(2)选择合适的小猪体重(学习难度)

小猪的体重(学习难度)必须等于或略大于孩子的当前能力,以确保孩子能够上手并保持信心。难度需要有体系且螺旋式上升,即每次增加的难度要适当,并与之前的学习内容相关联,形成循序渐进的挑战。

(3)设计"抱小猪"的载体、项目

载体、项目可以是具体的学习任务(如每天阅读、数学学习等),也可以是习惯养成(如早起、运动等)。项目需要具备可量化、可追踪的特点,让孩子能够清晰地看到自己每天的微小进步。

(4)及时反馈与激励

定期检查孩子"抱小猪"的成果,给予正向反馈,帮助他们看到臂力(学习力)的增长。通过奖励机制,如完成阶段性目标后的鼓励与表扬,进一步激发孩子的学习动力。

(三)强化诚信意识和能力

1. 强化诚信意识

父母要跟孩子明确诚信的三个层次。

(1)不撒谎

这是最基本的诚信原则和要求,也是孩子刚懂事时就应该遵守的人生基本原则之一。不撒谎的原则如果从小就在孩子心灵深处扎根,诚信意识也就容易建立。

(2) 做不到承诺就是不诚信

当孩子做不到承诺时，不论事件大或小、重要与否，家长都要明确告知孩子这是诚信问题，并借此引导孩子进一步认识诚信问题，强化诚信意识，绝不能因为没造成什么严重后果而淡化问题，不了了之。

父母平时要以聊天讲述故事这种轻松自然的方式，引入一些遵守承诺的诚信案例，最好是自己亲身经历过有切身感触的，让孩子深入理解严守承诺对人生和事业发展的重要性。

(3) 做不到时不轻易承诺

孩子在做学习计划或答应父母老师的学习要求前，要先评估自己的实力，再做出决定和承诺。不为面子、不为一时利益或息事宁人而答应对方。明知自己做不到而答应，本身就是不诚信。比如，当父母要求孩子晚上 8 点前写完所有作业时，孩子可以根据自己的实际情况提出晚上 8 点半或 9 点写完，而不是一味答应父母后做不到。遇到这种情况，父母要灵活把关，只要孩子请求不过分，就要允许、支持和鼓励，时间点上不要过于严苛。

2. 及时反馈形成闭环

当孩子按承诺完成了任务，要及时给予肯定的客观点评，形成正向反馈和闭环。比如："你很守时，很诚信！""你考量过再承诺（再做计划），很好地体现了诚信！""你能准确评估自己的能力，做到了诚信。"以此来进一步加深孩子对诚信的具体认识，让孩子确定自己能做到诚信。

只有在具体的事件上，指出孩子在言行上诚信与否，孩子才能深入理解诚信的真谛，做到诚信。否则诚信对于孩子而言，只是一个抽象的遥远的道德准则。

3. 严格执行和监督

最为关键的一点是，父母要跟孩子一起坚持践行诚信原则，共同维护诚信原则。建议充分利用家庭会议（详见本篇"召开家庭会议"部分）协商规则，一旦确立好规则，一定要坚决执行。在维护坚持诚信上，父母要达成一致，态度鲜明，不能一个坚持另一个妥协。规则不仅仅是针对孩子，也要针对父母（家中老人除外，这点明确提出）。如果规则不合理、有漏洞，要及时提出，并且再次协商、修改和执行。

没有规矩不成方圆。诚信规则能否建立和有效运行，在于是否严格执行和监督。

4. 关于学习计划的制订和执行监督

家长要帮助孩子培养科学的学习规划能力。以数学大预习为例，我在指导孩子们预习时，发现有些孩子往往过于追求"完美执行"：一旦某天没按计划完成，就会出现泄气、沮丧现象，会直接推迟整个计划，而不是想办法在既定时间内补足进度。

真正的长期计划不是机械地规定每天必须完成多少，而是设定一个阶段性的目标，比如"一个月预习三章"。这样安排更灵活，因为学习过程中难免会遇到突发情况打乱节奏。重点不是要求孩子呆板地执行每一天的任务，而是培养他们动态调整的能力——如果某几天进度落后，就要在后续时间里补上，确保月底完成总目标。这种灵活调整、确保目标按时达成的能力，才是长期学习规划对学习意志力的贡献，而诚信意识和能力正是确保长期计划实施成功的关键。

计划在执行过程中，家长要注意监督。要利用辅助工具记录相关数据（比如记录头脑游戏完成时间和正确率），以客观数据监督计划的执行。当孩子学习计划调整变动后，要及时通知家人，以利于对执行情况的监督。

（四）启动意志力小助手

1. 身体小助手

启动意志力的身体小助手，有很多关键的"那一下"。

- 冬日清晨，掀开被子的"那一下"。
- 无心学习，翻开书本的"那一下"。
- 抗拒运动，穿上运动鞋的"那一下"。
- 害怕跑步，推开家门的"那一下"。

……

可以引导孩子，自己写出来这"那一下"，看看能实践多少，哪些是有效的，哪些是无效的。针对无效的部分可以再重新设计出新的"那一下"。

实施的关键，是家长要耐心激发出孩子自己想到"那一下"的兴趣和做到的乐趣，尽量不要代劳。如果孩子实在想不出来，父母可以试着这样引导："我想一个，你想一个，试试看，谁的更管用？""我想一个，不一定管用，你试试看。"

一旦孩子做到了，要及时肯定和鼓励，让孩子学会今后自己启动更多的身体小助手。

2. 新体验小助手

针对孩子一贯的问题，不要重复过去那些让孩子反感和抵触的做法或话语，当你用孩子熟悉的方式提醒时，孩子只会用你熟悉的方式回应。我们可以尝试破局，让新体验小助手发挥作用。

（1）针对孩子作业磨蹭等问题

当孩子以为你会像往常一样催他写作业时，你却说："今天作业可以先放一放，我们来玩个游戏吧！"这种反其道而行之的做法，会让孩子瞬间好奇你接下来的言行，父母接下来可以跟孩子玩几分钟的互动游戏，结束时拥抱孩子,告诉他"写完作业咱们再玩"。

(2)针对孩子当下的各种学习问题

可以给孩子的书桌换一张充满活力的新海报,让他喜欢面对;也可以在孩子文具盒里贴一张提醒或鼓励的小卡片,写上:"认真书写哦!""上课不要说话哦,加油!"再配上一个有趣的表情,效果可能远胜父母的唠叨提醒。

(3)针对孩子玩电子产品、游戏等问题

莉莉,初中生,一到寒暑假就会沉迷电子游戏,父母为此头疼至极。初三的寒假,我建议爱美的莉莉做个长长的美甲迎接春节。莉莉做了美甲后喜欢得不得了,很是爱惜。谈到电子游戏,莉莉大笑说:"一个寒假没怎么玩了,美甲打游戏速度太慢,同学都不带我玩了。不玩也就不玩了,值得!"从那以后,莉莉也不惦记游戏了。

其实有些女孩子像莉莉一样并不是真的对游戏上瘾,只是因为有社交需求。有过一次成功离开游戏的尝试后,或者找到新的兴趣点之后,也就能放下游戏了。关键是我们要用心制造孩子第一次成功离开游戏的体验机会。

同样,也可以引导男孩子从电子游戏中脱离出来。寒暑假期间,父母可以找几个孩子的好友,安排他们一起远足、徒步、玩真人模拟作战游戏、玩桌游、玩密室逃脱等现实版的游戏,帮助孩子们摆脱对电子产品的沉迷。

3. 升级版奖励小助手

家长还可以对奖励小助手进行升级。

(1)坚持保证家庭作业正确率在90%以上,设定一些阶段性奖励

比如坚持到第3天奖励孩子一次手工,坚持到第7天买一本孩子喜欢的书或鞋子,这样孩子就会更容易坚持下去。这里起作用的不仅是得到奖

励的喜悦，还有等待奖励时的兴奋感。更棒的是，随着时间推移，孩子可能会爱上坚持正确率本身带来的愉悦：减少订正错误的时间和烦恼，考试成绩提升……这些都会变成新的奖励。

（2）苦甜对比

所谓苦甜对比，就是让孩子体验"先苦后甜"，在同样相对不喜欢的两件事中择其一完成。比如，孩子既不喜欢写作业也不喜欢跑步。如果让他先跑30分钟，体验一下气喘吁吁的感觉，再让他写30分钟作业，孩子这时多半会觉得："还是写作业更轻松一些！"而少数孩子则认为跑步更容易。无论是哪种感受，这种对比效应，都能让原本觉得辛苦的事变得相对容易接受。此处分享一个案例，帮助大家进一步体会。

【案例】体验"自然法则"的小迦

小迦，六年级，智商高，意志力薄弱，经常因为惰性和情绪化三天两头不去上学。平时饮食无度，体重严重超标。在上学的日子里，一放学就买零食吃，吃雪糕一次吃好几根吃到拉肚子……父母十分苦恼。做了很多心理咨询都无果，孩子不上学的现象也是愈演愈烈。我建议采用"自然法则"：孩子不上学，就让他体验不上学的自然结果——不劳不获。于是，父母明确告知他："这不是惩罚，是帮助你理解自然逻辑的因果。现在不上学在家吃喝玩乐，父母未来不会给你啃老的机会，那你挨饿受苦是难免的。如果你真选择这种生活，我们可以帮助你提前体验未来的生活状态——没有零食、娱乐福利，没有电子产品、玩具，一日三餐只提供最基本的馒头米饭咸菜，按正常食量供给。"

小迦一开始欣然接受，几天后，说自己营养不够要吃肉，父母按约定坚持没有提供。不到一周，小迦主动要求上学，并且恢复了正常的饮食。

小迦的案例看起来特殊，但其实反映出一些孩子的共性问题：不愿意吃学习上的苦，学习意志力十分薄弱。当小迦觉得上学辛苦时，就可以随意不去上学，之前父母害怕他出现心理健康问题，不敢批评不敢要求，他也学会了拿捏父母。在家吃吃喝喝玩电子产品的轻松，让他越发不想上学。而现在，通过体验对比了"上学的辛苦"和"在家毫无娱乐、简单饮食的辛苦"后，小迦主动选择了校园生活。

（五）召开家庭会议

从很多家庭的实践看，开好家庭会议，有利于全家有效沟通，有利于孩子学习问题的解决，有利于培养孩子规则意识和诚信意识，有利于提升孩子学习意志力。我建议从孩子小学阶段开始，就形成定期召开家庭会议的习惯。家庭会议尤其适合父母双方或一方不善于沟通的家庭。

1. 召开家庭会议的大忌

有些孩子拒绝参加家庭会议，原因很简单：家庭会议是专门针对孩子的问题设立的，而不是针对全家人的。父母打着"民主协商"的旗号，借由家庭会议对孩子实现精神上的"男女混合双打"。这是召开家庭会议的大忌。召开家庭会议应该是针对全家每个人而言，每个人的权益和责任都是平等的。

2. 召开家庭会议的几个注意事项

（1）有规律、定期召开

家庭会议的召开一定要具有规律性，千万不能临时起意、想开就开，这样无法让家庭成员形成严肃、正式的感觉，那么会议的议题商讨效果就可能大打折扣。具体而言，频率可以根据各个家庭的时间而定，比如一周一次或两周一次甚至每月一次都是可以的。

（2）营造庄重感、期待感

会前应收拾好一个专门的会议场所，比如客厅。可以给餐桌铺上漂亮的桌布、摆上鲜花或分发记录纸笔等，营造温馨又严肃的气氛。

此外，要提前确认全家人手机静音，会议期间不接电话，不随意走动离席。

这么做不是单纯为了仪式感，而是为了让每个家庭成员都感受到会议的严肃性、有效性，尊重会议的决策，并对会议有所期待。孩子看到家庭会议是对于全体家庭成员包括父母的约束，才会对此真正产生尊重和敬畏。

（3）制订规章制度

家庭会议的召开不是随意举行的，而是要在整个家庭层面提前制订一些大家共同认可的规章制度。此处列出一些供大家参考。

① 召开家庭会议时，应提前一天预告会议议题。会议议题应每次保持在1—2项，不宜过多，这样才能给大家充分的思考时间。

【案例】要求配备手机的小朴

初中生小朴，向父母提出要配备手机听音乐，但是父母不同意，他们一致认为孩子真实的目的是要用手机玩游戏。孩子感到父母对自己不信任，自尊受伤，气愤不已；父母因曾被孩子骗过，心有余悸，也不敢轻信。家里多次就这个问题爆发激烈的争吵，亲子关系恶化，也影响到孩子的学习。后来在我的建议下，全家决定召开家庭会议。在会议的前一天，父母告知孩子会议的议题是：如何使用手机。孩子通过一晚上的沉淀，冷静了很多，在第二天的家庭会议上，没有像以往一样一谈手机就发脾气闹情绪，而是简洁地提出自己的诉求和管理办法，让父母感到非常惊喜，随之而来的是全家人心平气和地协商。放下"信任"这个让全家人上头的品德问题，谈话目标成功地从道德审判、理解、共情这些难以操作的问题，转移到了实实在在探求解决问题的具体办法上。

最后，全家人一起制订了手机使用的详细规则，以及孩子违反规则后的处理办法。父母和孩子终于通过和平冷静的谈判方式，达成共识。

② 每个人发言5—10分钟，在此期间其他人不得打断。现实生活中，无论夫妻之间还是亲子之间，有时候很难沉住气听完对方讲话，常常会因为听到某个词、看到对方的某个神情，就控制不住情绪开始反驳或反击。我们有时会沉浸在自己的世界中，或者话听一半断章取义，造成不必要的误会。每个人在规定的发言时间内不得被打断，这个规定看似简单，但一旦严格遵守，将逐渐锻炼我们学会控制情绪，专注倾听，综合所有意见后再独立思考形成自己的意见。长期坚持做，不但有利于问题的解决，也有利于根治我们的浮躁、冲动、任性、攻击性强和不礼貌等问题。

③ 将重要协商结果打印、签字、上墙，严格执行到位。有些家庭开会之后，没有收到良好的效果，其中一个原因就是没有把会议决定落实到位,造成家庭会议雷声大雨点小,虎头蛇尾。切实落实家庭会议形成的决定，要做好以下两点：一是将家庭会议形成的决定打印、签字、上墙，时刻提醒和监督；二是家庭全体成员都有监督执行的责任，对任何执行不到位的情况都要及时提醒、指出和纠正，执行情况也是以后家庭会议讨论的重要内容。规则制订是基础，执行是关键，否则不如不制订。

需要提醒的是，在开始尝试家庭会议时，不要提出目标太大或可能引发孩子反感、情绪激动的议题，可以就一些比较小的容易实现的问题来商讨、制订规则，让孩子对家庭会议产生兴趣，对家庭会议决定的执行产生信心。

二、数学思维能力

数学思维能力是学习力三要素之———学习能力的核心能力。在本书中，所有列举的数学例题都经过精心设计，刻意避免了复杂的计算，只要具备小学文化程度就能理解，以确保每个读者都能轻松跟上思路。

此外，如前文所述，数学思维能力的培养大致划分为三个阶段：

- 孕育阶段（学前）——打好基础。
- 培养阶段（小学）——系统培养。
- 提升阶段（初中）——精益求精。

需要说明的是，这三个阶段是根据大多数孩子的发展规律划分的，实际操作时因人而异，需要灵活调整。有的孩子 6 岁前就可以开始小学阶段的培养内容；而有的孩子，即便已经二年级，可能还需要巩固学前阶段的基础。关键是要遵循孩子自身的发展节奏，这样才能让数学思维能力的提升既扎实又有效。

（一）孕育阶段（学前）实操方法

数学思维能力的孕育阶段，大致指孩子学前阶段（可延至小学二年级）。

1. 实操目的

孕育阶段的数学思维锻炼，旨在启发孩子深入思考，建立数学加减乘除等具象模型，感受数学和生活的息息相关，为今后学好数学抽象推理奠定扎实的具象体验基础。

2. 实操方式

本阶段主要采用数学游戏的方式来孕育数学思维能力，贯穿整个学前时期。具体有两种游戏方式：一种是生活中的数学游戏，指以生活为素材，随时随地编制一些数学问题和孩子互动，本章节所列游戏大多属于此类；另一种是题目中的数学游戏，大多以本节附录1中的题目清单为母题，在此基础上进行拓展，或以浅奥教材的一、二年级内容为主进行游戏式学习。

以下按孩子的生理年龄段分别介绍数学具象游戏的实操方法。家长在选择游戏时，可根据孩子的实际接受能力灵活选择，不必拘泥于孩子的生理年龄。

3. 数学游戏例举

【辨认数字1、2、3的游戏（6个月—2岁）】

游戏目标：

帮助孩子识别数字1—3所表示的物品数量，锻炼孩子的观察力、目标感，增强沟通能力。

实操方法：

① 父母用手指来表示1、2、3。

② 方法1——分别伸出手指演示"1、2、3"的数量,依次清晰地说出1、2、3。

③ 方法2——分别清晰地说出1、2、3，再依次用手指演示"1、2、3"的数量。

实操建议：

当孩子对手指表示的数量熟悉之后，可以用同一品种的水果，或完全相同的物品，按上述方法来表示1、2、3的量。当孩子对以上方式中表现的数字1—3有反应,并且能分辨出来各自代表的数量后,可以灵活变通,进一步提出要求:"给妈妈1颗糖,给爸爸2颗糖。"这时你可能会惊奇地发现孩子不仅能做到而且十分准确。

其他提醒:

"1—3"中的3个数,哪个数孩子理解应用起来最难?答案是"2"。家长对于"2"的口头表达可能会无意识地随意变换,既有"er",又有"liang",不同的发音,会给孩子造成困惑,细节上的处理很重要。两个发音表达同一个数量,对成年人是约定俗成的事,但对婴幼儿来说理解起来有很大的难度。所以,一开始跟孩子玩此游戏时,建议统一说"er",不说"liang",当孩子理解了"er",再增加"liang"的表述。

【数字1—3内的加减游戏(2—3岁)】

游戏目标:

做大脑体操,让孩子在亲子游戏中建立加、减数学模型经验,增强对语言的理解力、表达力,增强观察力和互动交流能力。

实操方法:

妈妈拿出3块糖,吃掉1块,问孩子:"现在有几块糖?"爸爸拿出1个梨,妈妈又拿出1个梨,问孩子:"现在有几个梨?"奶奶拿走1个梨后,问:"现在我们有几个梨?"

实操建议:

① 每次使用同一个种类、大小相同的物品演示,不要用大小不一的物品来表示数量,否则孩子对数和量会感到困惑。

② 举例的人物可以用孩子熟悉的家人或小朋友的名字。

【方位游戏（3—6岁）】

游戏目标：

通过游戏，让孩子具象感知相对于自己和他人的不同方位，提升空间方位感、想象力、专注力以及反应力。

实操方法：

① 妈妈站住不动并喊口令"前面"，孩子就立刻站到妈妈前面。依此类推，孩子找到妈妈的前、后、左、右位置。

② 反过来，孩子站住不动并喊口令，妈妈找孩子的前后左右位置站好。

实操建议：

① 去影院时可以拓展，让孩子找座位。

② 去超市购物，让孩子在货架的不同位置上找物品。比如告诉孩子："你面对货架，我要的东西在你头的左上方，再往上一些，再往右一些。"

【"分糖果"游戏（4—6岁）】

游戏目标：

① 具有公平分配的概念，具有10—30的数量概念。

② 建立加减乘除、余数模型，并能解决10以内或30以内的加减乘除生活问题。

③ 在游戏中专注于锁定任务目标。

④ 养成严谨细致的做事能力和习惯。

实操方法：

① 准备好游戏道具。准备一堆糖果（可以用大小差不多的一类水果代替），要求糖果是同一种类、大小一致，颜色可以各异。

② 请孩子交给你一个具体数字的糖果，借此考察孩子对目标执行的准

确度，比如："请给我 23 颗糖果。"数字可根据孩子的年龄和对数字的掌握能力随意变换。

③ 判断。考察孩子对自己的感知和把控，比如提出质疑："确定给我的是 23 颗吗？"观察孩子的举动。

④ 拟人化想象。拿 2 个杯子或其他道具当"人"，请孩子数出桌面上有几个"人"。比如："现在咱们来玩一个游戏，这 2 个杯子当人，现在算上你和我，一共几个人？"观察孩子的反应。

⑤ 4 人分 23 颗糖果。考察孩子解决实际问题的思维方式和能力："请你把这 23 颗糖果公平地分给 4 个人，每个人要一样多。"请勿用"平均"这种小孩子难以理解的词语。观察孩子的反应。

其他提醒：

① 不要小看这个游戏，很多二年级孩子都做不到或做不好，不能全程准确无误。

② 有些孩子即使学过加减乘除计算，也并不一定真正懂得乘除法原理，很多二年级孩子能按写出的算式去计算结果，但不会运用乘除法去解决这类问题。

下面，我就举例说明如何应用这个游戏对孩子进行观察、分析和引导。事实证明，孩子的现场反应往往会出乎父母的意料。

【应用举例】

开始游戏：

准备好一堆大小一致、颜色各异的糖果。

游戏第一步：

告诉孩子"请给我 23 颗糖果"，考察孩子对目标的执行情况。

表 2-1 "分糖果"游戏解读（1）

孩子状态	解读分析
有的孩子一只手不动、另一只手捡糖果，或者抓在手里直到抓不下后，想想，放下，再抓	这类孩子可能生活自理能力较弱，日常做事少、大人包办多，双手配合协调度差
有的孩子一个一个数	学前孩子这么做可能细致、严谨；小学生这么做可能性格稳重，细致严谨，也可能有些过于刻板
有的孩子几个几个数	对数量概念娴熟的孩子这么做，可能做事追求高效；不娴熟者这么做可能图快，性子急或喜欢炫技
有的孩子一路数下去，数到一定数量（如24、35）后问："你让我数多少的？"	这样的孩子可能目标感弱，生活中家人可能经常会唠叨，造成孩子对目标的不专注和对他人的依赖

游戏第二步：

考察孩子对自己的感知、把控，提问孩子："确定给我的是23颗吗？"

表 2-2 "分糖果"游戏解读（2）

孩子状态	解读分析
毫不犹豫地说"确定"且结果正确	孩子确知自己的每一步是精准的，做事专注，自我感知力强
毫不犹豫地说"确定"但结果不正确	可能自我感知弱，或者比较随性、不负责任，或盲目自信
犹犹豫豫不确定但结果正确	对自己感知较弱，可能做事比较认真踏实，但因为没有真正独立处理过一些事，没机会对自己负责过，所以突然被问，没把握
犹犹豫豫不确定且结果不正确	可能做事浮躁，或不够专注，感知到自己在过程中的飘忽，不确定是否数对

游戏第三步：

拿2个杯子或其他道具当"人"，请孩子给桌面上的所有"人"公平地分这23颗糖果。告诉孩子："现在咱们来玩一个游戏，这2个杯子当人，算上你和我，一共几个人？"

表2-3 "分糖果"游戏解读(3)

孩子状态	解读分析
不屑或认真地反问:"这是什么人啊,就是个杯子啊!"	这样的孩子极少数,要么比较务实、较真,要么缺乏想象力
欣然接受:"哈哈,好啊,4个人啊。"	大多数孩子的反应类似这种情况,想象力丰富,具有游戏力,很快投入想象中去做游戏

游戏第四步:

4人分23颗糖果,考察孩子解决实际问题的思维方式和能力。告诉孩子:"请你把这23颗糖果公平地分给4个人,每个人要一样多哦。"这个环节趣味横生,大多数孩子会按人数每人一颗去分,一圈分完再分一圈……直到剩下3颗。这时,会出现几种情况。

表2-4 "分糖果"游戏解读(4)

孩子状态	解读分析
孩子不知如何是好,拿起3颗糖再继续分,感觉不行,再混成一堆,再分	这类孩子可能不太爱动脑筋思考,有些勤奋懒,愿意一遍遍重复低效不累脑的活动
有的孩子直接说不知道怎么办了	这类孩子,目前可能缺乏探索精神和独立思考能力,比较中规中矩
有的孩子混成一堆,说不知道怎么办	这类孩子目前可能做事缺乏耐心和深耕精神,一旦不如意,就停摆,混成一堆有眼不见心不烦之意
有的孩子说就这样,剩下3颗不能再分了	这类孩子是少数,解决实际问题能力较强,有主见
有的孩子会一次给每个人先分2颗或3颗,一圈下来,再去调节,直到剩下3颗分不掉	这类孩子是少数,知道乘法原理,不能灵活运用乘法口诀表(因为不熟悉,不是不会),善于尝试,一旦会了乘法口诀表,能很快解决问题
有的孩子会直接联想到除法,抽象运算23除以4等于5余3,再动手分,并告知结果是剩下3颗不分了	这类孩子懂除法原理,能把理论和实践相结合,灵活解决问题

我对游戏中孩子呈现出的各种表现进行的分析解读，仅限于目前所接触到孩子的可能状态，仅供读者参考，不要硬套。这个"分糖果"游戏，可以帮助孩子较好地建立数学的加减乘除具象模型，有利于为今后的数学学习奠定扎实的概念和逻辑基础。

数学游戏，不仅仅能让孩子动手动脑锻炼数学思维能力，也能联结亲子关系，更能帮助我们观察、了解孩子的特性。游戏过程中，父母和孩子之间的对话互动，还可以轻松提升孩子的专注力、理解力、沟通力，可以说对孩子整体学习力的培养益处多多。

现在有一些年轻的父母们为了图省事把孩子送去各种课外班，平时也很少和孩子做互动游戏，其实是让孩子失去了很多宝贵的成长机会，也让父母失去了很多亲子陪伴的机会。请相信：你现在的每一份付出，孩子在未来都会加倍给予反哺。

【提问小故事（4—8岁）】

游戏目标：

锻炼孩子倾听的专注力和对加减乘除的灵活运用能力。

游戏用语：

"请听好哦，我讲个小故事，只说一遍，说完之后，请你告诉我结果。准备好了吗？开始喽。"

提问小故事举例：

① 阿姨到我们家玩，给你带了 8 个苹果，妈妈听说阿姨来了，买回 4 个苹果，爸爸又带回来 3 个苹果，我们一起吃掉 7 个苹果，现在家里还有几个苹果？

② 叔叔到我们家玩，给我们带了 14 个苹果，我们家里有爸爸、妈妈、你、爷爷和奶奶，我们和叔叔一起吃掉了 3 个苹果，现在我们每个人要想得到一样多的苹果，怎么分呢？每个人能分几个呢？

游戏建议：

一般来说，5—6 岁的孩子，每个题目中用 2—3 个数字即可；7—8 岁孩子，可以用到 4 个数字。具体应根据孩子能力调整涉及的数字个数及数字大小。

其他提醒：

针对第②类问题，解决方案有很多种，没有唯一的标准答案。这类题目基本能看出孩子的数学天赋。譬如上述的题目②，14-3=11 个，11 个苹果要公平地分给 6 个人。在实践中发现，孩子们常见的答案大致可以分为四类。

表 2-5 "提问小故事"游戏解读表

孩子答案	解读分析
每人 1 个，剩下的 5 个不分了	这是大多数孩子的实操答案，习惯以整个苹果为单位进行分配，在没有思维工具和方法之前，不会深入思考
每人 1 个，把剩下的 3 个苹果各自一切两半，每人一半，剩下的 2 个苹果不分了	这是少数孩子的实操答案，这类孩子爱动脑，能突破常规想法，思维较灵活，能较深入地思考问题，但在思维工具和方法不够多的时候，无法突破自己的思维瓶颈
每人 1 个之后，把 3 个苹果各自一切两半，每人一半，再把剩下的 2 个苹果每分 6 份，一人一份分完	这两种是极少数孩子的实操答案，这类孩子数学天分好，善于深入思考，能突破常规，灵活地应用从未涉及过的分数来解决实际问题（前提是孩子没有学习过分数概念，不是学习后的应用，而是自然而然地拓展出分数的用法）
每人 1 个，把剩下的苹果每个分成 6 份，每人一份	

在孩子们给出自己的解决方法之后，家长可以慢慢引导孩子使用后两种方法拓展思维广度和深度。孩子们无论采用了上述哪种实操方法，通过此类数学游戏的长期锻炼，都能自己慢慢摸索出除法和分数的意义及用法，建立基本的分数模型概念。

【"涂鸦"游戏（5—8岁）】

游戏目标：

① 用涂鸦画图法、线段图法分析并表达生活中的数学问题。

② 锻炼理解能力、观察力、空间方位感，处理问题的灵活性、缜密性，以及想象力和创造力。

实操方法：

让孩子画出家的布局图、去超市购物的路线图、熟悉场所的布局图等。

例如：在一个正方形操场周围种树（不用给出周长数据），一共种5棵树，两棵树之间的距离要一样。你打算怎么种？请画出图来。

以下是8位5—8岁小朋友的答案。

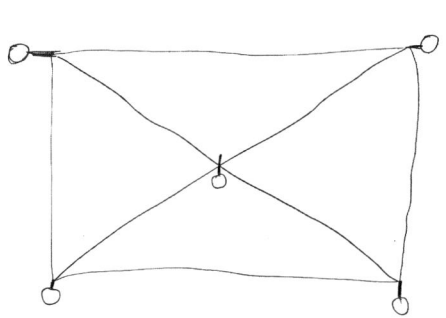 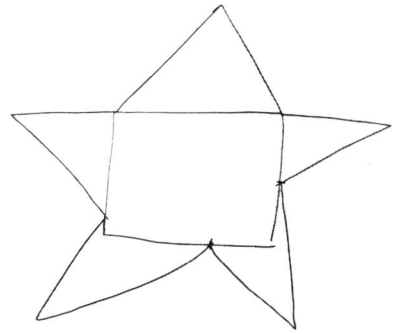

图 2-1　有关种树的解答（1）　　图 2-2　有关种树的解答（2）

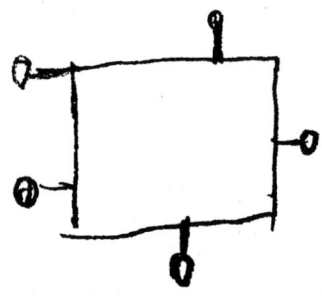

图 2-3 有关种树的解答（3）

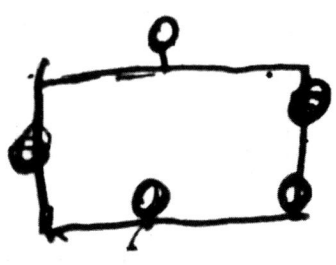

图 2-4 有关种树的解答（4）

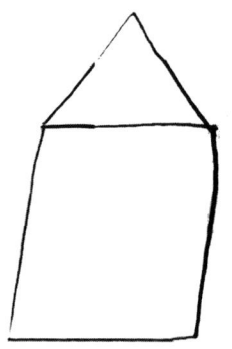

图 2-5 有关种树的解答（5）

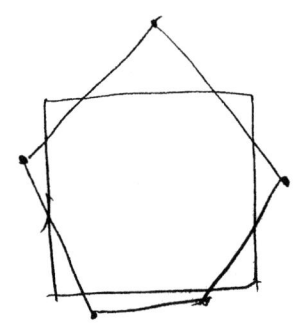

图 2-6 有关种树的解答（6）

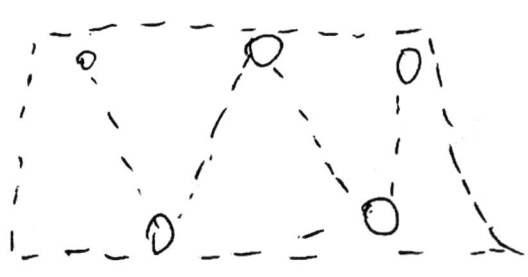

图 2-7 有关种树的解答（7）

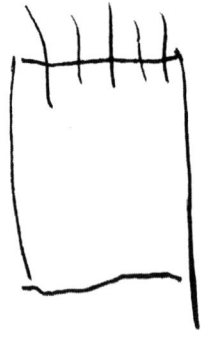

图 2-8 有关种树的解答（8）

不难看出第 3、第 4 位小朋友的解决方案是符合题目要求的，且较为精准。这类孩子占少数，理解力强，善于抓住问题核心，能把缜密的思维和良好的创造力有机地结合起来。

大多数孩子做出的方案不符合题目要求。这是因为学前或小学一、二年级的孩子（特别是被娇惯的、独立意识和能力较弱的孩子），理解能力较弱，规则意识不强，并且想象力丰富，在画图解决问题时，容易放大主观意识，忽略规则和条件，因此无法按要求完成任务。

从图上除了能看出孩子解决问题的能力，也能看出孩子们的生活状态，比如生活经验、规则意识等。

4. 数学游戏执行要点

在数学启蒙过程中，有一个非常重要的原则：给孩子出题时，要一次性完整地说完题目。具体做法是：首先告知孩子"请认真听，题目我只说一遍"；然后用清晰的语音、平稳的语速完整叙述题目；最后叙述完让孩子独立思考和解答。

这个方法的必要性体现在两个方面：一是培养孩子的专注倾听能力；二是训练孩子整体把握题目信息并分析逻辑关系的能力。

然而在实际操作中，很多家长容易犯一个错误：把题目拆分成片段来讲。

比如对于 5 岁半的小泽洋，他的家长会这样引导他："我有 4 块糖，你有 8 块糖，来, 用棋子摆出来。"或者是："现在, 你给我几块糖我们就一样多？你用棋子分分看。"再比如对于 7 岁的武易，妈妈给他读题时是这么说的："街道两旁种树，注意啊，是两边都种树，不要只算一边。"

这种题目叙述方式严重存在问题：信息碎片化，孩子不能专注记忆完整信息；思考被动化，家长已经把解题步骤拆解好，孩子只需机械跟随分步完成；能力虚假化，孩子表面能做"难题"，实则是依赖家长的提示完成。这就好比爬山，一次性完整介绍题目是让孩子自己攀爬高峰，使用什么工具方法，沿途如何避坑，怎么把握方向，都需要孩子自己思考决定，而这些正是孩子需要提升的方面。

而泽洋妈妈无疑在介绍题目的同时，提供了分析方法和工具，相当于扶着孩子爬山，一路指引方向。武易妈妈的做法则相当于陪伴孩子爬山，不断提醒孩子避免可能出现的错误。这样的结果是，孩子貌似爬过很多山，其实爬山能力并不强，因为没有一次是独自爬上顶峰的。其造成的后果就是：破坏孩子的专注力和整体思考能力，严重影响孩子数学思维能力的锻炼，导致孩子难以独立解决完整问题。

真正的数学思维能力培养应该保持题目完整性，让孩子独立自主思考解题策略，发现并防止对题目可能的错误理解，学会运用工具进行推理分析。

在此建议所有的家长：要从简单题目开始训练，逐步提高题目复杂度，耐心等待孩子思考，只在必要时给予适当提示。通过这种方式，切实提升孩子的数学思维能力。

▲ 附录1 数学游戏母题

一、4—5岁思维训练游戏

1. 有一串数字"3，4，5"，那么5之后的第一个数字是多少？第三个数字是多少？

2. 小明用1个苹果换到了2个橘子，那么如果用3个苹果，可以换到几个橘子？

3. 3个小朋友一起做游戏赢得了7块糖，如果公平分，每个小朋友要一样多，怎么分？每个人可以分到几块糖？

4. 穿珠子游戏时，要求先穿 2 颗黑珠子，再穿 2 颗白珠子，然后继续 2 颗黑珠子，2 颗白珠子，那么第 10 颗珠子是什么颜色？

5. 一根香肠，放着不动，用刀切 1 次，可以变成几段呢？切 2 刀变成几段呢？如果香肠可以动来动去，切两刀又可以变成几段呢？

6. 一辆卡车可以装 3 箱玩具，如果有 2 辆卡车，最多可以装多少箱玩具？

7. 一个数加 2 等于 5，那么这个数是几？

8. 今天妈妈买了 5 个苹果，加上家里原来有的，现在一共有 8 个苹果，那么家里原来有几个苹果？

9. 小兔、小狗和小猫比赛跑步，小兔说，我不是最后一名也不是跑得最快的，那么小兔是第几名呢？

10. 图图有 2 件 T 恤，2 条短裤，出门穿衣的时候，他可以有几种搭配选择？

11. 在电影院排队买票，我前面有 1 个人，后面有 2 个人，这个队伍一共有几个人在排队买票？

12. 商店有很多个盒子，每个盒子里都装着 1 颗奶糖、2 颗水果糖，奶奶买了 2 盒并把里面的糖果公平地分给琪琪和多多，琪琪和多多每个人能分到多少颗奶糖？多少颗水果糖？

13. 2 个小星星可以换 1 个月亮，如果豆豆想要 3 个月亮，那么她要拿多少个小星星来换？

二、5—7 岁思维训练游戏

1. 有一串数字"12，22，32"，那么 32 之后的数字是多少？这串数字的第 6 个数字是多少？

2. 小明用 2 个苹果换到了 4 个橘子，那么如果用 5 个苹果，可以换到几个橘子？

3. 三个小朋友一起做游戏赢得了 4 块披萨，如果公平地分，应该怎么分？

4. 穿珠子游戏时，要求先穿 1 颗黑珠子，再穿 2 颗白珠子，然后继续 1 颗黑珠子，2 颗白珠子，那么第 10 颗珠子应该是什么颜色？

5. 一根拉直的绳子，用剪刀剪 1 次，可以变成 2 段，那么剪 3 次，变成几段呢？

6. 一辆卡车可以装 5 箱玩具，如果有 14 箱玩具需要运输，需要几辆卡车？

7. 一个数加 2，再加 3，等于 9，那么这个数是几？

8. 今天妈妈买了 8 个苹果，邻居送来 3 个苹果，再加上家里原来有的，现在一共有 16 个苹果，那么原来家里有多少个苹果？

9. 小兔、小猫和小狗比赛跑步，小狗说，我先超过了小兔，后来又超过了小猫到达了终点，那么谁是第 2 名呢？

10. 图图有 3 件 T 恤，2 条短裤，出门穿衣的时候，他可以有几种选择呢？

11. 在高铁站排队买票，我前面有 3 个人，后面有 4 个人，这时有 2 个人赶时间很急，我就让他们排在我前面了，这个队伍一共有几个人在排队买票？

12. 商店有很多盒糖果，每个盒子里都装着 1 颗奶糖、2 颗水果糖和 2 颗橡皮糖，奶奶买了 2 盒并把里面的糖果公平地分给琪琪和多多，琪琪和多多每个人都能分到多少颗糖？

13. 2 个小星星可以换 1 个月亮，2 个月亮可以换 1 个太阳，如果豆豆想要 1 个太阳，那么她要拿多少个小星星来换？

三、7—9岁思维训练游戏

1. 有一串数字"2，3，5，8"，那么8之后的数字是多少？

2. 小明用2个苹果换到了4个橘子，那么如果他想要10个橘子，需要用多少个苹果换呢？

3. 1瓶可乐可以倒4杯，现在有3瓶可乐，需要公平地分给6个小朋友，每个小朋友可以分到几杯可乐呢？

4. 穿珠子游戏时，要求先穿1颗黑珠子，再穿2颗白珠子，然后穿3颗红珠子，按照1黑2白3红的规律穿，那么第15颗珠子应该是什么颜色的？

5. 一根拉直的绳子，用剪刀剪1次，可以变成2段，那么如果想让它变成5段，需要剪几次呢？

6. 一辆卡车可以装5箱玩具，一辆小轿车可以装2箱玩具，如果有17箱玩具需要运输，需要卡车和小轿车各几辆？怎样运输能让使用的车辆数最少？

7. 一个数加8，再减3，等于16，那么这个数是几？

8. 公交车到站的时候，上来8人，下去3人，这时车厢里正好有16人，那么之前车厢里一共有多少人？

9. 小兔、小猫和小狗比赛跑步，小兔说"我不是第2名"，小猫说"我紧跟在小狗的后面"，那么谁是第1名呢？

10. 图图有2件T恤、3条短裤和1双鞋，出门穿衣的时候，他可以有几种选择呢？

11. 十字形排队，我在交叉点上，从前往后数，从后往前数，我都是排第5个，我的左边有2个人，右边有3个人，这个队伍一共有几个人？

12. 商店有很多盒糖果,每个盒子里都装着 2 颗奶糖、4 颗水果糖,奶奶买了 3 盒并把里面的糖果公平地分给 6 个小朋友,每个小朋友都能分到多少颗奶糖?多少颗水果糖?

13. 5 个小星星可以换 1 个月亮,2 个月亮可以换 1 个太阳,如果豆豆想要 1 个太阳 1 个月亮,那么她需要拿多少个小星星来换?

(二)培养阶段(小学)实操方法

小学阶段培养数学思维能力的实操方法相对较多,也与孩子的学校课业紧密相关。

1. 数学游戏

(1)乘法口诀表游戏(6—8 岁)

一到二年级的孩子如何在理解的前提下,快速背下乘法口诀表呢?如果能坚持按以下步骤行动,很快就能掌握。

① 建立数学模型,拥有具象认知:乘法是加法的简便运算。用围棋子摆三堆"2"给孩子看并问:"一共有多少颗棋子?"孩子会算 2+2+2=6。接着再问:"两堆'3'一共是多少?"请孩子摆出来,并算 3+3=6。

② 先理解再记忆。理解三个 2、两个 3 的和都是 6,并进一步记住简化口诀:二三得六,三二得六。孩子也由此理解了乘法交换律。

③ 查验孩子是否真的理解口诀。比如针对三四一十二,请孩子用棋子摆出来这句口诀表达的两种情况(如图 2-9)——四堆"3"表示四个"3"的和是 12,三堆"4"表示三个"4"的和也是 12,简化口诀便是三四一十二。家长可以随机多查验几个,比

图 2-9

如五七三十五、二九一十八等等。

④ 趣味背诵乘法口诀表。当孩子能做到这些之后，可以让孩子自己配乐把乘法口诀表读一遍，同时录音；也可以父母和孩子每人说一句以混合录音的方式增加趣味性。平时可以反复播放录音，帮助孩子较快地背诵好乘法口诀表。

（2）计算闯关小游戏（7—13岁）

很多孩子采用计算闯关小游戏后，显著提升了计算的正确率、速度和学习兴趣。

游戏方法：

① 以游戏的方式告知孩子游戏规则（博弈精神是重点，而不是做计算作业）。

② 每天选 30 道计算题，分为 6 组，每组 5 题。

③ 孩子在每组规定时长内，做对一组，可在剩下的几组中随意划掉一组；做错一组，再增加一组。

获得每组规定时长：

选 5 道对孩子而言属于中等难度的计算题，告知孩子："认真做，记录你全对时的时长。"这个时长，就是游戏中的每组规定时长。如果孩子做错了，那就再换一组，直到 5 题全对，获得每组规定时长。

注意事项：

温柔而坚定地严格执行规则，同时在孩子做对时，及时给予肯定和鼓励。

2. 头脑游戏

（1）头脑游戏的准备

培养小学生的数学逻辑思维能力，有一个行之有效的方法——我称之为"头脑游戏法"。只要按照这个方法持之以恒地练习，孩子的数学思维能力一定能获得质的飞跃。这个方法的核心在于选对教材。你需要准备一套经典的浅奥教材，这套教材要满足三个关键条件：

① 按年级分册，共六册（一年级到六年级各一册）。

② 采用螺旋式上升的难度设计，即同类型题目会随着年级提升而逐步加深难度。

③ 涵盖经典奥数题型。

选定教材后，孩子每天只需要专注做好这套教材的"头脑游戏"练习即可，不需要额外刷其他教辅，也不必报课外补习班（除非是为了参加数学竞赛或特长生考试）。

（2）头脑游戏的目标

在详细介绍"头脑游戏"的具体操作方法前，让我们先明确一下"头脑游戏"要达到的六个目标。

① 解决经典数学问题。能解决如植树、鸡兔同笼、盈亏、行程、年龄、还原、牛顿问题等经典数学问题，兼顾能力提升和应试需要。

② 掌握经典工具方法。熟练掌握画图分析法、枚举法、排除法、假设法、归纳总结法等经典思维工具和方法，丰富孩子的思维工具箱，培养孩子良好的思维习惯。

③ 提升数学思维能力。通过日常头脑游戏提升思维速度、思考深度，通过头脑大风暴提升思维速度、韧性、耐力、专注力和心理素质，整体提升数学思维能力。

④ 拥有自主学习能力。头脑游戏采用主动学习方式，能让孩子完全可以根据自己的能力和喜好选择每天学习的量和内容，如同搭积木一般自由组合。孩子拥有自主学习能力后，父母得以解放。

⑤ 提升学习认知体验。头脑游戏要求孩子平均每天只做 1—3 题，让孩子切实体会"少就是多，慢就是快"的道理，提升对"大道至简"的深刻认识。

⑥ 明显提升数学成绩。实践证明，孩子只要能严格按要求坚持头脑游戏 1—2 年及以上，校内数学考试、数学竞赛成绩必然会有显著提升。

（3）头脑游戏的实战方法

如果孩子此前做好了数学逻辑思维能力的孕育，那么此阶段会比较顺滑，父母一般不会焦虑也不太需要给孩子报各种数学辅导班，因为孩子容易做到自我管理，容易开展此阶段的数学学习。如果孩子此前错过了数学逻辑思维能力的孕育，此阶段父母需要根据孩子情况，耐心陪伴数月乃至半年再逐渐放手。

具体的头脑游戏学习方法参见本篇末的附录 2。

（4）头脑游戏的注意事项

① 不死磕难题。在学习过程中，家长不要强调孩子一定要对某一个数学问题一次性掌握好，数学思维的养成需要多次反复的体会与积累。

经典的浅奥教材，一般学习内容难度呈螺旋式上升，即每一类问题每年都在逐级加深难度，就如智能手机的不断升级。孩子在当时不能理解的问题，随着理解能力的提升和思维方法工具的积累，很可能过 2—3 个月就能理解和接受了。不要苛求数学能力在短期内得到很大的提升，不要苛求当下的成绩，孩子只要在小学毕业前能搞定这些问题，就不会耽搁孩子初中的数学学习和能力提升。

例如，有些孩子在四年级时对于"盈亏问题"，完全听不懂，理解不了，建议孩子先放下这个问题，不必在意，鼓励孩子先学习其他数学问题。只要孩子天天"抱小猪"，臂力自然会在不知不觉中增长，当五年级再次遇到"盈亏问题"时，这只当初看似抱不动的大猪，孩子基本上都能很自然地抱起它。而如果孩子在四年级死磕"盈亏问题"，就如同让孩子用 5 斤臂力去抱 10 斤的猪，这样不但没有效果，反而可能会让孩子失去学习的信心和兴趣。

② 正确看待正确率。小学期间的校内数学考试分数往往偏高，90 分可能都在班上倒数，以至于家长和孩子都有一个错误的认知判断——数学低于 90 分就很差。有个孩子在小学四年级的数学期末考试中得了 80 多分，孩子妈妈差点崩溃，焦虑到睡不着觉，我当时就跟她说："我了解这个孩子，他数学能力挺好的，以后数学不会差。"孩子后来上了中学，数学一直都是班上前三。

头脑游戏题目的思维台阶比校内数学高，60% 的正确率就算不错了，不能用校内成绩分值来评判头脑游戏的学习效果和数学能力的高低。

根据多年实践结果，孩子们头脑游戏的正确率大体如下（以每个主题课后 10 个练习题的第一次正确率为例）：

表 2-6 头脑游戏正确率和数学思维能力对应表

数学思维能力	正确的题数（题）	
	三—四年级	五—六年级
良好	6—7	5—6
优秀	8—9	7—8
优异	10	9—10

如果孩子做三至六年级的浅奥题目，每个主题按半小时 10 题的速度做完所有练习题，正确率都在 80% 及以上，那么孩子的数学思维能力应该能排到同龄孩子的前 20%。

按照我对小学阶段头脑游戏学习训练内容的设计，孩子在小学六年级上学期可以基本结束训练。六年级下学期开始，孩子应该进入数学逻辑思维能力的提升阶段，小升初暑假期间，可以开始对初一数学进行自主大预习，无须上任何课外超前补习班。初一数学大预习的具体方法参见初中阶段的实操方法。

附录2　头脑游戏分年龄段操作方法

一、头脑游戏（一—二年级）

由于孩子年龄比较小，有的还不能流畅阅读题目，因此，这个阶段需要父母引导孩子做好头脑游戏，按选好的浅奥教材学习1—2册（年级）内容，每天完成1—3题。孩子如果不能自己阅读题目，则父母读一遍题目，孩子自己解决问题。孩子如果能自己阅读题目，可以自己看例题，做课后的练习题。

这个阶段不追求速度上的快和结果的正确，只要孩子有兴趣、肯动脑，就是最好的收获。如果父母自己带孩子做教材上的题目，实在觉得不得法、吃力，或者孩子抗拒、抵触，那就不要硬来。可以用分糖果游戏、乘法口诀游戏、提问小游戏、拓展题目等来替代浅奥的头脑游戏。

二、头脑游戏（三—六年级）

三—六年级孩子则需要开始正式的头脑游戏。数学思维能力孕育早的孩子，比如案例篇中的鸣鸣、奇奇、妙妙、森森等孩子，一年级时就能自然地开始这部分的学习了。头脑游戏学习分日常训练和寒暑假集训两种模式。

（一）日常训练模式

学习进度：

1—2周的学习量为一讲内容，一般大约包含15个练习题，平均每天1—3题。

日常学习：

① 孩子自己先预习浅奥教材上的例题。

② 做完一个例题，对比自己和书上的解法差异。

③ 例题学完后，做课后练习题。

④ 做完练习题，查看教材答案，批改后确定正确率。

⑤ 刚开始学习的孩子，父母可以帮忙查看正确率，1个月后孩子尝试自己批改。

⑥ 自己批改，这个过程需要孩子诚实、自觉。因此学习意志力中关于诚信的培养要同时加强。

⑦ 思考、订正错题和不会做的题目。

注意事项：

① 周一到周五每天1—3题，按上述方法完成，也可以在周末一天内完成上述内容。每个孩子根据自己情况灵活安排，但1—2周内的进度总量要尽可能保证。

② 中间出现任何状况，需要调整变动时，父母一定先征求孩子自己的想法，孩子要自己思考如何解决问题、安排进度，才会有掌控感，这也是自主学习的重要体现。

周六限时提速（头脑风暴）：

① 30分钟内，一次性完成课后10道练习题。分别记录30分钟内完成的题量、实际完成10题的时间及正确率。

② 对照答案，订正错误。

周日限时提速（头脑风暴）：

① 周六错误5题以上的，周日用30分钟再做一遍10道题目，记录30分钟完成的题量、实际完成10题的时间及正确率。

② 周六正确率高于5题的，周日只需要把错题做一遍。

记录表格举例如下：

表2-7 头脑风暴游戏记录表

植树问题	课后练习题										限时提速30分钟正确率	实际完成10题时间及正确率
	①	②	③	④	⑤	⑥	⑦	⑧	⑨	⑩		
第一次	√	√	√	√	×	√	×	×	√	×	4/8（30分钟做完8题，正确4题）	50分钟，6/10（实际完成10题用时50分钟，正确6题）
第二次												
第三次												

多次限时提速：

1—2个月左右，再重复做每个章节的半小时限时提速题，并同样记录。对比做题用时、正确率和出错的题目。

混编题目做限时提速：

这是需要父母发挥作用的环节。当孩子学习完半册或一册的内容之后，父母要把所有课后练习题目打乱混编（也可以包括例题），打印成10题一份的卷子，让孩子再次做半小时限时提速，用同样的方法记录正确率。如果此时孩子的正确率和之前一致或比之前更高，则证明孩子学得扎实；如果正确率大幅度下降，则说明孩子之前的学习不到位，需要继续提升。

注意事项：

① 每天的1—3题，是孩子们最易掉以轻心的环节，看似简单量少，实则需要深耕。周末的限时提速环节，是孩子最惧怕执行的环节，因为它需要高度的专注力，并且考察平时学习的效果。

② 家长要多鼓励孩子，只要几次记录下来的正确率在提升就是进步，不要跟自己理想中的正确率做比较。

③ 家长要充分信任孩子，不必担心孩子在学习过程中记答案，也不必提醒或询问。1—2个月的复测和混编检测就可以检验出孩子的真实学习效果，事实会提醒孩子做出合适的调整。

一到二年级的孩子如果学习三年级以上的头脑游戏，家长要注意保护好孩子的学习兴趣，养成每天动脑做1—3题的好习惯，不必过分追求正确率，不用限时提速，孩子在正确率上只要有进步就要多鼓励。

（二）寒暑假集训（头脑大风暴）

如果说头脑游戏的日常训练是在锻炼孩子的思维深度、中短跑的脑速、丰富思维工具箱，那么寒暑假5—10天的集训（又称头脑大风暴），就是在思维马拉松中提升思维的韧性和耐力，在头脑大风暴中进行大强度训练并提升脑力。下面以10天的集训为例，讲述具体操作方法。

操作方法：

① 准备4个主题，每个主题选择10道练习题，共40道练习题。

② 每2天完成一个主题的训练，用8天时间完成4个主题的训练。第一天，孩子跟着教材自学例题，随后做10道相应练习题，记录完成时间和正确率（记录表格见表2-7）；第二天，对照前日10道练习题的标准答案和解题过程，学习跟自己思路不同的解法并订正错误，然后以半小时

限时方式再次做这 10 道练习题，记录完成时间和正确率。以此类推。

③ 第九天，将 4 个主题共 40 个练习题合并训练。如果孩子在读三到四年级，可以分两次训练，每次限时 1 小时内完成 20 题，记录正确率，如 1 小时内没有来得及完成，则继续完成，并记录实际完成所用时间和正确率。如果孩子在读五到六年级，限时 2 小时内完成 40 题，记录正确率，如 2 小时内没有来得及完成，则继续完成，并记录实际完成所用时间和正确率。

④ 第十天，对照书中答案，思考、订正错题。

注意事项：

① 集训时间如不满 10 天，可适当缩减主题和练习题数量，总体方法和流程不变。集训时间一般不能少于 5 天，否则难以保证集训效果。

② 头脑大风暴十分耗费脑力，建议尽量在每天上午完成，当天可以安排运动和阅读等文体活动，不要再安排耗费脑力的学习。

（三）提升阶段（初中）实操方法

初中阶段是孩子数学逻辑思维能力的提升阶段，其目标是：提升自主学习能力、数学深耕能力。

初中生要能独立自主学习，父母要学会退位。孩子如果前期做好了数学思维能力的孕育和培养，就为数学逻辑思维能力的提升奠定了良好基础，严格按要求进行提升阶段的实操，孩子在初中阶段的数学能力和成绩往往会呈指数级的提升。

1. 每日一题 + 周末限时提速

许多孩子都会遇到这样的情况：课堂上听老师讲解难题时完全能理解，但一到自己动手做就卡壳，或者无法完整解答。还有不少孩子在面对挑战性题目时，虽然智力水平足以理解题目，但是会因为不能持续深入用脑而难以完成整个解题过程。为什么会有这种情况？其实这正是脑力不足导致的。

这里的"脑力"，是指大脑维持高强度思考的持久能力。正如体力的强弱决定了人们高强度运动持续时间的长短，脑力的强弱则决定了孩子高强度思考的持续时间长短。面对同样的难题，脑力强则能够持续深度思考且思路清晰、顺畅，脑力弱则不能深度思考从而难以突破思路障碍，导致思考停滞不前。

正如人的体力可以通过后天的培养和锻炼得以提升，孩子的脑力也完全可以通过后天训练显著提升。通过精心设计的科学训练，例如坚持头脑游戏、每日一题等训练项目，每个孩子都能提升自己的脑力上限，突破原有的思维耐力瓶颈。

（1）每日一题，一题多练

每日一题，顾名思义就是每天至少做一道题，并且对孩子而言是难度适中的题目。

选题：

选题非常重要，决定了每日一题的练习效果。题目简单，难以激发大脑的思考动力，大脑思维能力得不到锻炼；题目太难，看完解题过程还始终搞不明白，对大脑思维能力锻炼效果不佳。所谓难度适中的题目，就是孩子认真思考10—20分钟后仍解决不了，但看完解题思路后能懂的题目。选题最好紧扣一套教辅教材，这样既成体系，也可以选当天作业中的难题、错题（低级错误题目不选）。

操作步骤：

① 选定题目后做第一遍，不限时，孩子争取自己解决这个难题。如果平时没有那么多时间，可以思考10分钟后直接参考答案中的解题过程，

梳理完思路后把答案放一边，自己动手在本子上推理一遍。推理过程中如思路卡顿，梳理不下去，可以继续看解题过程，然后不看答案继续在本子上推理一遍。

② 1 至 2 小时之后就这道难题在本子上做第二遍。如果推理过程中还有卡顿，就先对着答案再次梳理思路，然后独立思考写出求解过程。

③ 睡前再推理一遍，如果能一次性写出解题过程，则记录做最后一遍所用的时长。

隔段时间，比如 1 至 2 个月后再做一次。保证此题在思维上是真的走通了、走全了、走顺了，达到这个效果的标志是能不看答案写出完整的求解过程。

操作提醒：

① 此方法只针对大多数的智商普通的孩子，高智商孩子可以灵活按自己的节奏学习。

② 不必刻板地每天将同一题做 3 遍，也可参考如下安排：第 1 天的题只做 1 遍；第 2 天的题做 1 遍后，再将第 1 天的题做第 2 遍；第 3 天的题做 1 遍后，再将第 1 天的题做第 3 遍、第 2 天的题做第 2 遍，以此类推。

③ 做题时不要抄答案，一定要把思路完整地写下来，不能只在脑子里过。其实，这是另一种形式的费曼学习法，比讲给父母听更高效，更适合自主学习的初中生。

这个方法很容易被误解成记忆背题、刷题目。即使孩子在书写过程中存在一些记忆也无大碍，留存的记忆图片时不时在脑子里闪现，反而有利于理解。过 1—2 个月后再做此题，就能检验出记忆的成分有多少。这个看上去很笨的方法在长期坚持使用的过程中，会让孩子惊喜地发现，每次攻克难题的第 1 遍速度会越来越快，每天过 3 遍的速度也会越来越快。长期坚持，孩子们的脑力将会显著提升，并产生良性循环。

可能大家会认为每日一题的量太少了！是的，此方法正是利用了这个心理效应，让孩子几乎没有压力地去挑战这个任务。我们来算一笔账：如果每天真能踏踏实实拿下一道有难度的题目，按1年350题来算，3年下来也有1000多道难题。这个量和这个质，足可提升孩子的数学思维能力了。每天利用碎片时间，锻炼出强健的脑力，事半功倍，何乐而不为？

此方法适合五年级及以上的孩子，尤其适合初中孩子的理科学习。如果孩子能力强、时间多，也可以每日做2—3道难题（但不宜过多）。每日保证1题的训练量，是达到脑力训练成效的最低要求。

（2）周末限时提速

用一周内所完成的每日一题的最后一遍完成时间的总和，作为本周末提速的限定时间。比如，每日一题最后一遍的完成时间分别是：周一4分钟，周二6分钟，周三5分钟，周四6分钟，周五4分钟，那么周六的限时时长就是4+6+5+6+4=25分钟，要求孩子在25分钟内完成这5道题目，正确率要达到百分百。

实践证明，绝大多数孩子在限时提速环节做不到百分百全对。要么超时，要么在限时内无法完成所有题目，或者在限定时间内完成了所有题目，但正确率没有达到百分百。如果孩子每周的限时提速都在规定时间内全对，数学学习无疑是优秀的。

此处请思考：为何每日一题做过3遍，周末限时还不能稳操胜券呢？因为每日一题是有难度的，最后一遍5分钟做对，说明脑力在较高强度上可持续5分钟。但在限时提速环节，脑力在较高强度上要持续25分钟，就不容易做到了，这，恰恰是孩子们最需要刻意训练和提升脑力的原因所在。

如果每日一题在周末集中限时都无法全做对，那么，刷再多难题又有什么用呢？几个月后再考同样的题目，又能做对几题呢？

每日一题＋周末限时提速，两个方法联动执行，会产生 1+1>2 的效果。持之以恒，小练习就会产生大奇迹。实践起来吧，正如达·芬奇画蛋，笨功夫练就硬实力。

2. 头脑大风暴

（1）头脑大风暴的限时及题量

头脑大风暴指的是在一定时间内完成一定数量的已经做过的题目，即限时多题环节。此方法适合三年级及以上的孩子。每个月可以进行1—2次。寒暑假可以集中复习和集训。题目可以选做过的每日一题或学过的头脑游戏题目。

此处根据经验给出孩子年龄段、题量匹配表、限时时长，供大家参考（可根据孩子实际能力情况灵活调整）。

表 2-8　头脑风暴计划参考表

年级	题量（题）	限时（分）
3	10	30—60
4	13	40—60
5	20—30	70—120
6	30	100—120
7—9	30—40	100—150

（2）脑力提升的三级目标

脑力提升有三级循序渐进的目标。

① 脑力提升的第一级目标。孩子刚开始做限时提速练习时，每个环节中的脑力在后半段相比前半段会有大幅度下降，后半段会明显出现脑力不

支、思维散乱或停滞等状况，这属于正常现象。作为老师和父母，面对这个情况一定不能着急，要对孩子多接纳、肯定和鼓励。因此，脑力提升的第一级目标是：后半段和前半段解题效率较均衡。也就是说，前后半段的解题时间和正确率相差不大，比较均衡。

② 脑力提升的第二级目标。在限时提速练习中，孩子会有意无意地紧张，可能产生恼人的"忙中出错"，也可能出现令人惊喜的"急中生智"，多体验高度专注时所出现的种种意外，久经沙场，孩子会更加了解自己、更能把控好自己。因此，脑力提升的第二级目标是：脑速稳定，在任何限时大考中都能正常、稳定地发挥出平时的实力。

③ 脑力提升的第三级目标。孩子对于已经学习过的较难数学题目，在限定题量和时间内，正确率往往达不到80%，这体现了脑力强度的不足。因此，脑力提升的第三级目标是：持续提升脑力强度，对于已经学习过的较难数学题目，在限定题量和时间内达到80%的正确率。

不同年级的孩子达到上述标准的题量、时限的参考值如表2-9。

表2-9 脑力提升目标参考表

年级	题量（题）	限时（分）
3	10	30
4	13	40
5	20	70
6	30	100
7—9	30	120

注：测试题目均为3个月之前学习过的头脑游戏或每日一题。

实践证明，任何一个普通智商的孩子通过科学的锻炼，都能达到第三级目标，达标的孩子在专注质量、思维速度、思维强韧度方面都会有显著飞跃。脑力提升达到第三级目标的孩子，其数学思维能力基本处于同龄孩子的前 10%。

（3）注意事项

① 预留放松时间。头脑大风暴对脑力锻炼强度很大，孩子会觉得大脑非常累，很多孩子在头脑大风暴结束后喊："脑子要爆炸了！""脑子转不动了！"有这样的反应说明孩子脑力用到了极限。所以，在实施头脑大风暴前后，要注意至少预留 1 小时让孩子大脑处于放松阶段，最好安排一些文艺类、体育类的活动。

② 题目选择。头脑大风暴的题目一定不能是新题目，必须是做过的每日一题或学过的头脑游戏题目。这么做的意义有两点：首先，这能有效检验孩子平时的学习深度和质量，判断是否存在单纯记忆的情况。在多题限时的压力下，很难依靠记忆保持正确率。如果孩子平时是死记硬背，这时的正确率会明显下滑，问题就会暴露出来，从而促使孩子反思和改进。其次，日常不限时的练习让孩子可以自由放松地思考，而限时多题训练则要求孩子保持高度专注，大脑需要持续维持在高强度运行状态。这种练习要求孩子在限定时间内（平均每题 3—5 分钟）保持稳定的思维节奏，既不急躁也不拖沓。这种训练对提升脑力和培养稳定的心智都大有裨益。

相比之下，做一套新试卷就难以达到这样的效果。因为新试卷包含不同难度的题目，从基础题到压轴题，解题时间难以把控，大脑状态也会随之起伏不定。当然，这并不是否定模拟卷的价值，只是说明以多题限时训练为特征的头脑风暴和普通刷卷的训练目标完全不同。

需要注意的是，在中考前两三个月，适当进行模拟卷练习以适应考试节奏和题型还是必要的。但日常的脑力提升，应该以头脑风暴式的训练为主。

3. 寒暑假大预习

提到预习，几乎每个孩子都会说：这个谁不会，一年级就开始做了。孩子们认为的或做过的预习，大致可以分为以下几种形式。

- 把明天要学习的内容看一下。
- 跟着课外班老师学习未来的学习内容。
- 寒暑假把下学期的教材内容部分学完（能学到哪就学到哪，方式主要是"看理论 + 做题"）。
- 寒暑假把下学期的教材内容全部学完（有总体目标，方式主要是"看理论 + 做题"）。

这些都是预习吗？在讨论该问题之前，我们要先明确对预习的定义。

（1）预习的核心要素

预习是一种重要的学习能力，它体现了孩子自主探索和掌握未来课程内容的主动性。这种能力不仅限于提前阅读教材，更包含了独立制订学习计划，主动思考并解决问题，有效利用学习工具和资源进行资料查阅，以及在遇到困难时积极寻求他人帮助和解答等多个方面。这里需要特别指出的是，真正的预习应该包含以下几个核心要素。

① 学习者需要独立规划学习内容，并执行到位。

② 要自主思考、做练习题目，在自己能掌握的和不能掌握的知识、方法之间划一条清晰的线。

③ 要善于利用各种资源来答疑解惑，而不仅仅是翻阅教材。

这些要素共同构成了有效的预习过程，使学习者能够在正式学习前建立起对知识的初步理解和认知框架，从而在后续的学习中明确目标，获得更好的学习效果。不难看出，前文所列的第二种预习形式属于被动听课、超前学习知识，不属于预习；其他三种预习形式，则需要看是否符合上述预习的核心要素，才能判断是不是真的预习。

（2）预习方法步骤

寒暑假大预习指利用寒暑假整段时间进行大体量真正意义上的预习。具体方法步骤如下。

① 确定总有效天数。比如寒假一共25天，去掉春节、出游、其他活动的天数，有效预习时间大概为15天。有效天数的计算一定要预留3—5天给突发情况，比如身体不适、意外干扰等。不是计算的有效时间越多越好。给自己一些回转余地，更有利于计划执行到位。制订计划切忌过于理想化和要求过高。

② 确定预习总量。将要预习的教材目录浏览一遍，了解一共有多少个章节、多少页。确定总预习量是教材的全部还是部分。切忌随心所欲走一步看一步、能完成多少就是多少。通过控制预习总量，在一段时期内培养孩子的全局观、规划力、掌控力。

③ 分配阶段性的预习量和每天预习量。阶段性的预习量很重要，需要认真执行，必须按期完成；每天的预习量是阶段性预习量的基础，原则上也要按期完成，但如有特殊情况也可以变化调整。孩子也要学会适应和接受计划执行得不完美，及时调整，确保阶段性预习任务的完成，最终确保预习总任务的完成。

（3）具体预习要求

① 完成预习的量。每天按计划预习教材上的内容，包括教材的理论学习和课后习题。先看教材，熟悉理解基础知识（概念、原理、公式等），在理解基础上能复述出基础知识。然后做教材后的练习题。最后搭配一套经典教辅做相应章节的练习。

② 做好标记。预习过程中，要做好各种标记，便于正式上课、复习时，

复盘自己的薄弱点，对比自己预习时和上课后已掌握与未掌握的知识分界线是否有改变，重点解决预习时未掌握的部分。课后练习题，要写在专门准备的预习本上，不要写在书上（否则上课或复习时会受影响，应该养成好习惯）。

做完课后的预习练习，自己对照答案批改，在书上的练习题上做出几种标记：第一种，做对的在题号上直接打钩；第二种，做错的题目要在题号上画圈；第三种，订正对的题目，在题号上圈钩；第四种，看完答案查找资料后还是不懂不会的题目，打上圈并画星号。针对最后一种标记内容，正式上课时应重点解决。

（4）需要家长做什么

当孩子刚开始进行大预习时，需要家长们每周1—2次抽查孩子们对基础知识的掌握程度，帮助孩子了解自己的学习深度。抽查的方法参考如下：

①直接按教材提问，看孩子是否能复述或精准表述基础知识。

②将基础知识灵活变换成填空题、选择判断题、应用题等。家长可以从孩子书上做了"圈钩"标记的题目中，抽查几题看看孩子的掌握程度。

（5）注意事项

①合理安排初中数学预习时间。初中生预习下一学期的数学、物理，通常是在寒暑假。对于六年级孩子而言，初一数学的预习时间主要是在小学毕业后的暑假，也可以根据个人情况从六年级下学期就开始。

②按计划完成阶段性预习量。整个预习规划由孩子独立制订（父母可提出相关修改意见、答疑解惑）。寒暑假期间可以将每10—15天作为一个预习阶段。完成第一个预习阶段后，对后续预习计划中不合理部分进行一次调整，但调整后每个预习阶段预习总量将不再变动。

每个预习阶段总量不变，会帮助一些孩子学会接受当天或几天内计划不能如期完成的事实，同时学会自我调整，努力去弥补，以保证完成阶段性任务量，而不是逃避问题、拖延、不了了之。

③ 预习一定要做练习题。预习不能只看概念和理论，也不能只看例题，必须做相关练习题。做练习题是检验对概念和理论掌握情况的有效手段。

④ 让孩子主导计划调整。每次引导刚上初一的孩子在暑假里第一次做大预习计划时，都会发现一个共性问题：即使已经给出做规划的流程步骤，但大多数孩子仍然做不好。孩子们做出的计划，要么过于理想，每天几乎没有休息的时间；要么过于粗糙，缺少可落地的细节。我一般设定暑假中的 10—15 天为大预习的一个预习阶段（春秋季以一个月为一个预习阶段）。第一个预习阶段结束时，孩子们的计划执行会出现以下现象：

• 大多数孩子按计划进度执行了，但质量上不达标——有些没有必要的标注，有些基础知识概念复述不出来，有些预习深度不够。

• 少数孩子没有完成计划进度，但完成的部分质量基本达标。

• 还有少数孩子，既没有完成计划进度，完成的部分质量也没有达标。

孩子根据要求，对后续计划调整后，第二阶段的执行情况往往会明显优于第一阶段。这意味着，让孩子主导计划的制订和调整，孩子会从实践中慢慢掌握规律，从而提高制订和落实预习计划的能力。

⑤ 正确认识大预习的学习效果。预习是一种学习方法，更是一种学习能力，而不仅仅单纯是学习习惯。孩子只有进行实质上而非形式上的预习，才能真正达到预习的目的，切实提升学习能力。能力的提升永远是一个相对缓慢的过程，不是孩子一预习立刻就可以具备预习的能力，也不是预习的效果立刻就能体现在成绩上。这点，无论家长还是孩子都要有清晰的认识，要有学习力培养"慢就是快"的科学认知，从而避免

失落和短期主义。

（6）寒暑假大预习的益处

① 明确学习边界，精准定位难点。预习能帮助学生在已知与未知之间划清界限，比如清晰识别自身薄弱点，从而在正式课堂上更有针对性地听讲。这种自我认知的提升是自主学习才能实现的。

② 提升自控力与专注力。预习使学生正式上课时对课堂内容有预判，能够在关键难点上集中注意力，避免无意识跑神。通过有意识地分配专注时段，学生的自控力和专注力能得到显著提升。

③ 建立心理优势，激发学习动力。预习赋予学生"超前学习"的心理优势，比正常学习更易让孩子产生成就感和学习兴趣。萱萱的案例就是一个很好的例证（详见案例篇之"'小学弱'的学习力提升之路"）。这种正向体验不仅提高学习效率，还能锻炼孩子积极主动探索新知识的意识和能力，激发强烈的学习动机。

④ 锻炼计划制订与执行能力。寒暑假大预习需要学生制订长期目标并灵活调整执行策略。通过制订计划和应对计划中的变化，学生学会在坚持目标的同时灵活处理问题，这很好地培养和锻炼了他们计划制订与执行能力，同时也提升了他们的学习意志力。

⑤ 培养自学能力，迁移学习优势。预习是培养自学能力的重要途径，认真按要求完成预习，其学习效果和对学习能力的培养都是上课外班难以类比的。这一点在数学、物理的预习上尤为明显，因为逻辑思维的提升可迁移至其他理科学科，从而全面提升综合学习能力。

预习不仅是知识的提前学习，也不仅是课堂高效学习的保证，更是学习能力的全方位锻造。

4. 日常小预习

日常小预习是针对数学等理科学习而言的。日常小预习指在春秋季上课期间，孩子预习第二天课上要学习的内容，目的是通过预习，提高第二天上课的学习效果和作业正确率。具体操作方法包含两方面：

第一，阅读教材中即将授课的内容，特别注意对基础知识（概念、原理、公式等）的理解，并尽量熟记下来。

第二，选做课后基础、中等难度的练习题各2—3题，根据当晚时间把控题量。如果已经做过寒暑假大预习的，这时可以做圈上打钩或加星号的题目。

三、阅读理解能力

孩子往往是先具有了一定阅读基础后才开始自由阅读，然后过渡到大量自由沉浸式阅读，这也是孩子爱上阅读、逐步提升阅读理解能力的一个自然过程。

孩子可以从四五岁开始做好阅读准备，积累识字量；六七岁开始能够独立地阅读；七八岁开始能大量自由沉浸式地阅读。小学阶段是孩子大量自由沉浸式阅读的黄金时期。初中阶段，孩子应尽量保证每周自由沉浸式阅读的时间不少于8小时。

（一）阅读准备

阅读准备，以提升识字量为主。我们不必单独花时间严格地"教"孩子认字，可以采用一些轻松有趣的游戏方式提升孩子的识字量，例如下面所举的"生活中见字读字""识字魔法"等。

1. 生活中见字读字

生活中随机认字，如小区名、超市名、车站名等，父母只需要清晰读出，不用刻意教学。孩子的记忆力强，多次接触后自然会记住，这就是在玩耍中无痕提升识字量。这种识字方式轻松愉快且记忆牢固，但积累比较随意，进展也比较慢。

2. 识字魔法

"识字魔法"游戏可以帮助孩子每天认识20—30个字。该游戏生动有趣，在较快增加识字量的同时，还可以锻炼孩子的专注力，帮助孩子理解字词涵义及其在句子中的应用，培养流畅的语感。为了便于大家体会和掌握这个游戏，在游戏中更好与孩子互动，我用下面的一个真实案例还原这个游戏的使用场景和操作细节。

【案例】识字魔法的运用

那天，有位朋友的朋友雅蓉忧心忡忡地来找我，原来她6岁的儿子小乐让她头疼不已。"这孩子整天就知道玩，根本坐不住，眼看就要上小学了，可一提到认字读书就躲得远远的。"雅蓉叹了口气，"你能不能帮我想想办法？"

初次见到小乐时，小家伙正趴在地毯上专注地摆弄着他的玩具车，对我的到来连头都没抬。我笑笑，顺手拿起沙发上的一本绘本，对雅蓉说："这本故事挺有意思的。"雅蓉立刻会意，配合地说："我还没看，是什么故事？"

我说："你看，这里写得多好玩。"说着我开始朗读起来，时而模仿大灰狼的嚎叫，时而学小猪惊慌的声音。虽然小乐还在玩着玩具，但我注意到他的小耳朵已经悄悄竖了起来。读到最精彩的部分，我故意停下来："哎呀，口渴了。"雅藜马上起身去给我倒水。

我慢悠悠地喝着水，余光瞥见小乐时不时偷瞄我。终于，他忍不住蹭了过来："阿姨，你喝好了吗？"我忍住笑意："喝好啦！要不要继续听故事？"小家伙点点头，抱着玩具车紧挨着我坐了下来。

"我们来玩个游戏好不好？"我提议道，"我读一句，你跟着说一句。"小乐眨巴着眼睛没说话。我读了两遍后，他开始尝试复述，虽然漏了几个字，但已经让我惊喜不已。"太棒了！你能记住这么多呢！"我赶紧鼓掌，"要不要玩个更神奇的游戏？"

小乐露出好奇的笑容，于是我又带着他复述了几遍。然后问："'大灰狼'这三个字在哪里呀？"小家伙皱着眉头慢慢复述着，突然眼睛一亮，胖乎乎的小手指准确地戳在字上。"嘿！你说对了！"我开心地摸摸他的头。

就这样，我们像探险家一样在书上寻找着每个复述过的字词。渐渐地，小乐越来越自信，甚至主动指着"小猪"两个字骄傲地告诉我："这是小猪！"雅藜在一旁看得目瞪口呆。

后来，雅藜学会了这个"识字魔法"游戏。现在小乐每天都能认识二三十个新字，通过复述，他已经能把整本故事书都背下来了。雅藜说小乐常常一个人捧着绘本看得津津有味，时不时还咯咯笑出声来。看着儿子对识字和阅读实现了从抗拒到热爱的转变，雅藜感慨地说："还得有方法，有趣又轻松。"

相信大家只要耐心、用心，家中的宝贝都可以做到魔法识字。

（二）自由阅读

孩子的自由阅读一般从小学一二年级开始。当孩子上小学之后，或识字量达到可以进行简单阅读时，父母就要积极引导孩子独立、自由地阅读纯文字的书籍。

自由阅读包括两层涵义：一是孩子阅读时是自愿的而不是被迫的；二是孩子阅读过程中的阅读障碍少，能读下去。可见，孩子不断扩大词汇量，减少阅读障碍，有助于自由阅读。自由阅读阶段的孩子，每周可至少阅读1—2本纯文字书籍。可以建议孩子把阅读过的书目记录下来，形成一个书单。积累到5本的时候，请孩子推荐其中的一本书给家人，并列出3个推荐理由。父母如果能跟孩子一起阅读、推荐书目，效果会更好。

1. 提升识字量和初始阅读

低年级孩子往往由于识字量有限，阅读有困难，因此，一到二年级孩子的可以采用两种方法继续提升识字量。

（1）通过拼音打字增加识字量

孩子可以通过电脑拼音打字的方式，来提升识字量。先用拼音输入一句或一段话，做成文档保存起来。下次可以在此基础上修改润色，或者继续用拼音打字输入下一句话，根据自己的爱好设置不同的颜色。有条件的家庭，父母可以帮孩子打印出来贴在墙上。孩子运用此法，既练习了拼音，又有效提升了识字量、锻炼了遣词造句能力，学习的新鲜感和成就感也会不断增加。

（2）在流畅的阅读中扩大词汇量

阅读是提升识字量与理解能力的主要途径。当孩子具备一定识字基础后，应学会在阅读中自然积累词汇。这个过程中也要注意两点。

第一，扩大词汇量不影响流畅阅读。遇到生词时，孩子不必急于查字典或求助家长，而应通过联系上下文意思推测词义，保持阅读的连贯性。这种方式不仅能高效积累词汇，还能培养孩子的推理能力。通过这种方法掌握词汇，不仅能理解其大概含义，还能将其灵活运用于写作中，尽管可能暂时不知其读音和准确含义。

第二，正确处理字词读音。读音对流畅阅读并非关键，因为阅读时只要理解词义即可。孩子可以在阅读时标记生词，待读完全书后再集中查阅字典，修正推测，同时学习发音。此外，部分词汇的读音可通过日常交流自然掌握，例如在口头表达中被纠正错误发音。这种学习方式既高效又自然。

流畅阅读与词汇积累相辅相成：阅读能提升词汇量，词汇量的增长又反过来增强阅读的流畅性与趣味性，如此便形成良性循环。

（3）保证初始阅读流畅的两个要点

第一，降低阅读门槛，激发兴趣。

孩子初涉自由阅读时，所选内容应避免过多生词和高难度主题，应确保孩子在现有识字量下能基本完成流畅阅读。这样，孩子才能把握故事脉络，体会情感与主题，感知整体架构，从而获得阅读的愉悦与成就感，进一步激发兴趣。

若一开始就接触经典或高难度主题的书目，孩子容易产生畏难情绪，将阅读视为枯燥乏味的学习任务，而非享受。因此，选择合适的阅读书目至关重要，它是培养阅读兴趣和长期阅读习惯的重要因素。可以让孩子在中外优秀童话故事选、儿童文学类书目中选择自己喜欢的内容进行阅读。

第二，孩子阅读时有疑问，父母未必要立刻解答。

不建议父母过于主动地介入孩子的阅读过程。断章取义的现象之所以发生，往往是因为未读完整个故事或文章就急于下结论。因此，当孩子在阅读中遇到困惑时，家长应鼓励其先读完整个内容，尝试独立思考并寻找答案。

很多时候，随着阅读的深入，孩子会自然贯通前后文，疑问也随之化解。

如果孩子读完仍不理解，处理方式需要因年龄而异：

- 对学前孩子，父母可直接解答，帮助其初步建立准确的理解。
- 对小学生，则应鼓励其先尝试自主解决，例如通过网络查询相关资料、翻阅其他参考资料等。若孩子确实无法解惑，父母再与其共同讨论或为其提供指导。

这种方式不仅培养了孩子的独立思考能力、阅读理解能力，也增强了孩子解决问题的能力和信心，为未来的深度学习奠定了基础。

2. 大量自由沉浸式阅读

（1）小学生的阅读

小学生的阅读能力培养，关键在于从流畅阅读走向正确的、深度的理解，最终实现沉浸式体验。这里有一个问题需要澄清：小学生的流畅阅读并不等同于真正理解。

还记得那个著名的笑话吗？有人看到南京长江大桥上有个横幅："南京市长江大桥欢迎您！"结果他读成了："南京市长，江大桥欢迎您！"虽是笑话，却揭示了断句对理解的重要性。比如，一些孩子看到"我喝口水"这句话大笑不已，当我们感到莫名其妙时，孩子给出的断句是：我喝——口水。再比如一道数学问题："有两个书架，第一个书架有3本书，第二个书架有5本书，从第二个书架上拿走2本书，现在两个书架一共有几本书？"二年级的大多数孩子在面对类似这种数学题时，常困惑于"书去了哪里""跟第一个书架有关吗"这种成年人不会有的疑问，这都恰恰反映了孩子对语言细节的敏感性。

因此，小学生的阅读内容应贴近其生活经验，如校园故事、儿童文学或童话等。这些题材不仅能引发孩子的情感共鸣，还能帮助孩子在阅读过程中自我修正理解偏差。例如，当孩子读到后面发现与前面的理解不符时，会自然调整认知，这种自我修正正是提升阅读理解力的关键。过早引入难度较大的经典名著，孩子会因为不理解造成太多误解和困惑，带来阅读上的无聊、挫败感，这反而可能降低阅读兴趣和自信。

只有选择适合的内容，孩子才能真正享受阅读，逐步进入沉浸式阅读的状态。

（2）初中生的阅读

初中生的自由阅读量往往不增反减，尤其是初三学生，因中考压力大、学业内容多，阅读多局限于考试相关书目，功利性极强。

然而，语文学习的核心在于积累，初中生仍需要坚持每天至少半小时的自由沉浸式阅读。阅读范围应广泛涵盖文学、历史、哲学、科学、艺术等领域，以拓宽视野、丰富思维，提升人文素养。若孩子偏爱通俗小说，家长也不必强行干预，毕竟阅读这件事本身优于沉迷电子产品。重要的是培养阅读习惯，之后可逐步引导其接触更有深度的书籍。

建议将自由阅读时间安排在周五晚上、周末下午等相对宽松的时段，既不影响学业，又能让阅读成为放松与成长的环节。

（3）让孩子有机会实践自由沉浸式阅读

① 给孩子选择权。每周带孩子去书店或图书馆，让孩子自己选择感兴趣的书籍，父母可以提供建议，但不要强加限制，更不要自作主张地买回自认为好的一套套书，压着孩子去读。

② 创造沉浸式阅读环境。可以打造温馨的阅读环境，比如在家中设置一个专门的阅读角，配备舒适的沙发、书桌和孩子喜欢的台灯。不妨给台灯贴上"阅读专用"的标签，这样的小仪式有助于提升孩子阅读兴趣。父母要以身作则，家中每晚要有固定的阅读时间，当家庭充满书香时，孩子

自然会沉浸于阅读。

③ 避免过度干预。不要在孩子阅读时或阅读后不停地询问读后感，要给孩子以时间自己消化书中的内容。一千个人读哈姆雷特就有一千个哈姆雷特，阅读体验是非常个人的主观的事情，没有绝对的对错，不要像应试一样给出或让孩子给出符合父母心中标准的所谓正确答案。

3. 家庭交流本

准备一个精美的家庭交流本，作为日常沟通的桥梁。父母每天写下自己的感想或真实的生活事件，孩子回应或分享自己的故事，文字或涂鸦皆可。

这种方式不仅能弥补父母因忙碌而与孩子在交流上的缺失，还能通过真实的生活记录提升孩子的阅读理解和表达能力，同时为孩子积累真实的写作素材。待孩子成年后，这部满载回忆的交流本将成为全家的珍贵纪念品。

四、时间管理能力

培养孩子的时间管理能力，是学习力培养的一个重要内容，对提升孩子学习能力和学习效率十分重要。一般来说，从四五岁开始逐步引导最为合适。下面将按照由浅入深的顺序，介绍一些培养孩子时间管理的实用方法。这些方法没有严格的年龄限制，家长可以根据孩子的理解能力和成长阶段灵活调整。

（一）提升时间管理能力

1. 具有"时间点"概念

很多家长都头疼孩子缺乏时间观念，主要表现为三种情况。

① 对时间流逝不敏感。孩子做事总是慢条斯理，家长急得团团转，他

却依然不紧不慢，似乎完全感受不到时间在飞快流逝。

②严重低估或高估学习任务的用时。比如半小时能完成的作业，孩子要么觉得要一小时，要么自信满满地说"半小时搞定"，结果拖拖拉拉一个多小时还没写完。

③学习计划总是落空。孩子可能会认真制订时间表，把学习安排写得清清楚楚，但执行起来很难真正落实，计划往往变成一纸空文。

面对这些问题，家长常常苦口婆心地劝："不是不让你玩，是希望你先高效完成任务，之后就能安心玩了。""早点做完该做的事，不就有更多自由时间了吗？"可孩子往往左耳进右耳出，依然我行我素。这个问题的根源很大程度上在于：孩子缺乏"时间点"的概念。我曾询问一些被认为"没有时间观念"的小学生："你知道每天几点起床、几点上学、几点写作业、几点睡觉吗？"结果大多数孩子都答不上来，因为这些一直都是家长在提醒，他们从未真正留意过。

解决方法其实很简单——让孩子自己掌握时间：让孩子自己设定闹钟起床，决定出门时间；和孩子共同商定写作业、吃饭、睡觉等固定时间点；要求孩子自己看钟表执行，家长只在必要时提醒。

只有亲身实践，才能真正建立时间观念。就像认路一样，跟着别人走永远记不住路线，必须自己走过才能印象深刻。这是培养时间管理能力的第一步，也是锻炼自理能力的重要环节。一个连基本生活作息都不能自主安排的孩子，是不可能真正学会管理时间的。

2. 具有时长与效率的对比体验

很多家长都会叮嘱孩子"要高效学习"，孩子们自己也渴望提高学习效率。但问题在于：到底什么样的状态才算是真正的高效学习？怎样的表现才算尽了全力？由于缺乏清晰的标准和认知，孩子们就像在迷雾中前行——

既看不清目标,也不知道该如何调整自己的学习状态。

针对这类情况,解决办法是:让孩子充分体会绝对时长和相对时长。

(1)绝对时长的体验

在相同时长内反复做同一件事(难度相同),在相似的质量下,对比完成量,体会绝对时长和效率的关系,也就是体会时间利用率。

具体操作方法:5分钟抄写字词,查看每次所完成抄写任务的质和量。孩子自己上好闹钟,体会在同样时长、相同的质量(如正确率、整洁度等)下,专注和十分专注、努力和十分努力之间的字数差距。

在执行此项体验过程时应注意:第一次,让孩子在保证书写质量基础上自由发挥,记录5分钟内写出的有质量的字数;第二次,开始写之前,父母告诉孩子要尽可能多地写出如第一次一样有质量的字。父母充当啦啦队,当孩子有懈怠时,鼓励孩子"这个字写得真好""速度不错""坚持一下",激励孩子以最佳书写状态和速度完成第二次,并记录书写字数。

孩子们第二次书写的字数往往会超过第一次的,看到两次书写差距,体会如何克服惰性达到最佳状态及提高最佳状态下的效率,孩子才会具有效率概念,才会对专注和速度有控制的意愿和可能。今后在学习中,孩子才有可能实现自我要求和自我控制。

简而言之,最佳状态是实践出来的,不是想象出来的。那么今后,孩子就可以把这样的书写效率作为标杆。

(2)相对时长的体验

在相同时长内,做不同类别或难度的事,体验时长因心理感受不同而不同。

具体操作方法是规定三个"一刻钟",分别做"玩耍、吃饭、写作业"

这三件事。让孩子体会到：做喜欢的事，感觉时间很短；做辛苦的事，感觉时间变得很长。在长长短短的相对感受积累上，孩子才能慢慢地，不用看时钟就能较为准确地估出做各种事所需要的绝对时长。

拥有相对时长意识和体验的孩子，给他一刻钟吃早饭，他可能会说："没问题。"给他一刻钟看闲书，他可能会说："不太过瘾。"给他一刻钟玩耍，他可能会抗议："时间太少了！"

而缺乏相对时长体验的孩子，对以上要求可能会无感，会很快答应，做一步看一步，做不到时自己也不明就里，出现磨蹭拖拉等一些常见的现象，或者因为感觉时间太快自己还没玩够就到点了而生气发脾气。

这时候，父母如果推心置腹地对孩子灌鸡汤、批评，都没用。因为这压根就不是态度的问题。

我们知道好情绪对孩子做事体验和效果的影响巨大。因此，在孩子开始学习时，要保证孩子情绪平稳、愉悦，那孩子的学习相对时长就会变短，给孩子带来惊喜；相反，如果孩子被训得垂头丧气，那学习的相对时长就会变长，孩子容易疲惫、磨蹭、应付。

3. 积极性时间规划和压迫性时间规划

短期时间规划可以分为两种：积极性时间规划、压迫性时间规划。

（1）积极性时间规划

积极性时间规划可以给自己一种自信感，在设置时间表的时候可将时间段适当放宽。比如做语文作业预计要45分钟，但是规划为50分钟。这样如果45分钟做完了，就会多出5分钟自行安排。无论是休息还是提前进行下一项任务都会给自己以自信心上的鼓励——我还是很厉害的，我刚刚努力干活儿，现在多"挣"出了5分钟的休息时间。在这种积极的时间规划下，人的工作积极性会更容易被激发出来。如果说连着完成了四五项任务，而且每项都有 5—10 分钟左右的剩余时间，那么集中起来休息一下或者玩儿一会儿，就会给自己带来不小的愉悦。这相当于一种正反馈机制，会激发孩子在后续的工作中也尝试努力提高效率，争取"挣"出更多的自由活动时间。比如数学中大预习的规划，就属于积极性时间规划。

（2）压迫性时间规划

压迫性时间规划与积极性时间规划相反。在设置时间的时候，可适当收紧。比如 45 分钟的项目，只预留 40 分钟的时间。这样在完成时就会有一种紧迫感，在一定情况下也会有效提升工作和学习效率。比如数学学习中的限时提速环节、头脑大风暴，都属于压迫性时间规划。

应当指出的是，在这两种时间规划中，完成工作的预计时间和规划时间不宜相差过大，否则反而会对积极性造成打击——无论是把 45 分钟的活儿硬拖到 90 分钟的工作时段里，还是把 45 分钟的工作压缩到 30 分钟的时段里都是不现实的。这只会造成时间表无法运作，进而被放弃。

前文提及的每日一题环节能帮助孩子准确预估完成时间，为限时提速环节提供可靠准确的时间，便于做好合理的压迫性时间规划。

4. 六周学会时间规划

用六周时间让孩子学会基本的时间规划，这个方法分三个阶段，具体操作如下。

（1）第一阶段（第 1 周）：自我管理、时间规划体验期

本阶段的目标是让孩子体验自我规划时间、执行学习计划的全部过程，不用太介意效果。孩子每天放学后，请他/她做以下 3 件事：

① 自己把要做的学习事项一条条在本子上整理记录下来，做完一条划掉一条，并记录实际完成时间。

② 每天临睡前看看剩余的事项有几条，如果完成大概还需要多长

时间。

③ 回顾已完成的事项里有哪些在时间上可以再缩短些；没完成的事项中有哪些是很重要的，将重要性按序号1、2、3标注出来。第二天如有相似的学习事项，按重要性顺序争取完成其中的一项。

在这个阶段，请让孩子完全自己规划和实施时间管理方案，家长只默默看，每晚结束学习时，记录下孩子的问题。不要和孩子讨论复盘，让孩子自己思考。

每晚到点睡觉（睡觉时间家长先规定好）。这点很重要，一定要做到。

友情提醒家长：

• 即使孩子没有完成重要的学习事项，也要淡定。

• 即使第二天孩子被老师批评，也一定沉住气，不要崩溃。

• 鼓励孩子自己发现问题，自己去调整规划。

• 不管孩子完成得有多差，父母都不要干预和指导。

最后，当周的周六晚上，父母和孩子以家庭会议方式复盘本周时间规划和实施中存在的问题，请孩子谈谈自己的改进方法和措施，父母可以提出意见和建议，但不要直接干涉或安排。此外，父母只点评孩子做得好的点，一般不要批评。

（2）第二阶段（第2—3周）：自我管理调整期

本阶段的目标是孩子能完成自己规划内的学习任务。

第2周，孩子依然自己做时间规划，并且本周允许最多2次没有完成规划。

这期间，家长可以每晚检查当天计划是否完成，简单点评当天的时间规划是否合理，并对第二天的时间规划提出建议。孩子有了第一周的实践，对时间规划、时间长短和任务难易有些概念了，家长再提建议，会起到事半功倍的作用。

友情提醒家长：

• 在规划制订上依然是以孩子为主，家长指点纠偏为辅，不要本末倒置。

• 提醒孩子做积极性时间规划，不要把学习事项规划的时间限定得太紧张，不要过度追求完美，如果预感难以完成当天的所有学习事项，那么宁可适当减少。

• 要让孩子拥有完成所规划学习事项的成就感，然后在下一次的规划中去提升效率。

第 3 周应避免前 2 周出现的重大失误或问题，本周应争取全部按规划完成学习事项。

（3）第三阶段（第 4—6 周）：合理规划巩固期

本阶段的目标是孩子能制订合理的时间规划并能实施完成。

这个阶段，孩子无论在规划制订还是实施上都仍然可能会出现各种新问题，但要坚持发现问题和解决问题都以孩子为主、家长为辅。需要提醒的是，家长仍要坚持每天检查孩子执行情况，每晚简单复盘，推动孩子自己发现问题和提出解决措施。在复盘过程中及时发现和肯定孩子做得好的点。

通过六周的时间规划训练和体验，孩子对时间点的意识、时间规划的能力必然有所提升，对时间和自己的掌控感也会越来越强，越来越有自信。

5. 提升时间管理能力的加法

初中生小林听说我每周末都要留出一天时间来和家人玩，眼睛都亮了。他说："您这么忙，哪里有时间玩？"我说："办法总比困难多，只是时间安排上确实要花点心思才行。"他若有所思又充满期待地说："那我也可以加进去我想做的事了。"提升效率，不是当苦行僧做更多不爱做的事，而是为了让我们能做更多想做的事。

所谓加法，可以被理解为"事件加法"，即在繁忙的事务中加入 1 件孩子特别想做的事（玩手机、网络游戏这类除外），满足孩子的愿望，增加幸福感。

比如：和小伙伴一起玩耍、看动画片、做手工、玩玩具等。可能父母看到这里会心有不安：以前没有加事件完成学习任务都勉强，加了这些孩子岂不是更完成不了吗？

其实，孩子的心理感受和学习效率是直接挂钩的。我们同时也要相信：每一个孩子的潜能是无限的。

时间对每个人都是公平的，一天始终只有 24 小时。当孩子每天的学习任务量基本固定时，如果突然增加新的活动安排，却还要保证每件事都做好，这实际上就是在无形中要求孩子提高学习效率。

只是这个要求不应是由父母直接提出来的，而应是由孩子本身的愿望间接促成的。

如果孩子的心理体验是开心的，在规划时感觉是在为自己做事，关乎自己的切实利益，而不是完成他人布置的任务，那么就会自带动力。这个方法能否成功，取决于父母是否能深刻理解以下四点。

（1）加入想做的事

让孩子懂得，不要总是把自己想做的事安排在一个非常遥远的"有空的时候"。

我们应该都有这个体会，真有空了，可能反而不会去实现一直期待做的那件事，而是睡懒觉玩手机了。

因此，想做就做，尤其是孩子，从小就要培养出即时实现愿望的能力。这个能力如果长期激发不出来，就会弱化并退化，最后只能无奈地接受无力感。感受实现一个小愿望带来的美好，对生活和学习才会有更大推动力。

(2) 父母不要把孩子想做的事当成一个奖励

父母往往是在这个环节做反了，把孩子想做的事当成了一个奖励：你要是尽快完成作业，就给你／就让你……这个饼画得再大，孩子若没有切实体会过，其诱惑力就远远小于孩子提升效率所要付出的辛苦，孩子多半还是会选择磨蹭。这又导致父母认为：这个方法对孩子没有推动作用，孩子不在乎奖励。殊不知，是父母的方法本来就用错了。

(3) 先加进去孩子想做的事再做时间规划

我们之所以能记住美味，是靠味蕾的感知记忆而不是想象。父母要先让孩子无条件地没有任何心理负担地实现心愿事件。比如，孩子喜欢看动画片，那就找出2小时、备好茶点，一家人舒舒服服地依偎在一起看。温馨愉悦的情绪情感交流，会滋养每一个人的心灵。准备的过程表达了父母对这个事件的重视和期待，而对孩子来说则是鼓舞和尊重。再比如，孩子如果要玩拼接玩具，那就放点背景音乐，配点魔幻灯光，最后再加个观赏、比赛、点评环节……

总之，在实现孩子的心愿事件时，用心营造一个具有足够吸引力的氛围。吸引力有多大，孩子做事件规划的动力就有多大。这一步，正是体现了：慢，就是快！

(4) 提出你的期待而不是要求

在孩子开始规划学习前，你可以邀请孩子："咱们一起看个动画片吧！9点开始可以吗？等你哦！"而上述第三点的体验储备，在这个时刻也会发挥它的效能，孩子会努力地想帮你实现愿望，而不仅仅是他的愿望。这时，你们是一体的。这个过程还会让孩子生出对父母和家庭的别样的责任感。每个孩子都是想好的，也都是贪心的。

当孩子时间管理上有一次做好了，就会希望次次都能实现。加进来的愿望越多，孩子的学习效率就越高，时间管理能力就越强。

6. 初中生中长期学习规划能力培养

初中阶段是培养学生中长期学习规划能力的重要时期。所谓中长期规划，指的是持续两个月或一学期以上的系统性学习安排。

与短期规划相比，中长期规划能提升学生持续性的目标管理能力，通过将暑期、学期或学年的大目标分解为阶段性小目标，培养学生持续性目标管理能力，这对学生终身发展有着十分积极的意义。学生面对中长期目标时的坚持与挫败、应对意外事件的反应，都有助于培养成长型思维，这是短期学习计划无法获得的心理素质。

长期规划可以体现为：半年内完成指定数量的中英文阅读，或一年内提升英文词汇量等。其中，数学、物理等理科的长期规划更具挑战性。

对于中期学习规划，以六年级下学期预习初一数学为例，可以安排如下：

表2-10　六年级下学期预习计划参考

时间跨度	阶段划分	特殊情况
2—8月	2—6月（学期中）：每日适量预习	若需要准备小升初考试，可将预习集中在7—8月
	7—8月（暑假）：集中预习	

初中阶段（初一至初三），可以制订寒暑假数学、物理预习规划，具体方法和要求可参考"寒暑假大预习"。

7. 两个神秘有趣的时间测试法

如果孩子对时间的把握总是不够好，别急，这里有两个独创的时间检测法,让孩子清楚自己的行为时间构成,真实地面对自己的问题。

(1)"时间去哪儿了"检测法,发现隐藏的秘密

瀚瀚在初二时,经过近一年的调整,已具有了很强的学习动力和学习能力,但他的时间利用率还是不够好,经常会无意识地磨掉很多时间。比如,瀚瀚很爱读书,拿起书一看就忘了时间,休息时间到了,还是无法进入学习状态,甚至有时边看书边写作业,对学习效率很有影响。瀚瀚为此时常自责和焦虑,但始终没有实质性的改善。

我分析,根本原因在于他并不真正知道自己到底磨掉了多少时间。于是,我决定使用"时间去哪儿了"检测法。

我请瀚瀚挑选最近一周内的某个正常工作日或周末,然后把一天24小时内做的所有事分类并全部记录下来,标注每类事务的用时,比如:学习5小时,睡觉8小时,吃饭1.5小时,上厕所50分钟……

这个方法的使用要点是:

① 记录的是过往的真实的某一天;

② 记录下分类事件及其所用的总时长;

③ 不必按发生顺序记录。

瀚瀚认认真真地在纸上写下来各种用时,看到自己的学习时长,感叹说:"我蛮辛苦的,玩的时间太少了。"

写完后,我请他把所有用时加起来,看看一共多少小时。瀚瀚计算了一下,突然抬头看着我,惊讶地说:"21.5小时!不到24小时。"另外的2.5小时去哪里了?

瀚瀚做事一向认真严谨,他反复检查,确认没有遗漏记忆。那么,是什么原因造成一天事务用时累计后不满24小时呢?瀚瀚一时解释不了。

我分析给他听:我们在回忆所做事的时长时,记录下来的都是有意识

的、积极的或者属于生活必做的部分，对那些不在计划之内的时间，会无意识地屏蔽掉。所以，这2.5小时，就是你自己不愿面对的被磨蹭掉的时间。每天磨掉2.5小时，是没有任何感知的。

瀚瀚陷入沉思……在之后的日子里，瀚瀚的时间观念有了很大改观，每天会有意识地揪出那隐形的2.5小时，对可能的磨蹭有了警觉，对时间的管理也越来越精准。

我也给五到六年级的孩子们做过"时间去哪儿了"的检验，竟又发现了很多始料不及的情况：一些孩子每天上厕所的时间累计只有几分钟，最少的2分钟。这样的数据让人质疑。细细了解下来，原因各异：有的孩子是由于没时间概念导致估算错误；有的孩子坚持说这是真的，在学校可以一天不上厕所；更没想到的是，好几个孩子跟着附和……

心疼之余，更希望这能引起老师和家长的注意，要引导孩子们提升健康认知，保证正常的补水，维持正常的新陈代谢，否则很可能会对孩子身体造成损害。

这里附上我对初中生时间管理能力的测试标准。孩子要先用24小时减去自己统计的一日所有事务总时长得到差值：

①差值小于1小时，时间管理能力属于优秀；

②差值在1小时和3小时之间，时间管理能力属于中等；

③差值大于3小时，时间管理能力属于较差。

此标准仅供参考，运用时要注意结合孩子各方面实际情况综合判断。

（2）"流水账照镜子"检测法，直面真实的自己

对另外一些明知自己有些"拖延症"但并不在意的孩子，我请他们用"流水账照镜子"检测法，对自己全天的活动进行详细记录，让拖延掉的时间完全显形，让孩子直面拖延带来的时间损失。

具体方法是：从早上一起床开始，真实记录自己的每一个活动细节（不必分类）及所花费的时间。比如：7点—7点20分起床、洗漱、上厕所；7点20分—7点40分吃早餐。

注意点：

① 记录的是全天的真实活动情况；

② 严格按活动的时间顺序记录所有活动；

③ 记录必须满24小时，不能有一分钟的间断。

初三的菡菡（详见案例篇）一直有"拖延症"，但始终没有引起重视。中考前三个月，她向我请教如何提高时间利用率，我建议她用"流水账照镜子"检测法记录三天的活动。尽管她在记录时已经刻意避免拖延，但看到自己的时间流水账后，依然感到震惊——记录清晰地显示了她从未意识到的拖延，以及这些拖延发生的具体环节。

面对这些实实在在的记录，她真切感觉到了自己在时间上的浪费，终于开始采取行动。例如，她将每晚吹干头发的时间从半小时缩短到8分钟，洗澡时间也从40分钟压缩到20分钟且并不感到仓促。通过砍掉不必要的"枝节"，她的行动变得干脆利落。生活节奏的加快也带动了学习效率的提升，两者相互影响形成良性循环，从而提升了时间管理能力。

三个月后的中考，菡菡的总分提升了100多分。

（二）磨蹭专题

1. 孩子磨蹭时，父母怎么面对

很多父母看到孩子磨蹭、拖拉，第一时间就把情绪表现在脸上：着急、失望、生气……

孩子本来可能对自己没按时执行计划也会内疚、后悔、担忧，但在父母的一顿数落中，这些情绪很可能反而消失殆尽，转化为难堪、生气、愤怒、报复式磨蹭、对抗式拖延……孩子感受差，情绪堵，自然是不利于后续计划的执行的。

当孩子没有按计划时间开始学习时，父母要从正面多鼓励，要给他们时间去调整节奏。有时理解和安慰远比唠叨埋怨、说一堆道理要好得多。

孩子既然答应按计划做事，就说明内心是想好好做事的，只是天性中的惰性一时之间占了上风，孩子天性中要好的一面败给了劣势的一面，加之时间管理能力还不够强，因此没能完成计划。但不能由此说孩子内心没有挣扎，没有作为，没有努力。

这时父母如果跟孩子说："很困起不来，是吧？早起确实很难，要不你就再睡5分钟吧。"（请注意，对此类问题不要让孩子做承诺，诚信问题中我们也谈到过，做不到的不轻易承诺。）同时，可以拍拍孩子，抱抱孩子，说一句："没事的，谁都会这样！"以经验来看，大多数情况下，孩子只会暂时地躺平不起，只要有一次按时起来了，我们及时给予肯定和鼓励，孩子后续就会做得越来越好。

这么做不是纵容孩子懒惰，而是理解和接纳孩子天性中正常的弱点，更是确保孩子以良好的情绪进入后面的学习。譬如，在坚持跑步这件事中，很多父母反馈，冬天的早上闹钟响了，孩子起不来，不少父母常常比较生气，有的甚至硬拉，但往往没有好的效果。相反，有的父母在孩子没按时起床时并没有生气，喊过一次后，就告诉孩子："我们先出去跑了。"

可能前几天，孩子并没有跟着起来。但是，渐渐地，孩子们会受到父母潜移默化的影响，跟上父母的节奏早早起来出去跑步。

当然，这种情况下的孩子是经过意志力孕育培养的，否则他有可能继续躺平。

2. 容易写作业拖拉的两类孩子

有两类孩子一写作业就拖拉。

（1）类型一：要好但经常打疲劳战

问题所在：

孩子一晚上都在学习，但是学习效率低，后半部分基本处于硬熬的状态。

分析问题：

尽管孩子很要好，中途不想休息，但已经没效率了，专注力已经在下滑状态中。

解决方法：

①建议孩子把半小时作为一个注意力高度集中的时间段，全力以赴写作业，然后休息10分钟，以此类推……中间休息，似乎耽搁了10分钟，但休息后的半小时一定比连续写1小时的后面半小时，效率高很多。

②详情请参见后文"高年级孩子回家后难以进入学习状态怎么办"。

注意事项：

①休息时，不要看故事书，不要玩游戏，这都会分散写作业时的专注力，也不要做俯卧撑等剧烈运动。

②休息时，可以通过听音乐、喝水、一个人在墙上打乒乓球等来缓解视疲劳，也可以做些拉伸身体的小运动。

（2）类型二：上课没有认真听讲，对当天课程内容没有完全消化

问题所在：

孩子直接做作业，对与作业相关的知识点等内容不熟悉，作业存在难点，无法通过自己的思考解决，造成作业低效。

解决方法：

建议孩子先把作业内容看一遍，找出自己觉得不懂的、不会的题目，

标注出来，采取相应措施。

① 对照教材中的知识点，把作业中不会的题目在草稿纸上做一遍。如果还是做不出来，就把当天所学内容系统复习一遍。再做还是不会，请教父母或同学。建议孩子跟班上学得好的同学讨论难题（电话或视频），也可以对着解答过程学习。

② 确保之前不会做的题目都能做出来后，预估作业完成时间。

③ 把 30—40 分钟作为一个注意力高度集中的时间，全力以赴写作业，写完休息 10 分钟，以此类推……

④ 对照预估时间，看看自己是否超时。

注意事项：

一定要先复习，弄懂不会做的题目后，再限时提速。

3. 有的孩子作业磨蹭，原因可能非你所想

三年级的小蕊，写作业很磨蹭，这让她的父母一筹莫展。小蕊父母了解到校内作业并不多，班上大多数孩子写完所有作业不会超过 1 小时。但小蕊每天写作业都要磨蹭到晚上八九点，这种状况持续了 1 个多月，父母怎么催都没用。

我与孩子的互动和测试显示，小蕊的阅读理解能力和专注质量处于同龄孩子的平均水平，书写速度也正常，可以排除是能力因素导致的写作业慢。

接下来，在孩子的述说中，我发现了她的小秘密。原来，小蕊特别爱看书，一放学回家就先看课外书。写作业时，常常会不由自主地联想到书里的故事情节，然后一直幻想后来怎样了。休息时间，小蕊依然是看书，写作业时再完成自己的故事情节想象。

小蕊父母没有找到原因，只是一味地批评孩子专注力不好、时间观念

不强、不自觉。在父母的责备和焦急的催促中，小蕊认为自己很差劲，不知自己为何会如此磨蹭，很沮丧很无奈。小蕊让我想到之前的一些孩子，他们在写作业时，因为看书被父母批评，然后就背着父母偷着看，边写边看，导致写作业磨蹭、作业质量差。

有一位爸爸在发现孩子边写作业边看书时，当场气愤地撕碎了孩子的书，并把所有书都搬到了办公室，让孩子跟书隔绝。这种做法严重伤害了孩子对阅读的认知和热爱，导致孩子上初中后不愿意再阅读。

遇到这种情况，首先，我们要肯定孩子爱看书是件好事，不要让孩子把看书演变成对抗写作业的偷偷摸摸的事。要把看书和写作业两件事剥离开来，不能混为一谈。其次，最为重要的是，要给孩子预留出整段的看书时间。无论多忙，作业多么多，一定要做好取舍，减掉一些不必要的项目，比如机械刻板的作业、刷题、写字、练琴……省下时间给孩子读书。但同时也要让孩子明白：我们每一个人都可能面对两件事。一件事，是想做的；一件事，是必须做的。只有做完必须做的，才有可能做到想做的。

此处提供小建议：孩子们平时放学回来学习任务结束前不看书，休息时也不看书；阅读放在睡前，30—50分钟。

4. 高年级孩子回家后难以进入学习状态怎么办

一些高年级孩子放学回家，东逛西晃，1—2小时后才开始写作业，有时甚至3个多小时后才能正式开始，写完作业已经深夜12点多，甚至1点多，家长看着心疼又无奈。

初中生们纷纷述说放学后无法立刻开始学习的苦恼。有的孩子说："我也想写作业，但就是控制不住想躺下或玩一会儿。"有的孩子说："我脑子转不过来，浑身没劲。"这种情况下，不仅仅是家长担忧，孩子自己也着急自责。但是大家都很无奈，把这个现象归因于孩子自控力不够好、意志力不好、时间管理不好或做事磨蹭等等。事实是这样吗？我们该怎样帮助孩子面对这个问题呢？

（1）了解大脑工作效能的波动性

具有上述现象的基本上是六年级及以上的孩子。他们校内一天的学习、活动量和强度确实大，有的放学后都六七点了，大多数学生会感觉疲劳不想动。在校内的学习越用心，到家后疲惫感越强。

我们都知道体力是会波动的。如果刚刚跑完5000米，那得休息好一会儿才能缓过劲来再接着跑800米、1000米。同样地，脑力也是会波动的，只不过它更为隐形，平时我们不太能感觉得到。体力消耗的时候会出汗、心跳加速、口干舌燥、四肢无力，感觉非常明显。脑力消耗到一定程度的时候，表现是迟钝、发呆、注意力游走、不能进行深度思考，这些表现有时不太好区分。大多数人对此并不清楚，总以为只要有自控力，脑力可以一天到晚保持相同程度的敏捷度。

脑科学显示脑力有两个方面的波动。

首先，脑力会随着时间波动。一般早上刚起床的时候精力最充沛，头脑的活性最大，大概能保持2.5小时的活力，然后想再集中注意力就不是一件容易的事情了。中午吃过饭，血液会流向胃里，大脑缺氧感觉昏昏欲睡，这时候如果能小睡15—30分钟左右，精力就会恢复，又能保持活力2.5小时。

因此，建议孩子们中午尽量眯一小会儿。有些孩子担心午间小睡养成习惯后，中考、高考时万一中午不能午睡会影响下午的发挥。其实，午休本身并不需要正式入睡，不少同学只是趴在桌上打个瞌睡就能恢复精神了。另外，在中考和高考前2个月改变午间小睡习惯也完全来得及。

其次，脑力会随着做事的难易程度波动。如果你刚写完一份高难度的数学试卷，便要立刻投入下一个动脑工作，比如背一篇英语课文，你就会觉得吃力，原本几分钟就能背出来的，现在可能要背很长时间。因为越是需要注意力和创造力的工作，就越消耗脑力。孩子们在这种状态下，如果硬要用意志力控制自己投入学习中，那么学习效率是会大打折扣的，同时还会拉低专注力的质量，造成专注力下滑。

了解大脑工作效能的波动性后，对之前因大脑疲惫而难以进入学习状态的情况，孩子就不必太自责了，父母也要理解和接受这一生理规律。那我们怎么才能把身体调整到巅峰状态，进而对时间进行高效的利用呢？

（2）从大脑效能的角度出发去进行时间管理

我们这时要做的最重要的事，是恢复大脑的效能。对于高年级孩子来说，放学后不管是否感觉到累，最好不要马上进入学习状态。可以安排半小时的慢跑，这期间可以听听音乐、洗澡、吃饭（或水果点心），心安理得地放松1—2小时之后，再进入晚间的学习状态。这个操作过程可以灵活变通，休整的时间随实际情况而变化。比如初中生下了晚自习，到家9点多了，这时休息1—2小时不现实。可以用15分钟散步或跑步、听音乐，或自己在家里的墙壁上打乒乓缓解眼疲劳等，再用15分钟洗澡、吃点水果点心，保证大脑有30分钟左右的缓冲时间来补充能量。如果放学回家路上时间比较长，那么也可以利用路上时间跑步并听音乐放松，到家再洗澡、吃点东西，15分钟后进入学习。

要做到、做好这些，需要父母和孩子提高以下三点认知：

① 磨刀不误砍柴工。大家千万不要舍不得放学后的这0.5—2小时。舍得舍得，不舍不得。会休息的人才会工作，就是这个道理。

② 灵活调整做事次序。每晚都要适量运动、吃饭、洗澡、学习，现在我们只是在时间次序上调整了一下。

③ 发挥运动对脑力恢复的作用。脑科学相关研究表明，运动对脑力恢复有诸多作用，能改善大脑血流量和供氧，促进神经递质释放，增强大脑认知功能等等。但运动对大脑的影响是很微妙的，人们一般难以直观地感受到，所以经常被忽视。许多案例证明，重视运动和脑力的关系，选择符合自己特点的运动形式，能有效促进脑力和精力的恢复。

还记得前文提到的小西吗？初三时她每天放学到家都觉得很累，要2小时后才能开始写作业，一写就写到半夜，睡眠不足影响了白天听课效率。后来，她根据自己的特点调整了回家后的学习、运动和作息计划：晚上到家后先跑步再洗澡，8点半睡觉，凌晨4点半起床写作业、学习。经过2个月的时间调整，她的成绩从年级排名117名上升到40名。

人和人之间的智商、能力差距没有多大，能拉开差距的一是认知，二是对方法和细节的把控。如果你能充分利用好放学后的这段时间，适当安排好运动（音乐）、洗澡、吃饭（点心水果）等活动，相信对有效恢复脑力、顺畅进入学习状态、提升学习效能必然会起到积极作用。

愿每个孩子都可以尝试体验下这个方法，用放学后的0.5—2小时来放松大脑，让自己满血复活，而不是自责、逼迫自己继续低效甚至无效地学习。

学习力之行

• 案例篇 •

基于近 20 年的一线教育实践与咨询经验,我深刻认识到,学习力的培养是一场系统发展过程,在孩子成长的不同阶段有着不同的培养重点和培养方法。学习力培养的启动时机与执行质量十分关键,直接影响孩子的发展成效和成长轨迹。尽管每个孩子的认知、特点、优势及问题各不相同,但是有一个规律:学习力培养启动越早,孩子学习力提升就越高效、越稳定、越顺畅。

为了让读者更加深入地认识和掌握学习力培养的规律,我选取了孩子们不同成长阶段学习力培养的典型案例,通过实操的执行细节,揭示学习力从萌芽到提升的动态演变过程。这些案例既验证了学习力培养观点、方法的适用性,也展现了家庭教育在现实中的多样性和复杂性。无论是高效执行的成功范例,还是困境突围的调整过程,都展现出特定年龄阶段孩子发展的共性问题和应对策略方法。

这些案例大部分都曾发布在公众号上,其中不少还附有孩子父母对孩子学习力培养过程的真实记录。此外,绝大部分父母还在案例的留言区持续更新孩子成长近况。当孩子和父母尚未获得众人眼中的光环,他们的所思、所想、所为才是最真实的,才是最有借鉴意义和参考价值的。

希望这些案例能给家长和其他教育者带来启发,帮助孩子更有效地提升学习力，实现高效自主学习。

一、学前阶段开启学习力孕育——一顺百顺的早航

在学前阶段对孩子进行学习力孕育，可避免走弯路和损耗能量，并使后续的学习力提升更为顺畅和高效。我精选了三个案例，分别代表了不同的学习力孕育情况。

这三个案例告诉我们：学习力的培养，从来不是拼智商或靠砸钱上培训班，而是要在孩子最初始的成长期，种下学习力的珍贵种子——学习兴趣、自主学习意识、"三足鼎立"方法。

当孩子渐入学习力提升佳境之后，父母常常会认为"一切很自然，似乎没什么特别的"。可当他们真正回望孩子的成长细节时则会感慨万千：那些看似"水到渠成"的进步里，藏着多少不为人知的坚持和努力——从孩子坚持不懈的辛苦练习，到父母克服思维惯性的耐心引导，再到教育咨询的适时点拨、纠偏，等等。

真正的"自然生长"，从来不是放任自流，而是一场有准备、有方向的远征。

（一）鸣鸣（1—6岁）：从平凡到不凡

鸣鸣妈妈是一位初中老师，具有较科学的教育理念，在鸣鸣还未出生时，就开始学习育儿知识，阅读了大量家庭教育类书籍，也学习了不少育儿课程。即便如此，鸣鸣出生后，鸣鸣妈妈在对孩子的教育上仍然遇到不少困惑，这让她十分苦恼。

1. 孩子对游戏有点抵触

在鸣鸣1岁多的时候，鸣鸣妈妈开始接触我的学习力培养的理念和方

法，并逐步尝试践行。然而，她很快就遇到了一个十分头疼的问题：孩子似乎不喜欢做游戏，一提到"做游戏"，孩子就会抵触，甚至转身就跑。她尝试了很多方法，但效果都不理想，这让她十分困惑和焦虑。

在教育咨询现场的沟通演示过程中，我发现问题出在鸣鸣妈妈身上。她在带孩子做游戏时，过于关注结果，当孩子做得不够理想时，会立刻指出孩子的问题，急躁地提出要求，甚至会批评孩子。这种行为无形中给孩子带来了压力，使她感到做游戏"不好玩"，进而对游戏产生了抵触情绪。这反映出鸣鸣妈妈在教育过程中不够了解学前孩子的心理特点，太在意结果，缺乏耐心和灵活性。其实，这也是大多数家长的普遍问题。

针对这个问题，我对鸣鸣妈妈提出了以下建议。

① 先让自己处于自然轻松的状态：在带孩子做游戏时，不要过于关注结果是否正确，而是要享受游戏的过程。把重心放在观察孩子的反应和激发孩子的兴趣上，注意自己的说话语气和语速要轻柔平缓，让孩子在游戏中感受到快乐，让孩子看到妈妈笑眯眯的样子。

② 变着花样互动：建议鸣鸣妈妈根据数学母题清单拓展不同的游戏方式，增加趣味性和多样性。另外，可以和孩子一起分角色扮演玩游戏，可以每天用不同的语气邀请孩子加入游戏，比如："嗨，小土豆，能跟我玩一会儿吗？""小警察，能不能帮我破案找出这里的秘密（找规律）？"而不是一成不变地说："来，我们该做游戏了。"

③ 给予孩子充分的鼓励和肯定：当孩子在游戏中取得一点点进步、做出一些些努力时，要及时给予鼓励和肯定，增强孩子的自信心和成就感。

鸣鸣妈妈按照我的建议进行了调整。很快，孩子对游戏的态度发生了明显的变化，开始主动要求和妈妈一起玩。鸣鸣妈妈也真切地体会到享受亲子之乐和引导孩子专注学习有机结合的美妙，每次带孩子玩不再是完成辛苦的任务，而是轻松愉悦的互动。

2. 缓解教育焦虑

虽然鸣鸣妈妈在游戏问题上取得了进步，但在孩子上小学一年级时，我发现她仍然存在一定的焦虑情绪，影响到孩子。

通过与鸣鸣妈妈的深入沟通，我了解到她的焦虑情绪主要来源于她在工作中对学生后续发展的观察。作为初中老师，她看到自己的学生有不少在中学阶段的发展出现问题，她担心鸣鸣如果不在早期打好基础，未来会落后于人。

鸣鸣妈妈的焦虑情绪是很多做老师的父母在教育自家孩子时常见的问题，其根源在于对孩子的未来过度担忧，对未来的理想标准过于窄化。这种焦虑必然带来教育的急功近利，不仅会影响孩子的学习兴趣，影响学习力的培养，还会破坏孩子的自然发展规律。

针对鸣鸣妈妈的焦虑情绪，我提出了以下建议。

① 提升教育认知：建立体系化的学习力培养目标，认识到孩子需要"慢养育、深扎根"。孩子小学期间的教育目标不是取得优异的成绩，而是培养良好的学习力和综合素质。

② 关注孩子的兴趣和需求：尊重孩子的个性差异，通过观察孩子的行为和反应，发现孩子的兴趣和需求、优势和不足，有针对性地进行引导和培养。

③ 保护好孩子的学习兴趣：教育是一个长期的过程，需要家长保持耐心和灵活性。在小学阶段，最重要的是保护好孩子的学习兴趣。在教育过程中，要根据孩子的实际情况，适时调整教育方法和策略，避免急功近利。

通过一系列的教育咨询和心理疏导，鸣鸣妈妈逐渐放下了焦虑情绪，能够更加从容地面对孩子的教育问题。孩子的学习兴趣也日渐浓厚，学习力在稳步提升。

3. 完善学习力培养体系，助力孩子全面发展

孩子进入小学一年级后，鸣鸣妈妈希望能够进一步完善学习力培养体系。

我根据鸣鸣的特点和发展需求，为她制订了具体的"校内自主学习＋校外'三足鼎立'"的学习力培养方案，引导她在一年级的下学期开始玩数学头脑游戏（孩子一般需要到三年级才能进行），并要求鸣鸣妈妈加强对孩子诚信意识的培养，包括按约定时间完成作业、按自定计划完成学习任务。

鸣鸣没有参加任何幼小衔接班，入学后在妈妈的引导下，能够自主管理校内学习，自觉完成作业，并且每天坚持"三足鼎立"训练，早早睡觉。孩子的体质和体能得到了极大改善，很少生病，学习力稳步提升，学习成绩也稳定在班级的中上水平。孩子学习兴趣浓厚，很有成就感。

鸣鸣上学后，由于自主学习能力较强，鸣鸣妈妈反而比之前更轻松了，对于孩子学习基本不用操心，完全不像其他很多父母那样，孩子上小学后全家进入更紧张、更操心、矛盾冲突更多的状态。

鸣鸣案例给我们的启示是，孩子越早开始学习力的孕育，上学之后的能力发展和学业发展就会越顺畅，这充分印证了学习力培养的自然、极简原则和越早越好的原理。

鸣鸣妈妈分享（原文节选）••••••••••••••••••••••••••••••••

孩子一岁多时，我对于如何养育孩子并无具体清晰的认知。经朋友介绍，关注了赵老师的公众号并开始学习，初步勾勒出育儿的大致轮廓，了解到孩子在不同年龄段的发展特点，家庭成员之间应相互配合，以及孩子

在开心快乐的情绪氛围中会有更出色的表现等。

原本，我和先生之间的交流方式简单粗暴。渐渐地，孩子也开始情绪化地与我们交流问题，而我之前的处理方式往往只是单一的"口训"。赵老师曾写过一篇文章叫《真性情，真的好吗？》，文中提到，我们作为父母经常发火、情绪失控，实则是心智不够强大、修行不够的表现。发火并非真性情，不发火也不意味着隐忍。面对孩子，按照诚信和家规约定去解决问题就会降低事件的复杂性。当我理解了这些并尝试如此去解决问题时，发现沟通效率提高了，自己的情绪阈值变高了，面对孩子很少再生气，取而代之的是更多的耐心，与先生的交流也变得更加顺畅。我们不再让发泄情绪成为沟通的障碍，而是携手共同面对出现的问题。

通过阅读公号文，我对赵老师提出的学习力培养逐渐了解并初步建立起了逻辑体系框架。随后，在赵老师的讲座以及教育咨询中，我对体系内容的了解不断得到丰富和完善。

在养育孩子时，我采用了"三足鼎立"和"抱小猪"的方法，从自己能够掌控的跑步开始，慢慢提高孩子的跑步频次，然后再逐渐加入数学思维游戏和阅读，最终将这三件事融入日常生活。只有在实际行动的过程中，才能发现问题，能力和知识才能慢慢积累起来。勇于尝试，哪怕只是迈出小小的一步，那也是在前进的道路上。

赵老师精心打造的各种游戏，堪称学龄前儿童学习力培养的标准操作流程。这就好比我们在校做实验时，老师会给我们发一本实验指导手册，上面清楚地写明所需的仪器、试剂，最重要的是详细的实验步骤，实验能否成功，关键就在于我们是否能准确按照步骤进行操作。游戏操作手把手地教会了我如何在与孩子互动的过程中有效地培养其能力，如何避免错误。在疫情居家期间，依靠这些游戏，我们的相处时光充满了欢乐。以下是我参考其中的游戏方法，和孩子一起玩过的思维游戏。

小班阶段，我们从最简单的点数开始。我会准备一定数量的糖，让孩子一个一个地点数，有时将糖摆放整齐，看她怎么数，有时把糖堆在一起，再观察她的计数方法。接着进行"分糖果游戏"，先拿9颗糖分给3个人，再拿10颗糖分给3个人，看她如何分配。然后是等量代换游戏，我用3个杯子跟她换两颗糖，再问她我有6个杯子能换几颗糖。回看当时的视频，还能真切地感受到那个奶声奶气的小朋友是多么热衷于玩这些游戏呀。

中班阶段，我们开始玩买东西游戏。我制作了1元、2元、3元、5元等不同面值的纸币，然后把孩子的玩具拿出来"售卖"。有时我们会砍砍价，有时我会扮演不太聪明的买家请她帮忙计算，有时她会遇到钱币需要找零的情况，有时我则让她多买点享受打折优惠。

此外，公交车上车或下车的游戏我们也经常玩。公交车到站了，我告诉她原来车上有几个人，上去了几个人，又下来了几个人，让她计算车上还剩多少人。我们还经常去公园玩，有时就在公园里捡树叶和枯枝，玩数字游戏，大自然为我们提供了许多有趣的玩具。

大班阶段，我们开始玩一些找规律游戏。我将三角形、正方形、圆形等图形按一定规律摆放出来，然后让孩子根据规律继续摆下去。我们还玩时钟游戏，用教具时钟让孩子看看我们睡觉用了多长时间，洗澡用了多长时间，比如告诉她现在是8点，过半个小时是几点，然后教她观察指针是怎么转动的。

在游戏中，孩子学到了很多知识，我们没有给孩子报任何课外补习班，只是单纯地让孩子在学的时候认真学，玩的时候开心学。赵老师教会了我用有趣的方法培养孩子的学习力，因此孩子在向小学过渡的过程中比较顺利。

孩子上一年级后，我们着重做好课外的"三足鼎立"，在数学方面已经开始头脑游戏，孩子不但能接受，而且十分喜欢。我们也在日常生活中关注诚信问题，避免给孩子的未来埋下隐患。

孩子入校后能很好地跟上学习进度，实现自主学习，不用父母操心。虽然校内的素颜成绩忽上忽下不够稳定，但老师反馈孩子的数学思维能力很棒，遇到难度大又灵活的数学问题，孩子都能做对。

我们的亲子关系十分融洽，孩子活泼、自律又懂事，从生活到学习都很顺畅愉悦。

（二）奇奇和妙妙（4—8岁）：从依赖兴趣班到自主学习

1. 迷茫的起点：兴趣班越多，能力提升越慢

奇奇和妙妙是一对智商较高的双胞胎男孩，4岁时正式开始学习力的孕育。他们的妈妈执行力强、重视教育，但和许多父母一样，也陷入了"教育误区"——认为"孩子要学得好，培训班不可少"。于是，从亲子早教到各类兴趣班，孩子们的日程被排得满满当当。

然而，妈妈渐渐发现：孩子们看似忙碌充实，但能力却没有实质性的提升。他们学东西浮于表面，缺乏专注力，甚至对某些课程产生抵触情绪。妈妈内心很矛盾——她不想让孩子被"内卷"裹挟，但又不知道除了培训班，还能通过什么方式真正提升孩子的学习能力。

2. 认知转变：从"依赖课外班"到"自然、极简地培养学习力"

妈妈接触学习力培养理念和方法后，大为触动，她开始意识到：真正的学习力，绝不是靠外部培训班那种填鸭式教育所能培养的。于是，她积极进行教育咨询，提升认识，做出改变：砍掉大部分兴趣班，只保留两个适合的，一个是体育类的，一个是艺术类的。

此外，妈妈开始尝试学习力培养理论中提倡的"游戏化学习"，每天以"抱小猪"的方式培养孩子的数学能力，让数学学习变得更有趣；开始通过亲子阅读，有意识地提升孩子的识字量；开始带孩子们进行大量的户外运动；等等。

很快，效果显现——孩子们不再疲于奔波在各种培训班之间，而是能专注、深入地探索一个数学游戏，学习兴趣明显提升，数学思维相比同龄孩子更有深度、更灵活。两个孩子仅通过在家自由对弈，就在围棋比赛上，从众多上围棋培训班的孩子中脱颖而出。妈妈惊喜地发现，省下的是原来上课外班花费的大量时间和金钱，得到的是孩子更有意义的能力提升和高质量的亲子陪伴。

3. 因材施教：双胞胎的个性化培养策略

进入小学后，妈妈面临新的挑战：两个孩子性格和能力有差异。奇奇逻辑思维强、好胜心强，妙妙思维缜密，但跟奇奇比总是会缺乏自信。如果按统一标准或要求，妙妙的积极性会被打击。在教育咨询建议下，妈妈学会了"因人而异"的教育策略和方法：允许孩子根据自己的个性按各自的节奏进行学习，不统一要求，也不为了省事而一刀切。

4. 成果显现：从"自主学习"到"全面领先"

奇奇和妙妙入学后的表现远超同龄人。一年级时，两人已能实现校内自主学习，妈妈只需引导做好"三足鼎立"（数学、阅读、运动）。二年级时，两人完全自主管理学习，包括"三足鼎立"。目前，孩子们三年级。这三年来，他们几乎包揽各自班级所有奖项，其他家长对他们没上任何补习班表示难以置信。两个孩子还裸考参加了华罗庚金杯少年数学邀请赛（简称华杯赛）：奇奇获三等奖，妙妙离获奖仅差5分。

奇奇、妙妙的案例给我们以下启示：

① 学习力培养要遵从自然、极简原则。

②不是"学得多",而是"学得对"。少报一个班,多一份成长的可能。游戏化学习比机械性训练更符合孩子天性也更有效,孩子能在快乐中建立对学习的深层理解。

③尊重每个孩子独特的个性和内在的成长节奏,因材施教是关键,尤其对于双胞胎或多子女家庭,务必要避免"一刀切"的简单教育方式。

双胞胎妈妈的分享(原文节选,2024年9月24日发布)

抱着软绵绵的两宝,想着如何把他们培养成为快乐、温暖、正直、自律、人格健全的孩子,我感到了沉甸甸的责任和压力。我翻阅了很多书籍,结合身边朋友传授的经验,又感到信心满满:无非就是多报班学习嘛,努力攒钱!从娃一岁开始我就送他们进亲子班、上各种课,准备大展身手……

在两宝四岁时,我认识了赵老师。一开始根本不适应,赵老师完全颠覆了我原本的育娃三观:不上培训班怎么培养孩子的自主学习能力?这些做法跟现有大环境完全不一样啊,能落地吗?我一遍遍问自己:"是否要坚持下去?会不会耽搁了孩子的前途?"带着疑惑,我试探性地问了赵老师一个问题:"双胞胎娃的胆量是否可以通过上小主持人课去锻炼?"赵老师耐心地给了我解答,她说让孩子自信的底气是强大的学习力,而不是形式化的表演和碎片化的知识。这让我心里燃起了点点光,不是那么亮,但是感觉很踏实。

2021年年初第一次做正式的教育咨询后,我带着疑惑和焦虑,砍掉了孩子们的一大半培训班,按照赵老师的建议每天坚持"三足鼎立"。

说起来容易,做起来难,孩子们遇到各种问题:撕书、跑步出汗反复生病、买水果算账错得一塌糊涂……但是,书撕得多了,孩子们也能捡起书翻看了,绘本里的内容渐渐吸引到他们。我也渐渐地发现,培养孩子的兴趣极其重要。他们喜欢公交车、喜欢地铁，在家会模拟司机开车，我就趁机把家附近的公交车和地铁线路按1：1的比例找广告公司打印出来，贴在家里的玻璃上。他们模拟开车的时候认识了很多的字。

我把数学思维知识引入游戏中。比如在游戏中设置各种问题：车里有多少人，哪一站下了多少人，还剩多少人。有加减概念以后，我们买了骰子来玩，比如用几个骰子投出5个4、3个1，欢声笑语中娃懂得了加减乘除是什么。诸如此类，我每天变换方式和他们玩游戏，数学思维知识在生活游戏中慢慢注入他们的小脑袋。

进入大班，身边的朋友都在报各种名师名校的幼小衔接班，我没有参与其中，因为赵老师教会我如何在幼小衔接上下功夫。两宝大班时已经可以独立阅读绘本，数学思维相较同龄孩子更有深度、更灵活，我买了个汉语拼音教具回来自己教孩子拼音，孩子幼小衔接全程没有上过课外班。说实话，当时我还是有一些焦虑的：担心孩子上学之后跟不上那些提前学的孩子，担心孩子自信受挫，担心老师会忽视孩子……

孩子进入小学之前，赵老师建议：两个孩子因性格、能力有差异，上学后最好分在两个班。这个建议差点惊掉我的下巴！两个班，两个QQ群，两种作业，两种要求……天呐！想想头都要炸，我的内心是抗拒这个建议的，担心自己会承受不了，一直处于纠结之中。开学前学校询问孩子班级安排时，我竟想都没想就说放在两个班，家人和朋友都说我疯了。每天穿梭在不同QQ群之间，刚开始我弄错了很多的事情，即使这样，我也相信赵老师的话一定不是随意说说的。

事实验证了赵老师的判断：两宝性格不一样，放在一个班，就会出现比较，较弱的宝自信心会受挫。所幸没有让小小的孩子承受这样的后果。

目前两个孩子在学校的成绩都处于头部位置，两个班老师经常拿他们做榜样，三年级的上学期，两个班的班主任都让我分享教育经验。

我的经验就是孩子们上小学后，一直坚持"三足鼎立"、头脑游戏和素颜成绩。两宝一年级开始做头脑游戏，全程自学，我也担心过学习效果，但碍于工作忙实在无法陪同。有空的时候，我请他们当小老师，他们就经常给我出题，获得了很多成就感，其实这正是孩子们学习知识、复盘知识的机会。坚持每天3道头脑游戏题，一年半后，孩子们的数学思维提升得非常明显，数学素颜成绩基本都是满分。

孩子们也爱上了阅读，专注力大幅提升，寒暑假每天可以看很久的书，每周末也会泡图书馆看书。现在一周能读5—7本纯文字书。孩子们的阅读理解力不仅体现在语文学习上，还体现在其他学科学习上，阅读带来的专注力提升效果不容小觑。

谈到运动，用奶奶的话说："妈妈为了你们的身体，真是操碎了心。"两宝体质比一般孩子要弱，频繁生病，跑步也是经常中断，有一搭没一搭，但是我从来没想过放弃。到二年级下学期，两宝已经可以绕五台山体育场跑12圈，跑步中锻炼出来的意志力延伸至学习和生活中，孩子遇到困难时，不轻易放弃、有韧性，同时也获得了好身体。

学前阶段，我就有意识地引导孩子们自己的事情自己做。孩子们上学后，我就告诉他们："学习是你们自己的事。"从一年级开始，都是孩子自己收拾书包，家长没有陪写过一次作业。两宝都丢过本子，都漏写过作业，都有字迹非常不工整的情况出现，我也有过焦虑，但焦虑的同时依然选择允许孩子在丢三落四中成长。

我以身作则，在家时很少拿手机，手机里没有抖音、小红书这些应用程序，和孩子一起学英语。面上做个懒家长，实则掌握大方向，其余交给他们俩自己处理，不管学习还是生活。外公也会配合我们的教育，每天放学带他们在楼下跳绳，然后回家写作业，告知他们 6 点会准时吃饭，孩子利用这段时间完成校内作业，无形中专注力和计划执行力也培养起来了。

两宝未来的路很长，目前校内成绩不能代表一切。但我在带孩子的过程中越来越轻松，在内卷大环境里没有随波逐流，始终坚持自然、极简原则，得到了实实在在的收获。

（三）森森（5—10 岁）：从完美刻板到自然自主

1. 高知家庭的教养困境：当高标准遇上孩子天性

森森的父母均属高知，父亲是典型的理工精英，逻辑严谨但不善表达；母亲严谨细致，对孩子的教育不容瑕疵。他们坚信凭借自身学识足以培养出优秀的孩子——品行端正、能力出众、学业拔尖。

第一次见面时，5 岁森森的反应让我警觉：孩子智商偏高，但却异常拘谨，束手束脚，没有孩子应有的天真烂漫，言语间透着超越年龄的"规矩感"。进一步沟通发现：母亲规则意识强，对孩子品行要求严格，使孩子失去试错空间；父亲辅导孩子学习时会习惯性纠错，导致森森对数学产生畏惧；父母不了解孩子的心理状态，对孩子的能力产生误判，爸爸甚至怀疑孩子智商不高，导致森森缺乏自信。

更关键的是，父母对儿童心理认知存在盲区——他们常常用成人的标准衡量一个 5 岁孩子，误将"谨慎、畏缩"当作"稳重、懂事、内敛、低调"。

为此，我制订了分阶段调整方案。

第一阶段，纠正父母认知。帮助父母充分认识这个年龄段孩子的身心发育特点，纠正原有的错误认知，引导他们学会站在孩子的角度，用数学游戏的具象感知体验，取代纸面上抽象的数学概念和逻辑推理，用孩子已知的概念去解释问题。

第二阶段,释放孩子天性。划定少数的"绝对红线",包括坚持做到诚信、增加"弹性空间"等。比如：

• 父母不要干预孩子的思维方式、游戏方式、表达内容,耐心等待孩子做出完整的回应之后,再分析指出孩子明显存在的问题。

• 指出孩子的问题时,改善沟通方式,比如用"你这么做,是怎么想的？我还没明白,请告诉我吧！"替代"你这么做错了！""你好好说清楚,不懂你想说什么。"

• 引入"疯狂科学家"游戏,把数学题当成冒险故事,尽情探索,把卫生间当成实验室,允许孩子在水桶里倒入各种颜料沐浴液,肆意挥洒天性。

• 设立"无评价时间",每天30分钟,在固定空间里,让孩子自由活动,父母只观察不评判。

效果肉眼可见：半年后,森森语言表达自然,言语中还透露出小幽默,眼里有了神采,喜欢各种学习方式,不再畏惧数学。但新的问题又开始浮现……

2. 隐藏的挑战：优秀成为孩子的思想负担

三年级时,森森裸考斩获数学竞赛金奖。当我向他祝贺时,孩子却低声说："有两分不该丢的。"他心事重重地告诉我："这有什么好开心的,压力大了,下次再拿金奖太难了。"这些话反映了家庭对孩子要求过高和过度强调"低调谦逊",压制了孩子正常的成就感。母亲长期对孩子"戒骄戒躁"的教育一定程度上导致了孩子的成就感知障碍,同时,父母一贯的"完美主义"高标准、高要求也带给孩子巨大的思想负担和压力。

为此,我给森森父母的建议是：

① 继续纠正自身认知。父母要明白,完美主义会扼杀孩子的创造力和

学习动力，越早绽放天性，越早发现问题，越利于解决问题。要允许孩子自主学习时会有不佳状态和效果。

②肯定成绩与成就。当孩子付出努力取得成绩时，父母要真诚表达肯定并祝贺。

③从积极的角度看错误。把错题本改名为"智慧升级记录"，分析错误时强调"发现新大陆"。

④父母角色转型。父母要从"纠错员"变为"思维伙伴"、啦啦队员、陪跑员。

同时，孩子开始自主坚持和完成"三足鼎立"训练。

调整后的森森如同解开了枷锁一般，持续绽放。四到五年级期间陆续斩获数学竞赛华杯赛二等奖、时代杯一等奖、希望杯一等奖和金奖，即使面对失误，他也会自己笑着说："你知道我上次怎么错的吗？特别有意思！"目前，孩子五年级，完全实现自主学习，阳光开朗，充满自信，成绩也稳定在班级头部。

森森的案例给我们的启示：

①高知≠高教养智慧，父母学历再高，也需要敬畏孩子身心发展的自然规律。

②孩子需要建立规则意识，但如果过度强调规则，且规则过多过细，则容易破坏孩子收放自如的弹性，损害孩子的专注力和创造力。

③孩子需要有努力的目标，但如果标准过高，要求过于完美，只能给孩子增加难以承受的压力，甚至会导致心理健康问题。

④对于智商较高的孩子，关键是要引导他们尽早开始自主学习，让孩子充分体会学习的成就感和兴趣，在"三足鼎立"的支撑下，充分挖掘孩子的学习潜能，实现学习力的培养目标，而不要给太过具体的学业目标。

⑤ 优异的成绩是学习力提升的必然结果。

森森妈妈分享（原文节选）

孩子进入幼儿园中班，有家长问我要不要给孩子择校（小学），如果要择校就要提前报补习班了。我把听到的"形势"讲给孩子爸爸听，他说我们都是理科生，自己还辅导不了孩子吗？无论择校与否，多学点总没错。于是，我们开始了自己培养孩子数学能力之路。

我们从网上搜索了很多适合幼儿园孩子数学逻辑训练的电子书、习题册，每晚陪孩子做几道。有时候孩子练习很顺利，有时候会卡壳。在进行了小半年的练习后，我们认识了赵老师并进行了第一次教育咨询，赵老师说孩子的数学思维不错，要继续坚持。

随着逻辑训练的难度增加，孩子卡壳的次数变多，而且小小的他，还不太会表达自己的想法，我和孩子爸爸变着各种方式解释，他就是无法理解。孩子爸爸有时甚至觉得这个孩子智商可能不太高。每次的讲题，演变成"战争"，看着可怜的孩子，我们决定暂停训练。半年后的教育咨询中，赵老师告诉我们：孩子的思维反应速度下降了，感觉孩子这半年大脑没有真正做运动，并追问原因。我当时心里一惊，原来脑子不用真的会生锈呀！还这么明显。

值得庆幸的是，赵老师帮我们分析了孩子卡壳、听不懂讲解的原因，还给我们介绍了头脑游戏法，让我们协助孩子每天做"抱小猪"训练。赵老师告诉我们，对于一、二年级的内容，家长带着孩子训练，三年级开始孩子可以自己做头脑游戏。

于是，孩子从5岁半开始玩数学头脑游戏，同时我们还跟赵老师约了定期的教育咨询以及时纠偏。孩子数学思维提升得很快，一年级就自然地开始了三年级的头脑游戏，比预定计划提前了两年。

有一天，爸爸在给孩子讲应用题，讲了很多遍，孩子没懂。爸爸急了："这么简单的题目你能不能动动脑子？"我赶紧跑过去，发现他用的方法太抽象了，不符合这个年龄段孩子的特点。我拿起纸笔，结合赵老师头脑游戏中的画图法，加工出了解题过程并讲给孩子听。孩子想了想后，懂了。

头脑游戏开始后，主要靠孩子自主学习，我则协助孩子记录练习内容、效果和错题，便于复习巩固。同时，我也做孩子的"学生"，听他给我讲题。当一部分内容啃下来以后，我们会听从赵老师的建议，及时地复习，巩固错题、难题，加深理解。随着陪伴学习时间的增多，我慢慢发现孩子思维进步了，也能看懂不同年级头脑游戏题目设置的台阶和卡点在哪里了，同时，我也了解了孩子思维与成人思维的不同之处。孩子增长了臂力，孩子爸爸不再质疑孩子的智商，我也不再因为孩子做错题目而焦虑，亲子关系也越来越好。

孩子喜欢上了逻辑思维训练，每天都提醒妈妈：还有好玩儿的数学没有进行呢。他对待学习也更主动了，尤其是在完成家庭作业上特别积极，能力也在妈妈的放手下渐渐提升。至于我，一位充满焦虑的家长，通过与赵老师的交流，也渐渐淡定起来。是啊，前方有光，怎么还会畏惧黑暗呢！

听从赵老师的建议，我尽量将工作和陪伴孩子协调起来，并试着把孩子当成朋友来倾诉。每当工作压力增大、心情烦躁一点即着，或者是没忍住性子发火之后，我会试着跟孩子"唠叨"几句。例如：今天的工作异常艰辛、感觉很累，希望他能体谅，实在没力气陪他玩了；抑或是，今天得到了同事协助，工作特别顺利，不过接下来还要继续忙碌后续工作，希望他可以做好自己的事情来支持妈妈；又或者是，项目书成稿和执行都需要加班加点甚至通宵，可是我每天都在进步，并从中获得了满足和快乐。我不知道孩子有没有听懂我在说什么，但是每当我"倾诉"的时候，他都会抱抱我，有时还会摸摸我的头。

回想这些年，我们全家都在成长，虽然总是磕磕绊绊，但是留下的却都是有趣而美好的回忆，相信未来，我们也依然能彼此相伴"趣"成长。

孩子是一个独立的个体，他所处的时代、所面临的社会环境和家庭氛围以及学习压力与我们都不同，我们无法把自认为正确的方法或技巧拷贝给他，也无法确保我们对孩子的教育是正确的。感谢缘分，让我遇到了赵老师，是她的头脑游戏和"抱小猪"以及定期的教育咨询陪伴我们和孩子健康愉快地成长。

二、小学（一到三年级）阶段开启学习力培养 ——千姿百态的努力（1）

在小学一到三年级开启学习力培养的家庭中，我精选了三个具有代表性的案例。这些案例不仅反映了这一年龄段孩子面临的特殊问题，还展现了父母在教育认知和执行力上的独特差异。

每个孩子的独特之处，在小学低年级很容易成为影响学习效果和成绩的因素。若这些独特之处未被教育者敏锐察觉、深刻理解并加以保护，未通过学习力的培养得到正向引导优化，有些孩子很可能会在传统教育体系中逐渐被边缘化，甚至真的成为"问题孩子"。

案例中的三个孩子各有特点：薇薇因思维过于缜密导致学习速度慢，小学五年级之前校内考试常常不及格，被贴上"执拗""学弱"的标签；君君擅长逻辑推理，对死记硬背的学习十分排斥，被认为"注意力不集中、懒惰、浮躁"；冉冉沉默寡言，反应慢且成绩一般，被认为"木讷、学习能力弱"。

这三个家庭对孩子学习力培养的实践提醒父母：要能看见每一个孩子

特点背后的优势，帮助孩子屏蔽掉外界的负面影响，让孩子能自由健康地把特点变成优势，助力学习力的提升。

（一）薇薇（7—15岁）：八年守护"慢思考"的奇迹

1. 慢思考遇上快节奏学习，父母理念不统一

二年级的薇薇是个特别的孩子。她写作业总是比同学慢得多，尤其是数学作业经常写不完，考试时甚至连一半题目都来不及做，以至于善良的老师都不忍心给她打分。

薇薇父母的教育理念和方法截然不同。薇薇爸爸严谨细致，对孩子期望很高。他认为学习就是要刷题，成绩就是能力的印证。面对孩子的慢，他非常焦虑，担心孩子考不上高中，每天跟在薇薇身边不停催促，给孩子带来很大的压力。薇薇四年级时，学校的心理评估老师甚至提醒他们要关注孩子的心理健康问题。薇薇妈妈则遵从教育的自然、极简原则，认同学习力系统培养方式，相信孩子只要身心健康并按科学方法去努力，未来一定不会差。她不是特别看重分数，更重视学习力的培养，一直坚定地按系统培养学习力方法去实践。

父母教育理念不统一，难免会引发矛盾和争执，这让薇薇受到很大影响。从积极方面说，这让她更具有思辨能力，会从多角度看问题；从消极方面而言，这导致她权衡过多，在学习方法抉择上会左右摇摆、患得患失。

薇薇上二年级时，我们第一次接触，我通过互动观察发现：薇薇面对一道数学题，会仔细琢磨每一个数据关系，推敲每一个词汇细节，直到完全理解才动笔解答。其他孩子两分钟就能完成的题目，薇薇要花五六分钟，但她总能"啃"下其他孩子啃不下来的难题。

我告诉薇薇父母：这种"慢"是精耕细作的表现，是学好数学的重要

基础，并预言数学将成为薇薇的强项。这个预言在当时看来简直就是天方夜谭——薇薇的表现与"数学学霸"相差太远，特别是和她成绩优异的表弟相比，她几乎就是典型的"学弱"。（详见前文案例"薇薇和表弟的'反转'"。）

根据薇薇的思维特点，我给出的学习力培养方案是：从提升数学思维能力入手，利用头脑游戏提升思维速度，不必做其他任何教辅，不必刷题。每天继续保证薇薇最喜欢的自由阅读1小时，阅读理解能力的提升有助于思维速度的提升。

薇薇爸爸对此有异议。他认为孩子校内基础知识考试都来不及做完，再学习有难度的头脑游戏，是好高骛远，应该狠抓基础知识，狠刷熟练度，先把校内成绩提上来，再考虑头脑游戏。但最终薇薇爸爸还是同意了我的方案。

不得不说，对于一些孩子而言，学习力的培养与提升确实是个比较漫长的过程，十分考验家长的定力和耐心。记得四年级下学期的一个周末，薇薇爸爸质问我："赵老师，你说孩子高年级会好起来，现在都快五年级了，作业考试还是完不成，成绩上也不见起色。我们到底要等到什么时候？"

鉴于薇薇爸爸的认知较难改变，为了避免对孩子学习力培养的干扰，我建议由妈妈全权负责薇薇的学习生活。这段时间里，亲戚朋友不断劝薇薇妈妈别"耽误"孩子，赶快报补习班。但这位被亲戚朋友们认为"不着调"的妈妈顶住了所有压力，仍然坚定地、一丝不苟地执行学习力培养方案。

就这样，薇薇一直在深耕头脑游戏，同时坚持"三足鼎立"能力训练，缓慢但坚定地前行。终于，学习力培养成果开始显现：五年级时，薇薇实现完全自主学习，各科成绩稳步上升到90分以上；六年级时，数学成绩已经稳居班上头部。一切向好发展。

2. 补课？自主学习？再次陷入两难抉择

初一，薇薇自主学习，数学考了两次不及格，妈妈没有像其他家长那样惊慌失措，而是咨询我原因和解决方案。

我分析原因：薇薇自主学习效果在开学初比不过其他孩子的补课效果很正常，因为考试题目往往都源于补课内容。另外，薇薇的自主大预习能力还没那么强，需要持续提升才能达到理想效果，慢慢来。于是，薇薇妈妈定下心来。

初二时，薇薇看到周围同学都在补课，十分不安，强烈要求补课。但补课后薇薇的成绩并没有明显提升，自己反而觉得学得更浮躁了。初三时，薇薇通过对比学习效果和能力提升的情况，在我的鼓励和妈妈的坚持下，她再次按照学习力培养方案的要求，实行完全自主学习，特别是坚定执行了寒暑假大预习，学习能力和学习效果显著提升，数学成绩和总成绩都跃升到年级头部。（详见"学习力和智商"中薇薇的案例。）

中考时，薇薇考入本市重点高中。目前高一，她的各科成绩都不错，语文成绩更是位居班级头部。此时的薇薇体会到了长期学习力培养的诸多益处，特别是大量自由阅读的神奇功能，这更坚定了她的自主学习和"三足鼎立"训练，不再动摇。

漫长的8年，薇薇培养了良好的学习力，薇薇爸爸也终于认可并信服了我的教育理念和方法，家里的亲戚朋友也从薇薇的"华丽蜕变"中深受启发，开始反思对自己孩子的教育。可以说，我以"慢"守护了薇薇的"慢"，但更应该感谢的是薇薇妈妈，是她的坚定和淡定，让我和薇薇的"慢"都得以开花结果。

学习力的培养不是把蜗牛变成兔子，而是帮助每个孩子发现属于自己的赛道——薇薇用8年时光证明，深度思考的慢火，终能炖出学习力的真味。

3. 薇薇的案例给我们的启示

尊重孩子的自然成长规律，采用科学的学习力培养方法并持之以恒，即使在应试教育环境下成长再"慢"的孩子，最终也能开优良学习力之花，结丰硕的学业成绩之果。父母教育理念上的不统一往往会给孩子带来精神内耗，这时候父母如果不能达成统一，那么就需要其中负面的一方退位，尽量减少对孩子的负面影响，如此才最有利于孩子往正确的方向健康成长。

"三足鼎立"训练方法，是学习力培养的核心方法，对于各年龄层次的孩子可以说是"硬通货"。

（二）君君（8—13岁）：从"背单词困难户"到"自主学习能手"

1. 孩子浮躁、不爱背诵，父母交替焦虑

8岁的君君三年级时开始接受学习力培养。那时的他，一遇到背诵作业就拖拖拉拉，特别是英语单词，记忆效率很低，常被老师和家长贴上"注意力不集中""学习态度不积极""懒惰"的标签。同时，君君学习浮躁，做不出题目就发脾气，会做的题目也总会出现各种小错误。父母对孩子寄予厚望，看到孩子的问题十分焦虑。尤其是爸爸，一开始是个典型的"焦虑型家长"，为了每天能盯着孩子学习、检查作业，特意减少出差机会。

然而深入了解后，我发现君君逻辑推理能力较强，对数学有兴趣。基于君君的特点，我对君君和他的父母分别进行了学习力培养的相关建议：

① 在孩子方面，针对君君特点制订了"三足鼎立"训练方案，特别强调了"优势引领"策略，先从数学入手，通过头脑游戏进一步提升数学能力，强化严谨细致的学习意识，帮助他获得学习成就感，间接激发学习动力，

从而提升对自我的要求，自然去攻克英语学习等短板。同时，加强自由阅读和跑步运动，提升综合素养和身体素质。

②在父母方面，建议君君父母不要过于关注孩子校内学习，特别是不要辅导孩子数学，多给孩子自主学习的锻炼机会。父母平时还是以各自工作为主，只要注意引导孩子完成"三足鼎立"训练即可。

君君开始数学头脑游戏时正确率基本在60%—70%，但通过每次半小时限时提速训练，孩子的思维速度大幅提升，正确率在大半年时间内上升到90%—100%。父母在此期间努力克制自己，暂停了对孩子学习的关注、主动指导和干预。

四年级时，君君已经能够完全自主学习，严谨踏实，数学成绩稳定在班级前三名，数学的成就感进一步激发了君君的学习信心和动力，他在所有学科上都获得了良好的学习效果。随之而来的是家庭氛围的大幅度转变。妈妈真正放松下来，常常在晚上去健身，留孩子在家完成所有的学习安排。看到孩子自我管理的学习效果，爸爸也放心地投入工作，正常出差。一家人其乐融融。

2. 君君妈妈再次被焦虑裹挟

五年级时，君君的素颜成绩稳定在班级前三，六年级时数学频频满分。有趣的是，曾经焦虑的爸爸已经完全放松，而妈妈却在六年级时因为"别人家孩子都在补课"而再次紧张起来。

六年级下学期，君君用"寒暑假大预习"法自主学完初一数学，在初一的入学考试中进入年级前8%，这让妈妈暂时安心。

初一期末，君君成绩滑至年级前15%，妈妈又焦虑起来了。但君君却淡定地说："慌什么，初中这才开始，对我要有信心。"寒假里，他主动安排学习计划，春节只休息了两天，每天坚持背诵100个单词——这不仅仅是背单词，更主要是挑战自己的软肋。从最初需要 5—6 小时才能背完，到后来 1 个多小时就能完成 100 个单词，君君收获了突破自我的成就感。

君君现在背单词采用的是词根词缀法，比如：predict（预言）= pre（前）+dict（说）→ 提前说出的话。同时，他还借鉴了中文阅读的经验，通过语境学习法，在阅读英文原版材料时自然积累词汇。

值得思考的是，这些方法君君小学时也都知道，但当时他的学习能力还不够，无法真正理解和运用。现在，当他的自主学习能力全面提升后，这些技巧才真正发挥了作用。

现在的君君，面对学习展现出令人惊喜的专注力。当妈妈喊吃饭时，他会温和地回应"再等一会儿"，与小时候做不出题就暴跳如雷的样子判若两人。在初一时代杯数学竞赛中，君君裸考获得一等奖，是本校获奖者中唯一一个没有上任何课外班的孩子。

3. 君君的案例给我们的启示

首先，当孩子出现一些学习上的问题时，先不要急着消灭这些表面上的问题，因为其背后的实质往往是学习力的问题。要坚定培养学习力这个主目标，随着学习力提升，孩子的浮躁、学习态度不端、懒惰等问题自然迎刃而解。当然，这个过程可能需要漫长的几年时间，这也再次印证了学习力培养的"少即是多""慢就是快"的自然、极简原则及"三足鼎立"等实战篇中相关方法的实效。

其次，真正化解父母焦虑的有效办法，是让他们看到孩子的学习力提升带来的学习效果。只有从内心真正认可学习力提升的重要性，他们才能做到深刻的反思，主动提升教育认知，更好配合开展孩子的学习力培养。

这是用孩子的学习力提升倒逼家长提升认知的又一个典型案例。

（三）冉冉（8—16岁）：从学弱到学霸，以不变应万变

1. 从弱到强，从慢到快

冉冉开始学习力培养时上三年级，刚满 8 岁。之前因为不善言辞，反应慢，被认为木讷、不聪明，学习能力不强。孩子妈妈认知水平高，心智强大，能抵御来自外界的教育焦虑，安心协助孩子做好学习力培养，在任何情况下，都始终坚持了头脑游戏、"三足鼎立"。

孩子没有走过任何弯路，没有能量耗损，缓慢但稳步地前行。经过两年坚持不懈的学习力培养，五年级开始呈现了良好的成绩。六年级自主学习能力和学习成绩都突飞猛进，成为一匹令老师和同学都惊讶的逆袭小黑马。

2. 以不变应万变

孩子进入初中后，学习上完全自主管理，孩子妈妈曾担心没有了我的教育咨询，孩子会出现能力和成绩上的波动。但学习力培养带来的成效必定是长期乃至终身的。

孩子妈妈不断发来孩子的最新成长进展：初三第一学期期中考试，与同学并列全班第一。这是他首次拿到班里第一名，位列年级第十名左右。中考时冉冉考入本市排位第一的重点高中。目前，冉冉高二，学习动力十足，成绩排名稳居年级前 20%。

3. 冉冉的案例给我们的启示

家长在孩子学习力培养上统一意见、立场坚定，会让孩子在学习力提升之路上走得更加稳健、更加高效。小学阶段坚持数学头脑游戏对于孩子自主学习能力的提升和突破，具有特殊的重要性和可持续性。良好的学习力，是提升成绩的本源，它让孩子有能力有信心在考试中以不变应万变，以优良的学习力确保校内优良的成绩。

为了让大家真切并深度感受冉冉的变化过程，在此分享冉冉妈妈在孩子读初一时写的文章。

冉冉妈妈分享（原文节选，2020年9月1日发布）

今年孩子升初中了，分班考试时孩子在班级排第3名，年级排名第14名。这让我很惊喜，因为小学毕业后，孩子暑假只上了10次英语课，试听了4次数学网课，其他时间都是自己学习，同时也没落下24次篮球课以及每周末的吉他课和考级准备。很多同事说我很"佛系"，我想说的是我很庆幸，我和他都遇到了好老师。

回想刚上小学的时候，我和他经历过一段比较痛苦的时期，经常处于"鸡飞狗跳"的状态。因为我自己的学习过程中没有这样的阶段，所以常常理解不了他：怎么这么简单都不会。做作业的时候经常是他眼泪汪汪地看着我，我又生气又心疼。甚至有段时间，他下笔前还会拿眼睛先瞄我一下，怕错了又被我骂一顿。我是比较抵触培训班的，希望他能够花少一点时间，效率提高一点，能力提升一点，而不是单纯地通过刷题的方式来提高成绩，所以没有给他报语数外的培训班。

当时在跟一个朋友聊到孩子的时候，朋友说我有点焦虑了，然后给我推荐了赵老师。在二年级升三年级的暑假，他第一次接触赵老师的数学头脑游戏。

从那时起我们就一直跟着赵老师学习，到五六年级的时候，孩子的数学可以拿到满分了，还经常参加学校数学方面的比赛。我和孩子也终于可以在他学习时保持"母慈子孝"了。

孩子有了明显的变化。

孩子的自我管理意识提高了。作业什么时候做、作业规范是什么样、上课前要准备好什么，他全部能够自我管理了，家长在这期间只要做到赵老师要求的不插手就好了。

同时，他的思维的强度、韧性、条理性也提升了。通过赵老师的引导和训练，孩子的作业变得有条理，步骤完整，课堂表达越来越准确。不管是短时间的计时考试，还是大题量的正规考核，他都能拿得起来，从比较沉闷的学习状态发展到时不时思维很兴奋、很活跃的状态。

此外，孩子还有了自己的判断力。课堂上不再是什么都是老师说得对。他会去思考、去分析，通过从不同角度来解题，学会从不同角度来看待问题、分析问题。

在他的这个转变过程中，我学习了很多，赵老师对他的信心也让我对他的信心大增。我要做的就是配合老师，做到放手，做好自己，然后陪着他看看书、聊聊天，听他自己分析分析考试时哪里做得好，哪里还需要改进。

上了初中之后，我还有点忐忑，担心他在没有赵老师的帮助后会退步。事实证明，赵老师的理念对他来说已经入脑、入心，所有学习上的事情他都能做到自我管理。作业一定是第一时间就完成了，学校作业没有超过晚上6点完成的，做完学校作业后的时间都是他自己的。写写课外的作业，根据自己感兴趣的作者、作品仿写自己的小说。晚上8点开始是阅读时间，每晚9点半之前关灯睡觉，从来不玩电子产品，周末继续练习篮球和吉他。六年级下学期，除了数学、英语考试能拿满分，连语文都从80多分一跃稳定在90分以上了。

真正的学习力培养不是揠苗助长，而是在静待花开的过程中，让孩子学会如何生长——因为最持久的成长，永远来自内在的力量。

三、小学（四到六年级）阶段开启学习力培养——千姿百态的努力（2）

在小学四到六年级开启学习力培养的孩子，哪怕孩子本身学习能力很弱，但只要父母能配合执行科学的学习力培养方法、不急功近利，孩子的学习力都会有显著提升。本章所选案例都有一个共同特点，即孩子和家长都存在"意志力弱、认知有偏差"等情况，但当他们努力突破旧有认知时，孩子成长的道路就会变得宽阔而明亮。

（一）萱萱（10—12岁）："小学弱"的学习力提升之路

第一次见到萱萱时，她刚读四年级，脑子明显反应慢，思维比较乱，学习能力弱，成绩在班级尾部。所幸萱萱妈妈不功利不焦虑，认定了和孩子一起走学习力提升之路，即使孩子到了四五年级在成绩上还没有良好体现，她依然坚定。也因此，萱萱能专注认真地实践"三足鼎立"训练，每天雷打不动地认真完成3题数学头脑游戏。

能力提升总是缓慢的，但终会有收获。目前萱萱六年级，孩子开心地告诉我："好有成就感，数学都上90分了，还考过几次满分呢！"而萱萱最让我惊艳的是，她按照我的"大预习"方案，自主预习了初一的数学，兴趣盎然，预习练习题做得十分认真到位。

萱萱的逆袭过程，体现了学习力培养的许多要点。在此分享萱萱妈妈记录的孩子成长经历。

萱萱妈妈分享（原文节选，2025年4月24日发布）················

萱萱从小在外公外婆身边长大，我和她爸爸每天下班和周末都会去陪伴她，但那时的我们都还很年轻，在孩子的教育上没有太多规划，投入的心血和时间也太少，到了孩子上小学之际，感觉如临大敌。

萱萱是 8 月末出生的孩子，从小在智力上就明显比同龄孩子要弱很多，反应也慢半拍。幼儿园大班的时候，珠心算学了半年，却还算不清楚 50 以内的加减法，说起话来也经常颠三倒四。除了逻辑思维不足，萱萱的学习兴趣更是缺乏，从小在家人的溺爱下，最喜爱的事情便是看电视，是个十足的电视迷。

小学一年级的第一次数学考试便喜提 65 分，顺理成章，我便也成了学校里的常客。那时我就在想，她的小学之路，我恐怕要比她走得还艰难。

学校老师告诉我，孩子在学习方面表现出的弱势，需要家长大量的陪伴和帮助。于是每天下班之后，我就在家打起了"第二份工"——专职陪读。这一陪便是两年，我也因此放弃了社交和自己的兴趣爱好。小的时候确实纠正了一些不良的学习习惯，但孩子渐渐大了，我感觉到这种陪伴持续下去只会让亲子关系逐渐恶化。但该不该放手，怎么放，又成了一个新的难题。

初次接触赵老师是在三年级上学期，在朋友的推荐下我经常翻看赵老师的咨询案例，从中发现原来每个孩子都有自己的小麻烦，无论孩子学习好坏，家长们也都有自己的烦恼。每个人都有自己的八十一难要过，别人的经验未必适合我，我和孩子都需要一个引路人，而专业性强、经验丰富的赵老师无疑是最好的选择。

四年级刚入学之际，我们参加了第一次咨询。我清楚地记得，去之前我在手机备忘录里面列了满满一页孩子的问题，生怕有所疏漏：效率低、主动性差、没有耐心、思维混乱……但赵老师告诉我，很多问题只是表象，根源则需要我们更深入地去了解孩子，目前不要想太多，也不要急于求成，先踏实地落实到位，很多问题自然也就迎刃而解了。

赵老师给出建议：孩子的课外班太多，保留运动项目和英语口语，其余的都砍掉。要留出时间给孩子积蓄能量，重点抓逻辑思维、阅读和跑步这三大项。

要不要砍掉课外班是最让我纠结迷茫的了，被外界环境裹挟成的习惯实在难以摒弃。但既然来咨询，就是想要改变的，必须痛下决心，我们当下就决定暂停了数学的课外班，过了一两个月之后，语文也停掉了。自由阅读则是小学以来一直坚持的，要做的就是在未来课业量增加的前提下，仍然能坚守住。对于跑步，孩子虽然谈不上喜欢，但也并不排斥，我们约定好在我的陪同下，每周跑2—3次，每次30分钟，于是跑步便成了孩子的课余放松时光，在这期间她经常忍不住要和我分享学校里的趣事。逻辑思维培养方面，我们决定跟着赵老师的头脑游戏课程，每天做3道题，周末做限时提速。起初我担心录播课的形式是否有效果，但以往上过的大班课和一对一课效果也并不理想，所以是抱着试试看的想法开始的，意外的是孩子自己觉得有收获，很愿意继续学，于是就这样一年一年坚持下来了。现在想来，在学习中孩子才是主体，真正对他们有帮助的东西，他们其实是最有感觉的。

在坚持的过程中，有的时候会遇到新的问题，比如学校换了新老师、孩子状态不稳定、作业量增加、家长过于放手，这其中的度，都需要我们不停地去修正，也可以通过定期咨询的形式，请赵老师帮忙督促和及时纠偏。有了赵老师的指引，我们确实少走了许多弯路。特别对于萱萱这样资质较弱的孩子，大环境一味强调的补差和抢跑其实并不适合她，不仅消耗了孩子的能量和时间，还不能提升孩子本身的能力。靠刷题带来的分数提升，终归只是昙花一现。然而现实中的诱惑太多，我们常会看到别人家的孩子拿了什么证、考了多少分，所以怎样能坚守住自己的本心，才是父母的必修课。平时，也可以在公众号里多翻阅文章并汲取他人的经验，找到一个适合自己和孩子的频道，坚定方法，不急于求成，和孩子一起享受他的童年生活，也重新养育一遍自己。

赵老师说过，学习是辛苦的，但不应该是痛苦的。

从四年级到五年级，萱萱一直坚持着思维训练、阅读和跑步这三大项，校内成绩并没有太大的提升，学习状态也时有起伏。但在我看来，孩子品性和耐力的训练并非一日之功，想要改掉从小养成的思维惰性和依赖性不可能一蹴而就。虽然成绩上没有直观的体现，但孩子的精神状态是积极向上的。随着知识难度的加深，孩子并没有表现出畏惧和逃避的心态，反而表现出对知识的兴趣，对自己的要求也提高了。这是一个积极的信号，我坚定地相信，只要孩子的能力提升了，必然会增强她的心智和自我认同感，带来更多的正向反馈。我们不必拘泥于眼前的这一亩三分地。放眼未来，我希望我的孩子可以成长为一个自信乐观、积极向上且拥有强烈幸福感的人。至于眼下的成绩，如果能提升最好，如果不能，它也不能阻止我们朝着自己定好的方向努力。我之所以能有这样坚定的信念，一来归功于我自己性格上的不焦虑和不功利，二来是因为赵老师的监督和客观的评价也给了我足够的信心和勇气。

今年是我们咨询的第三年，萱萱也即将迎来她的初中生涯，在赵老师的指导下，我们在六年级寒假期间开始了初中数学的自主预习。集体咨询的时候，赵老师要求同学们按照七年级上、下两册的内容列出整体的预习计划，预习时长从寒假持续到暑假。预习的内容和时长已经给出来了，萱萱却是一脸蒙，完全不知道该从何下手，她还从来没有做过时间跨度这么长的学习计划。回家之后我和她经详细讨论共同列出了一个利于执行的计划，它包含了精确到每周要完成的预习页码和章节。在这个过程中她学到了长期的学习计划是怎样制订的，对书本上的具体章节安排也有了大致的印象。在计划制订的过程中，对于学习量的安排由她主导，我笑称这是她的"项目计划书"。

计划制订了就要严格执行，自己的项目自己负责。想到是提前预习七年级的内容，她也跃跃欲试，干劲十足。每周有4—5天，萱萱都会把数学预习列在当日的作业清单中，自己按时完成。对于错题自己先参照答案订正，每周我们再抽出1—2天对错题进行集中解决。萱萱告诉我班上也有不少同学在预习七年级的知识，他们都上了课外辅导班。我告诉她，你没有借助外力，而是靠自己在积极主动地预习，你比他们更厉害！这次咨询，我们把预习的作业带去给赵老师看，赵老师表示萱萱的预习作业认真整洁，标注齐全，完成得非常棒！孩子的主动性和自驱力都有明显提升，专注力也比以前更好了。我和萱萱都特别开心，我们只是按照老师的要求在持续行进，错题也有不少，没想到却能得到赵老师的"大肯定"。细细想来，学习的事情其实也没有那么多的诀窍和捷径，认真踏实地做好该做的事情，朝着正确的方向走，哪有不进步的道理呢！

在赵老师的指导下，我们渐渐放开了对孩子掌控的手，让彼此都拥有了更多的自由。我有了更多的时间去参加专业考试，去学游泳，去健身。孩子爸爸考上了工商管理硕士，有更多的自由去学习，去结识更多的朋友。我们都在为了成为更好的自己而努力，也期待能成为彼此的榜样。

回顾小学时光，那些陪她整理错题、订正作业的日子还历历在目，她已不再是那个别人随口问起一道数学题，便要跟人分道扬镳、"老死不相往来"的小姑娘了。现在的她或许还不是很优秀，但她成功地战胜了小时候的自己，她的数学成绩不再在60—80分之间徘徊了，而是提升到了80—100分之间。遇到不会的题目她也不是放下就跑，而是愿意给自己一个机会琢磨一二了。她告诉我班级里的同学都喜欢看爱情小说和漫画，但她却觉得经典故事更有趣，更能让人回味和思考。

现在每个月我们都会抽出一两天参加家庭一日游，去附近的城市看一看、走一走，也会比赛谁这个月读的书最多。这个月我们还有红楼舞剧要看，我们说好去之前要把《红楼梦》的书再复习一下。幸福不应该只在遥远的未来，幸福更应该在当下的每一分每一秒。

我知道等待我和她的前路还很漫长，但希望我们都能记住一起成长的日子，不负当下的自己。

（二）帆帆（10—13岁）：从敏感脆弱到自信学霸

1. 小学阶段："玻璃心"和失眠

帆帆开启学习力培养时，正处于四年级下学期。10岁的帆帆是个爱思考、敏感的孩子。他热爱阅读，文科成绩优秀，但数学却成了他的"心病"——尽管他相信自己应该能学好，可成绩总是不尽如人意，每次考试失利都会让他陷入沮丧。更让父母担忧的是，帆帆体质较弱，容易生病，睡眠质量不好，常常因为一点小事就辗转反侧，夜不能寐。

而父母的教育方式，也在无形中加剧了问题：妈妈敏感细腻，容易陷入情绪内耗，对帆帆过度呵护，连小情绪都要反复安抚，但又常常跟孩子生气；爸爸教育方式有些简单粗暴，缺乏耐心去沟通，但平时对孩子又很娇惯。我给出了几条建议。

① 加强运动强健体魄：通过跑步等方式锻炼身体、增强体质，改善睡眠质量。

② 让孩子独立面对情绪问题：对于孩子的情绪问题，父母避免过度关注和干预，让孩子养成独立面对、独立解决问题的意识和能力。

③ 坚持数学头脑游戏：孩子通过日常持续的数学头脑游戏，提升逻辑

思维能力、自主学习能力。

④ 保持自由阅读：继续支持孩子的阅读爱好，提升认识，扩大眼界，稳定情绪。

然而，执行过程并不顺利，主要表现在以下几个方面：

① 爸爸担心孩子出汗生病，阻挠跑步计划，导致跑步搁浅。

② 妈妈仍然事无巨细地安抚孩子的情绪，导致帆帆难以独立、玻璃心。

③ 孩子在做数学头脑游戏时，有时并没有严格按要求去做，只是机械重复流于形式，缺乏深度思考。

④ 父母在咨询时有所保留，甚至一度抗拒建议，妈妈回避沟通，爸爸则把问题都归咎于妈妈，同时认为咨询看不到效果、没用。

转机出在帆帆的一句话："和赵老师聊天很愉快，能提升自己。"他的主动坚持，让我决定调整策略——既然父母暂时难以配合，那就直接帮助孩子。六年级时，帆帆开始独立咨询，每次咨询时，孩子都会跟我聊他看过的书、他的困惑和感兴趣的问题。在我的鼓励下，孩子坚持做到了三件事。

① 每日做数学头脑游戏：确保深耕、真正理解而非记忆性学习。

② 规律跑步：每周跑3—4次，每次40分钟。

③ 自主学习：自己管理校内学习和"三足鼎立"训练。

效果很快显现：首先，帆帆的睡眠质量有所改善，对数学的兴趣和深耕能力大增；其次，他的成绩稳步提升，作业甚至被老师当作"标准答案"做示范。看到孩子的变化，父母主动要求回归咨询，妈妈在成长记录中写道："起初我们总是有所保留，但距离第一次教育咨询一年后，帆帆的专注力明显提升、成绩取得进步、心态也有积极转变，他爱上了数学，也养成了跑步和阅读的习惯。"

小升初时，全家曾纠结是否要补课冲刺名校，但帆帆最终拒绝了补课,选择坚持自主学习,打好能力基础。妈妈感慨地说:"赵老师提醒我们,要关注底层能力,而非短期荣誉。结果,最动摇的是我们,最坚持的是孩子。"

2. 初中阶段:从"题海战术"到年级前列

进入初中,七门功课的压力让母子俩一度迷失。焦虑的妈妈买来大量教辅,帆帆拼命刷题却越学越累,七年级期末的成绩不升反降。加上爸爸有时情绪急躁,家庭氛围再度紧张。

关键时刻,帆帆和父母前来寻求帮助,我帮助他们重新调整策略,做出了一些改变。

①精简学习资料:只保留一套经典教辅,避免盲目刷题。

②精准实施到位:强调把学习力培养方法精准实施到位,坚持"每日一题+周末限时训练",坚持寒暑假大预习。

③加强时间管理:八年级暑假,帆帆在"时间去哪儿了"检测中,震惊地发现自己每天的有效学习仅5小时(此前他认为自己白天一直都在学习),这促使其认真反思和改进了自己的学习时间管理。

这次调整让帆帆有了极大的改变,显著提升了学习效率和学习成绩——初二开学后,他的数学成绩多次位列班级第一,多次取得满分,年级排名跃升至第12名(全年级800人)。如今的他,已形成自己的学习节奏:高效完成作业,坚持"每日一题",认真完成周末限时训练。妈妈欣慰地说:"以前孩子没耐心做'每日一题',现在做上瘾了,不做就好像缺少了什么。有了底层能力,逆袭变得顺理成章。"帆帆初二之后,妈妈反馈道:"帆帆现在每天都有变化呀,情绪越来越稳定了,焦虑和内耗少了很多,开心的时候越来越多了,我真高兴。他慢慢地发现了很多生活中的好。今天出去玩的时候竟然说,外界都没变,变的是心态。"

3. 帆帆的案例给我们的启示

成长的关键在于"精准努力",尤其是数学的学习,要坚持少而精、专而深。这再次印证了数学思维能力的提升有多么重要,在提升学习成绩的同时也有助于学习意志力的提升。

基于学习力培养的"三足鼎立"训练,让帆帆思维敏捷,身心健康,热爱学习和生活,充满自信和阳光。同时,帆帆的案例也启示我:对于六年级及以上的孩子,当父母难以改变、拖不动时,就应该先聚焦孩子,孩子的进步会自然带动全家的成长。后来,这个启示让我帮助了不少父母教育认知比较僵化的初中生。

(三)仔仔(10—14岁):从迷茫书虫到自律自主

1. 小学时期:阅读成为逃避的港湾

10岁的仔仔是个嗜书如命的孩子,书本是他最好的伙伴,却也成了最大的"障碍"——他沉迷阅读到不愿写作业,常常边看书边潦草应付作业,作业拖到很晚才能完成。父母的教育方式简单而无力:要么一顿训斥,要么无奈放弃。他们看不到孩子对知识的渴望,只盯着作业拖拉的孩子和作业本上的错误唉声叹气。

了解到这个情况后,我帮助仔仔制订了三步计划——

① 建立诚信机制:让仔仔自己规划作业时间并认真执行,培养自主性和诚信意识。

② 创造"无书"环境:放学后先专注完成作业,休息时用音乐、肢体小游戏替代阅读。

③ 父母角色调整:只需客观记录完成情况,不随意干涉和批评。

效果出乎意料:半年内,仔仔的作业完成时间从晚上11点提前到晚饭前，学习效率大幅提升。但令人遗憾的是，父母只盯着孩子的问题看，对孩子的努力无感。当问及孩子的变化时，他们说：没觉得有变化，作业正确率还是那么低。父母本身也没有改善，妈妈还是沉迷手机，爸爸依旧沉浸在自己的炒股世界中，双方都没能给予孩子及时的肯定和鼓励。接着我建议孩子做好"三足鼎立"训练，希望父母有所加持和引导。

2. 成长岔路口：失去信心，选择放弃

之后的一年，仔仔在"三足鼎立"上时断时续，虽然养成了跑步习惯，仍旧热爱阅读，但因为没能坚持做头脑游戏，数学逻辑思维仍然比较混乱，成绩未见起色。父母也没有按要求做到加持和引导，依旧没有任何改变。仔仔自己决定停止咨询，原因除了他认为咨询对提升成绩没用之外，背后还藏着一个无人知晓的心结——幼儿园老师那句"你什么都做不好"的评价标签，像魔咒般一直缠绕着他，让他总是在关键时刻泄气，放弃努力。当仔仔初二快结束再次来找我时，说起这些泪流满面。

3. 初二觉醒：从深渊向上攀登

初二的仔仔再次出现在我面前时，情况已相当糟糕：多门主课成绩不及格；数学基础薄弱；字迹潦草难辨；出现课堂上"睡觉"逃避听课、逃避考试现象……他困顿、迷茫：学习到底有什么意义？活着又有什么意义？但这次，带来转机的正是他曾经的热爱——广泛的阅读让他的作文屡获老师的称赞和好评，坚持跑步锻造出的强健体魄和强大意志力，让他在黑暗中感受到一束光亮。事实让仔仔开始相信我曾经建议的方法是有用的，于是，他鼓起勇气找到我，重新开启教育咨询。

我们定下新的约定：把中考当作一场闯关游戏，学习力才是终极奖励。我告诉这个迷茫的少年："现在的你就像井底的小青蛙，不需要想象地面的风景，不需要询问爬上去的意义，只要专注爬眼前的梯子，爬上地面自然

就会找到属于你的答案。而坚持学习，就是爬梯子。"于是，仔仔不再追问学习的意义、人生的意义，他努力想爬上梯子自己去发现答案。

仔仔的蜕变悄然发生：开始彻底告别课堂睡觉的逃避行为；作业字迹变得清晰可辨；自主学习，主动选择做教辅练习，自律自觉；自动远离电子游戏，合理使用电子产品；主动分享学习心得和人生思考；常常用温暖而富有哲理的话语鼓励辛苦工作中的我……当仔仔妈妈偶然看到孩子给我的留言时，第一次发现自己的儿子竟有如此深刻的思想和细腻温暖的情感表达。

现在的仔仔除了英语其他科目都已经及格，并且初三下学期的期中考试总成绩跃升到班级中上游水平。他每天都在扎实地努力地爬梯子。距离中考还剩不到两个月，这个曾被困在"我什么都做不好"魔咒里的少年，正在用行动证明：每个人都可以成为自己的英雄。

仔仔近况：2025年中考考入普通高中实验班，中考一结束就开始自主预习高一的数理化课程，并继续改善书写。

4. 父母固化的思维行为模式，具有很强的负面影响

在仔仔努力修正书写的过程中，老师向妈妈告状，说孩子课堂试卷和作业字迹潦草，又回到了从前。刚刚有些信心的仔仔妈妈忍不住对我说："我真要放弃他了。好说歹说，该说的都说了，还是这个样子。我怀疑他发给您看的都是特意选出来的，根本不是他课堂上的真实书写情况。老师说课堂上他的书写没有改善，他就是态度问题，我也这么认为。"

我对此的看法是：孩子无法在书写速度和质量上同时达标，是能力问题，不是态度问题。在家和在课堂上，孩子对自己的书写要求是不一样的：在家里，孩子尽可能牺牲书写速度来提升书写质量；在课堂上，孩子要按老师的要求，在规定时间内完成并提交作业或试卷，只能先保证书写速度，无法同时保证书写质量。

我建议仔仔继续在书写练习方法上下功夫：先保证书写质量，保证写出来的字都能辨认，否则就不写。家长也要转变，对能辨认的、写得好的字，给予肯定，并以此作为书写的标准，这是孩子已经做到的客观事实，利于孩子能很好地执行到位，此外应鼓励孩子每天创造更高的书写标准。

仔仔妈妈的每一次自然反应中都带着惯性思维。尽管她一再鼓励孩子努力，但只要老师一告状，她就会被打回原形一味去质疑孩子。仔仔爸爸每晚还是只会盯着仔仔责怪他不够努力。仔仔父母眼中满是孩子的缺点、心中满是焦虑，就是看不到孩子的努力和进步。父母这种僵化的思维行为模式，会对孩子造成严重的负面影响。

5.仔仔案例带给我们的启示

学习力培养中的"三足鼎立"训练尽管见效慢，但每一项做到位后都将产生强大的功效。坚持阅读和跑步所积累的力量，最终成为拯救"落水"仔仔的浮木。同时，这也提醒我们三足协同的重要性，缺失一足，特别是数学思维能力这一足，会极大地影响学习能力的发展，让学习力的重心不稳。

父母要学会"看见"孩子的努力，绝不能只盯着不足和问题，否则对孩子成长的负面影响极大。对于初中生而言，如果孩子完全自主学习，一般有能力屏蔽一些来自父母的负面影响，否则负面影响会加倍放大。

当孩子通过努力提升了学习力并获得一些成就感时，就容易对提升学习力树立信心，从而激发自己的学习动力，寻找属于自己的成长节奏，改变就会自然发生。这也是间接激发学习动力的典型案例。

四、初中阶段开启学习力提升——跌宕起伏的较量

初中阶段是孩子学习力提升的关键期，这个过程往往充满波折，既是

与外界应试的较量，更是与内在自我的博弈。根据我的观察，这个阶段出现问题的孩子主要分为两大类。

第一类是学习成绩处于中等或中下水平，其中又分两种情况。一种情况是孩子沉迷电子产品，对于这类孩子（如案例中的敦敦），首要任务是建立健康的电子产品使用习惯。只有解决了沉迷电子产品问题，才可能通过科学方法逐步提升学习力。另一种情况是孩子没有沉迷电子产品，对于这类孩子，通过科学方法也能逐步提升其学习力，只是提升速度会比小学时期开始的要缓慢，提升过程也会艰难许多。

但真正的挑战往往来自第二类孩子——从成绩优异到陷入学习困局的学生。他们又可分为两大类：一类是像案例中的菌菌，资质普通但勤奋努力，凭借刻苦考入了顶尖初中。然而面对骤然增加的学习难度和激烈的竞争环境，曾经的优等生开始陷入学习困局并自我怀疑，出现"躺平"现象。对他们而言，提升学习力不仅是方法的改变，更是一场自我认知的重建。另一类是像案例中的瀚瀚，天资聪颖，但在高手云集的顶尖中学里逐渐力不从心。他们需要突破的不仅是学习方法，更要战胜自身的惰性，挑战认知边界，突破学习舒适区，重新定义自己的学习力。

正如童童所说："没有痛，哪来的成长！"这些挣扎与突破，是每个孩子蜕变的必经之路。

（一）瀚瀚（12—15岁）：从疲惫补习到阳光自主

1. 遭遇"滑铁卢"

瀚瀚开启学习力提升时正值初一下学期，12岁。瀚瀚小学毕业时是典型的"别人家孩子"，智商出众、综合素养好、学习动力十足。但也存在一些隐形问题：妈妈对他关注、呵护过多，报了诸多补习提优班，数学思维能力缺乏突破式提升,思考专注时长停留在20分钟左右,时间管理效率不高等。

因此,尽管瀚瀚被本市排位前两名的民办初中优录,却在初一上学期就遭遇了数学成绩的"滑铁卢",努力之后未见成效,瀚瀚情绪十分低落、身心疲惫。

2. 初一的第一次转折点

对于瀚瀚,我果断建议叫停所有课外班,启动"三足鼎立"训练计划:

① 数学上坚持每日一题,追求深度而非题量,周末限时提速,提升脑力和专注力,寒暑假自主大预习,提升自主学习能力、质量和深度。

② 坚持跑步,提升体能和意志力。

③ 坚持中英文的自由阅读,提升阅读理解能力,继续打开眼界和格局,让喜爱阅读的瀚瀚能找到学习的愉悦和慰藉感。

④ 对于瀚瀚妈,我建议逐步"退位",让孩子独立上下学、自主管理学习和生活。我对瀚瀚妈说:"对他过度的担忧和关注,其实是对他能力的不信任,这不但会阻碍他的能力提升,而且会加剧他对你的依赖,进一步减弱能力。"

效果令人惊喜:短短半年,瀚瀚的疲惫感一扫而空,情绪高涨,成绩冲进年级头部。

3. 初二的第二次转折点

但真正的考验在初二——剧增的课业压力让瀚瀚一度陷入抑郁情绪,两次不想上学。第一次,我允许他在家调整;第二次,我坚持要求他去上学。瀚瀚也最终突破了心理障碍,走上阳光成长之路。如今的瀚瀚状态特别好,我也给他贴了几个"标签"——

- 初三学霸:完全自主学习,成绩稳居年级头部。
- UWC录取生:凭借实力通过层层能力测试,获得世界联合学院的入学邀请。

• 全面发展：保持大量阅读，周末参加公益活动、高校讲座。初二结束的暑假，当同学们都在补课刷题时，瀚瀚跟着医疗队去偏远县城做了一周多的志愿者，从妈妈捧在手心里的宝贝成长为一个有大爱并愿意呵护他人的大男生！

• 阳光心态：爱学习爱生活，有理想有情怀，生活丰富多彩。

这个曾经被课外班填满日程的男生，原本走的是大多数孩子的应试路径，如今找到了属于自己的成长节奏，走向学习力和学业健康发展之路。

4. 瀚瀚的案例带给我们的启示

① 父母明智的放手，往往是最好的托举。

② "三足鼎立"训练是孩子学习力培养最有效的方法。

③ 孩子良好的自主学习状态，是学习力强大的必然体现。

④ 学习力的提升和突破，是学业优异的根源。

瀚瀚妈妈分享（原文节选，2024年9月2日发布）

我是瀚瀚妈妈，非常感谢赵老师在那50多天艰难时刻里的悉心陪伴和耐心指导。赵老师建议我，对那段时间做一个记录和总结，我欣然同意。一方面，我也想"剥洋葱"，看看当时到底发生了什么，是什么原因导致孩子深陷泥潭50多天，他又是如何爬起来的，以便给自己今后的陪伴提个醒，同时也想给孩子留个纪念，成年之后他看到这段时光的记录，也许会莞尔一笑。另一方面，我还有"痴想"，也许会给看到这篇文章的您一点启发，让您在与自己孩子的相处中，避开我曾经掉过的坑，让孩子少吃一些"人造苦"。

我从一个妈妈、一个陪伴者的角度，来谈谈我的看法和思考。

主观上，作为陪伴者，我没有完全做到"课题分离"，虽然从2023年

4月份第二次和赵老师见面咨询开始，赵老师就建议我放手，不要参与瀚瀚学习上的事，让孩子实现自主。我也由刚开始的担心、不敢，到后来渐渐不管孩子的具体学习安排，但是我并没有做到对孩子的学习真的不过问，我感觉自己像极了一个安装在孩子身边的无声"摄像头"，看不得孩子有懈怠（孩子也是人，生理、心理有高低起伏是再正常不过的事），一旦发现孩子的学习方法、方式与我认知的有不同，就开始为孩子担心：担心他知识掌握得不扎实、担心他态度上不够全力以赴、担心他不刷题、担心他会在考试中失利……又会因此联想很多——中考怎么办、升大学怎么办、上了大学以后怎么办……其实，这种担心会在母子之间传递，孩子能感受到我的焦虑，也会在内心中对自己的学习方法、方式以及学习的态度产生怀疑。

就刚刚这一段的描述，我想说明：事后看，作为妈妈，我的认知是有局限的。虽然我很认可赵老师对瀚瀚学习上的指导（建议"少即多、慢即快"，深度思考，打通底层逻辑，把知识织成一张网），但是我有"执念"，觉得自己是靠刻苦、靠刷题取得学习上的成功，所以孩子在赵老师的方法指导之上，还要做足够多的练习才稳妥。其实，是我没能够深刻领悟到赵老师教授的学习方法的真谛，也没有真正感受到孩子的辛苦：孩子在学校上课专注听、深度思考，认真完成学校的各项作业并认真订正，从不抄同学作业或答案，这些已耗费了他很大精力。孩子每天的时间有限，我想"额外做练习"的执念给他造成了干扰，平添了孩子的负担，给他的心理传递了负能量。

一方面，瀚瀚听从赵老师的建议，从初一下学期开始不参加课外的补习班，寒暑假自主预习数学、物理等科目的内容，但当下的学校教育环境，老师认为大多数孩子在外面已学过，对基础内容的教学时间少之又少，大多用做题来取代理论知识教授，节奏也相当快，每学期开学伊始至期中考试，瀚瀚在前期的单元测试和期中考试中的分数都是不高的，因为他把书本上的知识点扎扎实实学习了，但还没有做过拔高类的题目，这也使瀚瀚在一段时间内对自己的学习方法和能力产生了怀疑，使他困惑、压抑。但是事后证明，一个学期坚持下来，经过学校一个完整的学习训练过程，瀚瀚的基础是扎实的，成绩到期末是能赶上来的。

另一方面，瀚瀚是一个高自尊的孩子，他更希望得到来自亲人的信任和肯定，而不是质疑与担心，这个也使孩子在那段时间因为我的担心而苦闷。客观上，瀚瀚正处在14岁前后，正在学习与同龄人相处，因为经验不足、心智不够成熟，在学校与同学交往中也产生了一些困惑，这些都对孩子那段时间的状态产生了不小的影响。

现在回头想，孩子之所以能从泥潭中爬起来，我觉得有以下原因。

首先，和赵老师的悉心指导、耐心陪伴分不开。这绝非阿谀奉承的话，是我们夫妻和孩子的真心话。八年级上学期末孩子取得了不错的成绩，使我们乐观地认为孩子后面的学习之路应该是坦途了，其实不然。孩子的心智还不够强大（没有经历过太多挫折），自信心有，但是还不足（意识到赵老师的方法对自己有很大的帮助，自己做的没有错，但是来自妈妈的质疑、担心，来自分数上暂时滞后的反馈，让孩子产生了内耗），多亏赵老师及时、时时的帮助（我手机里保存着与赵老师连续60多天的交流），让我看到问题所在，让孩子看到自己做得对的地方，给了孩子很大的信心。

其次，来自我和先生对孩子的无条件的爱。虽然我对孩子的学习有担心，有焦虑传递，给孩子带来了负担，但是我对孩子的爱是无条件的，先生对孩子的爱不仅无条件，而且他一直对孩子有信心、表现得很松弛（不是对孩子的实际情况不了解的盲目自信和松弛，而是认真分析孩子情况之后对孩子有信心、很松弛），这给了孩子很大的抚慰。同时，因为爱，孩子从未关闭与我们交流的通道，他会把内心的想法和盘托出，让我们知晓他的真实状态，让我们能够帮助到他。

再次，我与学校老师保持沟通，让老师们对孩子这段时间的情况给予理解和支持。这期间绝大多数老师都表现出对孩子极大的关心与支持，只有一位老师认为孩子萌生不想上学的念头是在为自己的懈怠找理由，孩子当天就把这位老师的说法反馈给我，我及时与孩子进行了交流，消除了这位老师对孩子的不良影响。同时，我主动找班主任沟通了这位老师的不当言论，并向班主任说明，如果这种情况继续，我会直接出面保护我的孩子，班主任对此表现出极大的支持和理解。这一点，我也想在此说明，父母是孩子的第一责任人，帮助孩子营造一个好的学习、生活环境是我们的责任，孩子遇到不公、受到伤害我们要敢于站出来。

然后，坚持运动也给了瀚瀚释放的途径。瀚瀚一直听从赵老师的建议，每天坚持跑步，晚上在家也会颠乒乓球、扔飞镖（这也是赵老师的建议，给孩子准备一些可以在家活动的体育用品）。同时，学校举办排球联赛，他被选作班级排球队成员，积极组织排球队同学每天训练，并和同学一起奋力拼搏，为班级赢得了排球联赛冠军的荣誉。这对孩子也是一种"解药"，他在运动中释放了负面情绪，建立了信心，体会到了成功不是一蹴而就的，同时，因为与同学们一起打比赛，增进了对彼此的了解，孩子还收获了友谊。

最后，瀚瀚绝对是一个有思考、有行动力的好孩子。虽然受到我焦虑的影响、虽然一段时间成绩反馈不佳对他影响不小、虽然与同学间的"笨拙交往"使他心情不佳，但是他在赵老师引导下，看到了"自己"，对很多事情有了自己的思考，并一直坚持自己的学习方法、方式，没有真的放弃自己。

陪伴孩子走过这50多天的"泥泞"也让我思考：佛教里说人"本性具足""自性光明"，我觉得我对孩子干扰得太多，这也是当下很多父母容易犯的错——我们做得太多，而不是不够。我们要减少对孩子的干扰，尽量少说教、不说教；要给孩子留白的时间、空间，要容许孩子"闲着"；不要时时去催促孩子；细节上不要过度指导孩子。我现在经常提醒自己在和孩子交流前想想，这句话说出来，对孩子真的有帮助吗？是不是我自身焦虑的一种宣泄？如果觉得对孩子无益，我尽量就在内心对自己说一遍，深吸一口气，而不是对孩子脱口而出。当然，这需要反复练习，才真的会变成一种自然的行动。我至今还不能时时、事事做到，这确实很难，但是值得坚持去做。

有些错，孩子没法避开，与其让孩子晚点犯，不如早点犯。所以，做父母的要给孩子试错的机会。比如，学习方法、方式，这是非常个性化、个人化的事情，孩子在听从赵老师建议的基础上，结合自身情况去探索，原本是好事，我自身"怕孩子犯错、输不起"的执念，对孩子影响极大。其实，每个孩子"自性光明"，经过探索，如果错了，他一定会去调整。

遇事，有负面情绪很正常，但是做父母的要尽量管理好自己的情绪，不要不加节制地随意宣泄在孩子身上，这是孩子不该受的苦。明白了这一点，我想，爱孩子的我们，都应该尽量管理好自己的情绪。同时，我们也要引导孩子"正确认识情绪"，让孩子知道，自己遇事有负面情绪不可怕，要有与负面情绪和谐共处的能力，一旦坦然接纳，负面情绪对个体的影响反而会减弱。

不要像个放大镜一样，时时、事事找孩子做得不足的地方，而是应该多多看到孩子做得好的地方，这不是阿Q精神，这是回归常识，因为我们每个人都不是完美的，只要孩子在做人上没有错，他就不应该被苛责，不应该时时被放在放大镜下观察。

在此再做强调：作为父母，应当给予孩子无条件的爱，保持我们与孩子之间爱的流动。虽有重复，但是绝对不多余。另外，我们应该意识到，作为父母，我们与子女是渐行渐远的，无谓的焦虑、担心对当下无益。我们应该珍惜当下与子女在一起的时光，这一点，我们也需要经常提醒自己。

我们在艰难时刻，一直求助于赵老师，这是我们能战胜这场"危机"最重要的法宝。必要时，应该寻求专业人士的帮助，信赖专业人士的建议。在此再次向赵老师致谢。

（二）敦敦（14岁）：从沉迷游戏到戒断自律

1. 从"问题男孩"到"勇敢改变"

敦敦，一个身高一米八二的初三男生，初次见面时他身上的问题确实很多：

- 体重超标，爱吃垃圾食品。
- 房间里配备全套游戏设备，手边常备四五件电子产品。
- 字迹潦草到老师拒绝批改。
- 对父母的话总是顶撞。
- 对老师的话，看似认真听讲，实则是左耳进右耳出。

更棘手的是他的家庭环境：父亲长期缺席对孩子的教育，母亲又事事过度包办。班主任无奈表示，这个孩子仿佛活在自己的世界里，所有的谈话和对他的帮助都像打在棉花上。面对这个距离中考只剩八个月却深陷电子游戏世界的少年，挑战确实不小。但第一次咨询时，敦敦的表现让我看到了希望——他不仅全程专注倾听，结束时还能完整复述我的四点建议：

① 通过健身和健康饮食减肥。

② 独立上下学，培养自理能力。

③ 彻底戒断电子游戏。

④ 认真书写。

咨询结束后，敦敦主动提出上交所有电子设备，这个突如其来的转变让母亲欣喜若狂。但经验告诉我，真正的考验才刚刚开始。果然，承诺的"立即上交"变成了"明日复明日"，直到第十天才真正兑现。然而敦敦接下来的转变却令人惊喜：一个月内完全戒断游戏；坚持健身并彻底告别外卖饮料；作业字迹正在改善；与父母沟通态度好转；月考年级排名提升 40 多名……

更可贵的是整个家庭的改变：母亲开始系统记录孩子每天的成长状况，并且减少主观评价，趋向客观严谨；父亲放下手机带头运动和学习，全家形成了互相监督的成长氛围，遇到问题召开家庭会议，不再争吵……

从油盐不进、沉迷游戏，到戒断游戏、自主管理学习、自律运动控制体重，敦敦用 6 个多月完成了令人惊叹的蜕变。他的案例也为面临类似困境的家庭提供了最好的示范——改变永远始于当下的行动。

2. 敦敦的案例给我们的启示

① 向好改变，任何时候开始都不晚，此刻，就是改变的最好起点。

② 父母必须协同改变，才会助力孩子的改变。

③ 良好的意志力对初中生的健康成长尤为重要。

敦敦妈妈分享（原文节选，2024 年 12 月 11 日发布）················

（第一天）敦敦没有主动上交电子产品。对于这一点，他没作声，我也没要，我只是提醒了答应赵老师的事哪些没做，他意识到是电子产品，闷闷地说了句："我不玩，我真的不玩。"

昨天和赵老师谈到了下午4点，回家后先落实第一点——让孩子独自上下学。后经过商量，我也采纳了他让我"早晨送，晚上一起走路回"的意见，我的想法是先商量并尊重他的意愿，先动起来，后面再循序渐进地调整。

然后是第二点——减肥，这点目前已经开始实施，虽然晚上一直是气呼呼的，但也坚持走了40分钟的路。

接着是周五锻炼，这点目前他自己已经安排好周六下午和同学骑车，周日下午去健身馆健身，计划已经安排还未实施。

我感觉孩子和我对话时有些情绪化，但是当我谈论到赵老师时，他是平静的，说明孩子从内心是接受赵老师的指导的。我们的问题太多，第一天实施时就不是很顺利，孩子放学后负能量太多，虽然磕磕绊绊但也完成了。

（第三天）今天是艰难的一天。孩子回家后电子产品没有上交，我把家里路由器关了，孩子和我起冲突，在客厅把超市送来的物品扔到地上，我没有打扫，孩子晚上9点关门睡觉。通过孩子过激的行为，我真真切切地感受到游戏对他的侵害，既然出手了，那就狠下心整治到底，这是一条不太顺利且漫长的路。

（第四天）今天是煎熬的一天。孩子一直在试探我的底线在哪里，其实有好几个瞬间，我是有些松动的，因为这周爸爸不在家，他也没有指望，只能找我。在这一天里，骑车锻炼了，不玩游戏了，今天是胜利的一天。

（一周总结）自第一次咨询后，这周坚持了晚上走路或者骑车回家。坚持了没吃一顿外卖，坚持了没有喝一瓶饮料，在外界干预下做到了没有上网玩游戏，进步是看得到的，希望孩子能够继续坚持下去。路虽远行则将至，事虽难做则必成。这句话送给孩子也送给自己，加油。

（第九天）晚自习下课，孩子和小伙伴笑嘻嘻地出门，路上和我聊起当天的学习，聊到政治和历史。到家后问我："我可以听歌吗？"得到肯定的答复后，戴起了耳机。我和爸爸约定以后孩子写作业的时候，两个人都在客厅看书。休息15分钟后开始进房间写作业。我回到房间工作，爸爸在客厅看书，孩子在房间写作业。写完作业开始背书，23点10分结束，洗澡，睡觉。今日孩子和爸爸友好相处，没有斗嘴，听音乐用的爸爸的手机，在客厅打开播放软件后，带耳机进房间，手机没有拿进去。通过最近一段时间的管控，对电子游戏的渴求没有之前强烈。

（第十天）孩子终于上交了电子产品！今天周五，孩子晚自习下课很开心，在学校门口和同学确定好了周日去健身房的时间。路上，孩子说："最近吃得少，感觉瘦了一点。"我问："为什么不愿意上秤呢？"答："害怕长胖。"我和孩子说："今天到家要开一次家庭会议，主题就是'电子产品的管理'。"

到家后，孩子先阐述了自己的观点，然后表达了对电子产品的保管和使用计划。我肯定了孩子的想法，否定了孩子提议中的不合理的地方，并且展开讨论，最后达成共识如下：

① 上交电子产品。

② 每周五、周六、周日这三天可以用电脑上微信、QQ和同学聊天，刷刷视频，但是每天时长不能超过1小时。

③ 具体制订了细节，细节包含可以延时和减时的条例，三方认可（目前是手写，未打印签字）。

今天晚上第一天实行，开着房间门（以前进房间就反锁门），快到约定时间前10分钟提醒他一下，到时间很自觉地起身关电脑。今天终于主动地把电脑拿出房间，告诉我放在了客厅。23点20分上床睡觉。

自从孩子投诉爸爸和妈妈管控太多，我们就开始把主导权交给他：

周末的计划自己安排，也停了校外所有的辅导班，只有一门数学他主动提出上网课，不论结果如何，我尊重了他的决定。今天让我没想到的是，这个孩子平时沉默寡言，不善言辞，今晚在表达自己想法的时候，思路清晰，有理有据，精神面貌也比平时好很多，而且一直是用平和的语气在阐述，没有像以前一样一激动就会发脾气，真心感谢赵老师，让我看到日益变化的孩子，让我看到光和希望。

（第十五天）早晨9点起床，我和孩子说要出去走走，不能一直在家，孩子说下午去健身就可以，上午把作业写完。

看到孩子情绪稳定，我就追问了平板在哪儿，要拿出来放在客厅。孩子回复知道了，却不见行动。我拿出打印的约定，孩子看完对我说："你也不诚信，你没有说到做到。"我说："如果你觉得妈妈哪里没有做到，你指出来，我改。"孩子沉默，回到房间继续沉默。我继续盯着要交平板，在2次讨要后，孩子交出了平板。我也告诉了孩子，以后使用时才能拿，其余时间就放在客厅保管。我们开了家庭会议，大家就都要做到诚信。

孩子下午去了健身房，约了教练教动作。当孩子满脸通红、汗流浃背、一口一口喘着粗气却依然坚持着做动作，早晨的不愉快也就烟消云散了，当关注到他优点的时候，他的缺点就都变成了小星星被淹没在太阳的光环里。

（第十六天）最近孩子晚自习放学后开始有笑脸了，和我谈论到班级今天有不少人请假，我问："是什么原因请假的呀？"孩子答："好几人都是今天请假说调整状态，准备周四更好地迎接月考。"我问："那你怎么想的呢？"答："我也想请假呢，算了，你也不会给我请假。"我鼓励孩子，月考的时候要认真书写，就是进步了。

接着又开始谈起今天的语文作业，作文是"范进中举是悲剧还是喜剧",我就让孩子先把范进中举这篇文章叙述了一遍,然后问孩子:"你觉得是悲剧还是喜剧呢?"孩子一上来回答不知道。我说:"你刚才叙述的时候说得很好,就按照你自己的想法来继续谈。"孩子说:"我觉得是悲剧,封建制度的科举考试让范进疯了,就和我们现在的应试教育让很多人抑郁一样。"在这样愉悦的谈话中母子就到家了。

现在到家想听一会儿音乐也会先征求爸爸的意见,得到爸爸的答复后才开始听音乐。晚上9点进房间写作业,爸爸和我都在客厅,一人看书,一人写笔记。

今天作业在校完成大半,晚上10点全部结束,到客厅主动和爸爸妈妈说了完成情况(包括背书情况)。自从爸爸妈妈在客厅丢下手机看书学习,并且用平等的态度和孩子日常沟通后,孩子晚间的学习也开始逐步进入状态,也愿意主动和爸爸妈妈谈论学习、彼此互动了。

(第二十天)孩子因为周五没有晚睡,周六早晨一早就起床了,在房间开始上数学网课。过了2小时网课时间,电脑还没拿出来,爸爸就问其原因,答曰在看数学。爸爸很生气,觉得是我同意的网课,这样反而多占用电子产品时间,因为房门关着,爸爸对孩子有些不信任,觉得孩子是在用电脑玩其他项目。

就网课一事,孩子也提出自己的意见,表示可以在客厅上,也可以投屏直接看。因不能使用电脑,爸爸也提出折中方案,让孩子自己选择一款MP3替代手机。这也是爸爸第一次主持家庭会议,第一次稳妥地处理和孩子的关系,这也是爸爸的进步。

以前看过公众号文章《命运,在你的语言里》,晚上我们一起和赵老师在线咨询(第二次咨询)后,神奇的事情发生了,赵老师好似打开了孩子的沟通开关。

在结束咨询后，爸爸提出下楼转一下，孩子同意，并且主动提出可以走远点，在路上滔滔不绝地和我、爸爸阐述着二战的历史，家庭亲子关系的融洽度创历史新高。到家后，孩子让爸爸和我各坐一方，听他说说数学思维的快乐，他不仅给我们画图、讲解，还关注我们听讲的专注度，适时提问。孩子说着，爸爸和我对视而笑着，这真是神奇的一幕。

这也真是精彩的一天。

（第二十二天）早晨很冷，孩子难得早晨愿意和我聊聊，聊到了现在的教育制度。孩子其实看待问题已经有了自己的见解，却也被制度压抑着，我建议孩子：开心过好每一天是基本的原则。

白天，老师已经在班级群表扬了最近一次月考班级进步较大的同学，孩子也在其中，年级排名提升了40个位次，其实这个成绩挺出乎意料的。最近一段时间完全断了游戏才短短10天左右，停了校外辅导有20天，孩子的精神面貌就明显在变好。可是孩子向我表达了学业有难度，我听了也很焦虑，加上考完试孩子自己觉得没考好，加重了我的焦虑。当成绩摆在眼前的时候，我的开心明显高于孩子。

晚自习下课看到孩子，他没有想象中的兴奋，很平静。一路上和我分析了这次考试的不足，也诚恳地说道：“确实有些题目不该错，特别是计算。"能看到这样侃侃而谈的孩子，此时我觉得，成绩似乎也不是那么重要。

刚考完试，作业又开始像大山一样压来，关于作业问题和孩子沟通了很多次，依然要写。他觉得所有的作业都是第二天上课讲解的内容，即使老师同意不写，第二天因为没写也会跟不上进度，所以他还是选择写。我也让孩子提高效率，早点睡觉，有好睡眠才有好精力。

23点50分写完作业，上床睡觉。

（三）菡菡（14—15岁）：从初三"躺平"到高中奋起直追

1. 从"突然断电"到"稳步充电"

菡菡，曾经是个典型的"别人家孩子"——小学成绩优异，顺利进入本市顶尖初中，初一、初二也保持着稳定表现。

然而就在初三下学期这个关键阶段，菡菡突然"断电"了。"我真的学不动了"这句话成了菡菡的口头禅。她的成绩如过山车般从中上游直坠"谷底"，甚至萌生了放弃中考的念头。焦急的父母带着她来咨询时，整个家庭都笼罩在令人窒息的焦灼中。

经过深入沟通，我发现孩子"不想学"的根源是：

① 长期应试高压下，菡菡的学习能力没得到真正提升，已跟不上初三的跃升难度。

② 长期缺乏运动、体能不足导致容易疲劳，形成"越学越累"的恶性循环。

③ 父母和菡菡自己过高的期望与现实落差让菡菡陷入"既怕失败又怕努力"的矛盾心态。

基于此，我为菡菡量身定制了"四步复苏计划"。

① 能力重建：通过"每日一题+周末限时提速"这种少而精的任务，让她深耕难题，有效提升解题能力，让她重新找回解题的掌控感、胜任感，进而获得成就感。

② 体能提升：调整作息安排，确保睡眠时间，每日晨跑，用运动提升体能，唤醒身体活力。

③ 目标重置：帮助全家调整预期目标，把"必须考入重点高中"调整为"每天进步一点点"。

④ 对症补强：针对某些学科的薄弱项，找老师进行1对1的答疑补充。

转变从来不是一蹴而就的。最初几周，菡菡还是会对着数学题发呆，清晨起不来，晨跑时总想偷懒。但坚持三个月后，改变开始显现——她能自主学习，专注学习两小时不分心，模拟考成绩稳步回升，主动和父母讨论起中考规划。

中考，菡菡如愿收到了普通高中的录取通知。如今高一的她，已经完全找回了学习的信心，完全自主管理学习。最近菡菡兴奋地分享了自己制订的高一期末复习计划，这份从容与自信让父母既开心又不敢相信。

2. 菡菡的案例给我们的启示

很多单纯为应试分数而进行的刻苦努力，其实根本谈不上学习力培养，可能会呈现一时好看的成绩，但终将被反噬。

当孩子喊"学不动"时，往往是能力、体能与信心的三重透支。对此，"三足鼎立"训练是一剂良药：通过少而精、专而深的"每日一题＋限时提速"，有效提升脑力和学习能力；用跑步强化体能和提高身心意志力，帮助孩子重建信心，找回属于自己的成长节奏，让学习从"负重前行"变为"蓄力奔跑"。

就像菡菡所说："原来不是我不行，只是我需要换种方式奔跑。"

学习力之谈

· 闲聊篇 ·

　　学习力培养固然是围绕着学习动力、学习意志力、学习能力的主线进行，但教育与生活是一体的，学习力培养和生活有着千丝万缕的联结。同时，认知与执行，方法和细节，可谓"失之毫厘，谬以千里"。现在，我们就在学习力培养的主线之外，聊聊跟学习力似乎相关又似乎无关的那些事儿吧。

一、自家孩子教育经历

　　很多家长朋友好奇童童的成长经历。童童的教育历程概括说来，完全践行了学习力培养的自然、极简原则。

　　第一个特点是：省钱、简单。

　　童童小时候没穿过名牌。对于孩子的服装和生活用品，我只注重安全、健康、品质。童童上小班时，我给他定做了几套纯棉的背带裤，记得那时还得到幼儿园班主任的表扬，说背带裤很利于孩子的身体发育，不束腰不卡裆。

　　童童还没上学，我就对他说过："好男儿志在四方，以后你要靠自己的本事去争取更好的学习平台。"言下之意，家里给你教育上的经济支撑是最基础的，更好更高的平台是需要靠自己的努力争取的。希望对于学习这件事，孩子能有自己的思考，包括如何发展，怎样获得优质资源，而不是依赖家庭供给。

童童上的幼儿园就在家门口，图的是方便，时间最宝贵。等到童童要上小学时，有两个选择：一个是家门口名不见经传的小学，一个是南京市当时最好的小学。当时我让儿子自己选，6岁的童童说："好孩子去哪里都是好孩子，就上家门口的吧。"于是，尊重童童的迷之自信，我们选择了家门口的小学。

从一年级开始，童童挂着钥匙自己上学，自己放学回家。

小升初时，又面临新的选择，是去南京外国语学校（简称"南外"），还是去南京师范大学附属中学树人学校（简称"树人"）？又是童童自己决定了去树人，以倒数第二的成绩跌跌爬爬考入，甚至英语成绩在当时是全班的倒数第一。

童童读初中时，正盛行孩子暑假出国游学，每年游学回来的孩子都会跟同学分享很多有趣的见闻。家长们认为孩子开了眼界，锻炼了口语，都积极鼓励孩子参与，不能落伍。我不反对也不鼓励，问童童的想法。童童说不想游学，英文口语可以自己练，他想多点时间在家看书。"再说了，花这么多钱，不值得。"童童说，"我不出去，也能很好地了解世界。"好吧，看来我在教育上的"抠门"已经传承给了童童。

记得整个初中三年，童童是年级里仅有的几个没出去游学的"土包子"之一。但是初三时，童童的英语成为全班的正数第一，中考成绩位列南京市前50名。接着,童童高中进入南京师范大学附属中学（简称"南师附中"）；本科就读于北京大学，获北京大学"学生五·四"奖章等若干奖项；童童自己写材料申请（没花钱请中介），并拿着全额奖学金进入美国麻省理工学院继续硕博连读；童童读博期间的科研成果引起业界轰动,《自然》子刊、麻省理工学院校刊、国内人民网等媒体都为此做了专题报道并给予高赞；童童博士毕业后，又选择了一条少有人走的路。

童童发展到今天，意外又不意外。意外的是，就读的学校和获得的成果，是我们之前不曾奢望过的。不意外的是，他具备很强的学习力，到哪里做什么工作都能胜任。目前的成就是他的眼界、格局和能力共同造就的顺理成章的结果，也是我们对他放心的底气。

第二个特点是：他的成长过程中有四个节点。

童童在求学之路上遇到了各种"沟壑峭壁"，但童童都能从尾部、低谷，一步步到达头部、高峰。

在童童的成长过程中，我对很多求学细节都不清楚，也不在乎他的成绩。从小到大，童童校内学到哪里、学了什么，对此我是一问三不知。小学老师要求家长给孩子检查作业、签字，我只勉强签字，从不检查。

我重视的是认知和能力上的提升、突破。回头想想，这些都有意无意影响着孩子的成长过程，包括孩子求学路上的四个关键节点。

第一个节点：能力激发好习惯的形成。

时间：小学五年级第一学期快结束时。

事件：半年时间内，童童从信息"小白"变为省信息竞赛一等奖获得者。

童童到了五年级，校内成绩、各种表现依然称不上优秀，学习习惯也不够好，自由散漫、浮躁、做事不严谨。但他数学能力很强、爱阅读、有思想。

我想，孩子的能力到位了，是时候要全面激发儿子的信心和好习惯的形成了。

童童五年级下学期，12月份的一天，晚饭后我和他一起散步。我说："童童，有件事，我得跟你商量下，关乎你一辈子的事。"童童很惊讶。我说：

"你考虑下呗，参加省信息竞赛吧。你的能力完全可以在半年内拿个省一等奖。我非常肯定你有能力做到，但做起来肯定是要吃苦的。如果你决定做，我会尽我所能帮助你去实现这个目标。你考虑清楚告诉我你的决定。"童童闻言激动极了，但又有些胆怯，比较纠结，但还是在当天晚上就明确回复我："做！"

我立刻买来竞赛教材——两大本厚厚的上、下册书！每晚忙完家务10点多，我开始研究信息课本，找到重点知识点和精华内容教授给童童。一个月内，童童补学完教材上的所有核心知识点。

寒假时，我给童童报了信息竞赛的基础班。基础班的老师一直摇头说："太晚了太晚了，你们只有一次参加竞赛的机会。很多孩子四年级就开始学了，最早的从三年级就开始了，到现在还没拿到省一等奖，你们想半年内拿到大奖，这是异想天开，做不到的！建议你们不要白费功夫，家长不要拔苗助长，不要压迫孩子。"老师把我当成了鸡娃妈妈。

童童有些犹豫了。我说："如果你没有实力，老妈才不会这么建议你。只要你肯吃苦，一定可以！这是你证明自己实力的机会，是否获奖本身并不重要。"

童童说："好！"

童童的同学强强四年级就开始参加信息竞赛，我向强强借来了以往的练习试卷，足足3厘米厚。我从其中精心筛选了100道题目。试卷都是被做过的，上面写满了答案。我用彩色贴纸贴住答案，童童做完一题，掀开彩纸对对答案，如游戏一般，开心极了。

4个月后，童童拿到南京市一等奖，顺利取得参加省信息竞赛的入场券。童童激动得直跳。基础班的老师大呼不可思议，说："你们放了一颗大卫星！"

所有认识童童的老师、同学、朋友都不敢相信这个"奇迹"。

我对童童说:"只要你有实力,想做一件事,勇往直前,什么都拦不住你。"

童童信心倍增,一改往常的自由散漫,开始勤奋自律,完全像变了一个人似的。

童童插班进入最高阶的竞赛集训班,老师一开始是很不愿意的,给童童安排了最后的座位,前面的座位是留给种子选手的。这个班上的孩子高手如云,有几个孩子已经连续2次获得了省一等奖。我看出童童的怯意,告诉他:"虽然你之前没有学习信息,但你一直在做能力提升,你的能力很强只是一直没有用武之地。现在我们就是看看,你的实力加上努力的效果如何。忽略周围的一切,按自己的节奏走。只要每天有提升,还愁成为不了大力士吗?"那段时间,童童前所未有地肯吃苦,感冒发烧也不愿休息,坚持让我送他去上课,一坐就是几个小时,不拖他都不起身。

看到童童走上正轨,我退出了。我说我只适合给你做理论知识的辅导,编程我可不行了,跟不上你的速度。童童开始独立地努力前行,我默默注视着他小小的身影。五年级下学期结束的暑假,童童第一次参加全省的信息竞赛,获得了省信息竞赛一等奖。

从此,童童开始了愉悦的、充满信心的自我管理。

第二个节点:拿得起放得下。

时间:初三。

事件:从信息竞赛的高峰转战到物理竞赛的山脚下。

童童到了初三,信息竞赛排名已经达到省一等奖的前30名,再加一把劲就能冲进省队，获得重点高中的优录资格了，此时的他和走在竞赛头部的小伙伴们都铆足了劲想冲进省队。

这个时候，我建议：从信息竞赛转战到物理竞赛。听到这个建议，童童自然是无比惊讶。我的理由是：两个学科的底层能力基础面不一样。数学和物理是理科思维的底层能力，对于初中生来说，基础思维面越广越扎实，未来的天空越广阔。相比而言，初中的信息思维较窄，继续学下去会窄化思维模式。网传竞赛的鄙视链是"数学、物理、化学、信息、生物"，这个排序有学习难度因素，也意味着学科基础的广度、深度不同。

此外，拿得起放得下。在信息竞赛中，童童的能力已经得到证实，冲进省队是继续努力的必然结果，毫无悬念。学习力是可以迁移的，转战到一个新的赛道，是对自己挑战意识和能力的全新锻炼。学会打破自己的舒适区，放下唾手可得的业绩转战到一个陌生的领域，开始新的挑战，这是一个有志向、有能力的孩子应该具有的人生体验和心智经验。

初中阶段是各种品质和能力的重要修炼期，至于是不是能获得某些理想的成绩和光环并没有那么重要。童童经过思考，决定尝试物理竞赛，没想到刚一接触就很喜欢，并且深刻体会到我建议中的深意。童童最终能够在本科时进入北京大学，正是因为借助于物理竞赛的优录。可见，换一个赛道，不是中断前进的路，而是拓展前行的能力。

第三个节点：为不为，事无事。

时间：高中。

事件：物理竞赛脱产，坚持中英文阅读。

童童读高中时，清华大学、北京大学对高中物理竞赛生的优录条件是：

只要进了省队，在物理竞赛中获得国家级奖项，即可提前签约，不用参加高考。

因此，在高中备战物理竞赛阶段，很多省队的大牛选手都全力以赴搞物理，放下文科的学习，背水一战准备提前上岸。童童也进了省队。但我给童童的建议是"坚持中英文阅读"，不能放掉。理由是：阅读关乎一个人的人文素养，是精神养分。一个人不能偏食，不能缺失营养，否则一定不健康，没有健康这个1，后面的0都无意义。阅读深度会影响一个人的视野格局，会在关键时刻起到意想不到的作用。童童非常认同，在艰苦的物理竞赛备战阶段，他始终见缝插针地坚持阅读，保持住大量的中英文阅读。

说来也巧，就在童童这一届，清华大学、北京大学优录条件突然变更，在原来基础上附加了一条：必须参加高考，且高考分数要达到一本线。消息一出，竞赛界一片哗然，很多搞竞赛的孩子崩溃了，放弃了近一年的文科学习，如何再拾起来呢？

而童童那年的高考成绩差不多是能去上海交通大学的水平。这一次的经历让童童更加体会到：功利性的学习可以在某些时候获益，但不功利的学习会支撑我们走得更远更踏实，以不变应万变。

第四个节点：输得起，是因为对能力的笃定。

时间点：本科后申直博。

事件：经历 Gap Year（间隔年）[①]，直面尴尬。

国内外教育界普遍认为间隔年有助于全面提升学生的综合素养，对未来的学习会更有助益。

---

① Gap Year（间隔年）指学生在完成高中或大学学业后，暂时放下学业，选择休学一年的时间来开展其他的活动。

这样的间隔年通常发生在西方学生身上，是一个计划性很强的令人愉悦的锻炼项目。但在我们国内几乎没看到过，因为国人非常重视效率，总是在抢时间。我也从来没想过间隔年会跟童童、跟我们有关系。

童童一向独立，本科毕业时没有依托任何留学机构，自己摸索着撰写材料向国外高校申报硕博连读资格，积极准备并参加了心仪的 A 校面试，面试结果均为优秀。这令他大为振奋。很快，童童收到一些全球知名高校的录取通知，但这些录取通知中唯独没有 A 校的。童童当时无论是学业成绩还是科研成果，都是同龄人中的佼佼者，正是踌躇满志的时候。

他一一及时回复了收到的录取通知，并坦诚告知对方自己正在等候 A 校的回复。之所以这么做，一是童童对自己很有信心，二是他十分诚信，不想影响和耽搁这些学校对其他学生的录取。明知童童的这种做法没给自己留后路，但我仅仅提醒了他并没有劝阻，作为 20 多岁的成年人，他有权处理自己的人生大事。

最终，童童还是没有收到 A 校的录取通知。那段日子，童童的内心是非常煎熬的。母子连心，他痛，我也痛。

在接下来的时间里，我们都在思考怎么办。有天晚上，还在学校的童童给我打来电话，说综合考虑后想去之前从未考虑过的 B 校，B 校很欣赏他，认为捡了个宝。我一惊，问："你甘心吗？"童童说："总比没学上好。"我问："你在怕什么？"童童沉默了一下，说："最近很多高中、大学的同学都已经定下了未来就读的学校。问到我，我说还没定，他们说我要没学上了。"我说："管那么多呢，你从小就不在意别人的眼光。""可是，如果我不去 B 校，我确实就没学上了啊。"童童的声音在电话那头透出低落和难过。我说："什么叫没学上了？你完全可以明年再申报，以你的能力上到 A 校这样层级的高校没有任何问题。当年你心仪的本科是清华，阴差阳错你去了北大,现在你不是更喜欢北大吗?今年你自己单枪匹马第一次申报,我和你爸都没帮你一丝一毫,你已经非常厉害了。今年申请不利,是术的问题,是经验不足导致的,而不是你能力的问题。你有了这一次的经验,明年申报,一定会如愿。我们不希望你就此妥协和将就。"

童童在电话另一端长久地沉默着……

我继续说:"咱们休整一年吧,好好利用这一年的时间,做你想做的事。也可以找个实习工作,感受一下工作而不是学生的生活,多好啊!这么多年,你也够辛苦的,未来硕博连读也会很辛苦,不如借机放松一下,换一种方式感受,换一个角度思考。机会很难得,想想都觉得很美好。这一年我相信你一定会拥有更多更厉害的成果,积累实力才是王道。一年对漫长的一生来说算什么呢?况且这一年,对你而言收获一定远远大于按部就班地入校学习。"

童童继续沉默着……

"这一年你想做什么?对去哪里实习没把握?"我问道。

童童的语气恢复了轻快和自信:"这应该不是大问题,我可以去找找合适的临时工作,最好是专业对口的。"我说:"那就太好了呀。一年后的你,一定更厉害、更有趣。"童童:"嗯,休整一年试试看吧!"我说:"做好心理准备,你可能还会听到各种不舒服的声音,但是这都无关紧要。关键是你怎么度过这一年,如何用最新的成果去完成明年的申报。"童童说:"其实我已经听到有些同学背后的挖苦了,说我看上去这么优秀,但还是没被 A 校录取,搞得自己没学上了。"我笑了:"挺好,我就喜欢有一个强烈的对比,明年这个时候听听大家会怎么说。"

其实与此同时,我也接到童童的几位同学妈妈的询问:"孩子去哪里读书了?"我坦然说:"申得不理想,哪里也没去成。"善良的妈妈们尴尬极了,安慰我不是，不安慰也不是。我赶紧替她们解围说："童童准备休整一年。"妈妈们忙不迭回复我："那也挺好，别急。"

我一点不急，我太了解童童的实力和心智成熟度了。童童很快调整好心态，在一家科技公司找到了一份临时工作。第二年，童童科研再次取得新进展，在他所属专业领域的国际顶级学术期刊上接连发表 2 篇 SCI[①]（Science Citation Index），并且第二次单枪匹马撰写留学申请。最终在一堆录取通知中，谨慎如愿地选择了美国麻省理工学院和自己喜欢的专业，并且拿到全额奖学金。

童童经历"GAP"的这一年，为他的心智注入了崭新的强大动能。

二、教育没那么复杂，只要孩子愿意听你说话

如果孩子能听进去父母"为他们好的话"，那教育就顺畅多了。至于建议是否科学有效，则是父母需要学习和提升的另一个问题，不在今天谈论的范围之内。

我们现在就谈谈：怎样做，孩子愿意听？

生活中，父母最无奈的可能就是：我们说了那么多，孩子还是排斥、屏蔽、我行我素。

为什么父母的话不管用呢？

我们来假设下不同人群同样要求孩子半小时内完成作业的不同情况（前提是，孩子能力确实可以做到）。

- 如果孩子的偶像提出，他会不会赶紧去做呢？
- 如果孩子的好朋友说："你快点写呀，我等你出去玩。"他会不会有

[①] SCI 的中文翻译为科学引文索引。它是美国科学信息研究所于 1957 年在美国费城创办的引文数据库。

反应呢？

- 如果是孩子尊重的老师说："给你半小时完成作业。"他会不会去努力实践呢？

……

为什么偏偏你说了，孩子无动于衷照样磨蹭呢？因为在孩子的心里，你不像偶像一样让他仰慕、喜爱、着迷，不像同伴一样让他感觉愉悦、有趣、平等，不像老师那样有原则、有威信。

怎么做，孩子愿意听？

我们听优秀学生的父母做教育经验分享时，往往在意学习方法、技巧和兴趣爱好、人格的培养，却容易忽视最为关键的问题：父母带给孩子的幸福感和欢乐。

大多数优秀的孩子拥有非常强的幸福感，很在意父母的建议。基本上这些父母是通达、包容、民主的。

这正是我们所讨论问题的核心点："让孩子愿意听"，并非教育技巧或话术的问题，而是如何做人、做好我们自己的问题。

如果说做孩子心目中的偶像级人物，做孩子尊重的、有威信的人物太难，那么就努力做孩子的忘年交、小伙伴吧！当人与人之间的关系变得融洽之后，人与人的矛盾就会迎刃而解，教育因此就变得简单了。关系友好，容易听进去对方的话；反之，容易消极、抵触。

之前跟大家分享过我和我母亲相处的体会。年迈的母亲在脑力锻炼上每取得一点点小成绩，我都会兴高采烈地表扬她、鼓励她。我经常牵着母亲的手散步，就像她牵着小时候的我一样；我经常摸她的头发，就像她曾经擦去我额头的汗水一样；我给她做热香蕉牛奶，就像她曾经为我做红糖核桃仁炖蛋……

每每这种时刻，母亲都像孩子般报以温柔幸福的笑容。就这样，母亲的脑力居然奇迹般开始有了好转。练脑的方法固然重要，但情感、情绪是最强大的推手。

就脑力而言，老人肯定是一步步衰退的，孩子肯定是一步步攀升的。老人都可以发生这么大的改善，更何况我们的孩子呢？

千万不要忽视内心的幸福感和愉悦感，它是一种巨大的情绪力量。无论如何不要使这种内在的力量消失，否则教育上的任何巧妙措施都将事倍功半，甚至无济于事。

如果你对教育不甚了解，没关系。用你最质朴的爱和孩子建立关系，让孩子拥有幸福和欢乐的体验。这，会让孩子愿意听你说。

所以，家长们要特别注意避免两种做法。

一是强势。如果你企图用做父母的权威强势地命令孩子听话，时间长了，不但不能解决问题，反而会增加孩子的抵触和逆反情绪，造成亲子关系的恶化。我至今依然清晰地记得两个孩子：一个男孩，一个女孩，都是小学四五年级的学生。两个家庭比较相似，爸爸忙工作基本上顾不到孩子，妈妈非常强势，包办孩子的学习和生活，经常为了学习打骂孩子，"猪、脑子进水了、笨、混蛋"这些词语经常从妈妈们的口中歇斯底里地冒出来。因为如此，男孩的性格变得乖戾，多次恶狠狠地虐杀小动物，这才引起妈妈的惊慌和警觉；女孩和母亲间冲突不断，当妈妈暴跳如雷时，孩子开始直接打回去⋯⋯

二是迎合与讨好。可能你说上面的情况太极端，大多数父母都在努力学习如何控制好情绪，如何拥有良好的亲子关系。没错，确实很多父母在这方面积极地努力着。可是为什么当你努力理解孩子，他们却依然不领情呢？请大家认真地思考这个问题：你努力理解孩子的目的，是为了更好地接纳孩子、理解孩子、爱孩子，还是为了让孩子放下抵触和戒备更好地接受你的想法？孩子都是非常敏锐的，一旦觉察到你"放低自己"的目的是后者，就会对你失去信任，并且愈加反感和戒备。于是就出现了父母压抑情绪迎合讨好孩子，但孩子不搭理父母的现象。

跟孩子相处时，不要带着功利目的，这会让情感大打折扣。

和孩子建立质朴的友爱关系，让他体验到你因他而有的幸福和快乐，他就会愿意听你说话。

教育，也会因此而变得简单而美好。

三、如果缺乏认知的高度，一切努力可能都是瞎忙

（一）焦虑源于未知

最近，朋友跟我说，有位妈妈对孩子的教育很焦虑，找她去诉说。

朋友劝这位妈妈少看教育小视频，多看看经典教育书籍提升自己的教育认知。孩子妈妈说："不用不用，我跟你说说感觉好多了，说完就不焦虑了。"朋友叹息道："放心吧，过段时间你肯定还会焦虑的。我也是这么过来的，当你的认知水平不够时，焦虑是难免的。你可能找别人疏导情绪，暂时感觉好多了，但认知没提升，依然看不清前路，眼前还是一片黑。所以，只要孩子有点风吹草动，焦虑又会卷土重来。如果不提升自己的认知和能力，就会陷入这种死循环：焦虑—找人疏导—暂时缓解—遇到问题—再次焦虑。这种情况在家长中很普遍，绝不是个例。"

是的，这肯定不是个案。

很多家长按照自己的思维方式沉浸在惯性生活中，对于他们认为对的事，铆足了劲去做，认为无用的事则不碰触、不尝试。

（二）认知推动成长

笑笑四五岁时，妈妈经常在朋友圈分享她的点滴：跳舞的笑笑、背英文的笑笑、朗诵的笑笑……那时的她笑容天真，眼神清澈，举止稚嫩，充满了童真。

然而，三年后，笑笑的父母带着她再次来找我时，孩子的变化令人惊讶。她的行为变得粗鲁无礼，仿佛变成了另一个孩子。与笑笑单独聊了半小时，她谈论的话题几乎全是追星和娱乐八卦。她说，希望未来能过上轻松赚钱的日子，潇洒地四处游玩看风景。

笑笑提到："妈妈休息时最喜欢刷视频，我也爱看××主播的视频，觉得她特别潇洒，天天都在外面玩。现在妈妈不让我看视频了，说影响学习。妈妈说她这辈子没希望了，就指望我了。"

妈妈在与我单独谈话时，满脸无奈："这些年，家里的钱和心思都花在了这孩子身上，可她越来越没起色。学习成绩不好，也不爱学习。小时候让她学英语、背诗词，她都很听话，现在却学会了撒谎、顶嘴，根本不听管教……"

听下来，妈妈主要抱怨的是笑笑上小学后各方面的退步。这些年，笑笑的父母也努力看了一些教育类畅销书和视频资料，但由于认知水平的限制，他们无法辨别信息的真伪和优劣，教育认知并未真正提升。他们的教育方法大多是碎片化、不科学的。

给孩子报的兴趣班杂乱无章，名目繁多。笑笑学了很多华而不实的技能，而最重要的阅读理解能力、逻辑思维能力，以及宝贵的意志力、洞察力、感悟力和审美能力，却被忽视了。

真正限制一个人成长的，是认知的高度。如果问题频发，首先要思考自己的认知是否有局限。精力应该放在提升认知水平上，而不是在原有认知下盲目忙碌。认知水平不足时，解决问题的努力往往会显得徒劳。

一个典型的例子是广为流传的"NASA[①]专家不如小学生"的故事。在20世纪60年代的阿波罗计划中，NASA为了解决宇航员在太空中书写的问题，花费了上百万美元研发一种能在失重环境下使用的"墨水笔"，但始终未能成功。后来，一个小学生写信建议："为什么不使用铅笔？"这个故事被许多人视为"突破思维局限"的典范，甚至有人认为，民间高手的一个简单想法就能碾压专业科学家。

然而，作为一个有理工科背景的人，我深知超净间禁止使用木头等易产生碎屑的材料，因此推测航天器也会有类似规定。NASA艾姆斯研究中心的主管后来澄清了真相：在20世纪60年代的太空项目中，苏联和美国确实曾使用过木制铅笔，这并不需要一个小学生来提醒。实际上，铅笔在太空中存在严重问题：笔尖摩擦产生的碎屑会飘浮在空中，不仅对宇航员构成潜在危险，还可能损坏精密仪器。此外，铅笔在低温下易碎且易燃，因此在航天探索初期就被淘汰了。

最终解决这个问题的是一家名为菲舍尔（Fisher）的公司，他们研发了一种能在各种极端条件下使用的圆珠笔，耗资约100万美元。

这个故事揭示了认知局限的狭隘性。小学生的"灵机一动"虽然看似简单有效，却无法真正解决问题。我的认知介于小学生和科学家之间：我知道铅笔不可行，但也没有能力提出更有效的解决方案。而科学家们凭借专业知识和能力，最终攻克了难题。

想要真正成长，首先得打破认知的天花板。认知的高度，决定了你能看到多远的世界，也决定了你是否能走上正确的路。它就像一副隐形眼镜，

---

① 美国航空航天局，National Aeronautics and Space Administration，简称NASA。

戴对了，世界清晰无比；戴错了，眼前一片模糊。

提升认知，读书上课是基础，但别只做知识的"搬运工"。学了一堆理论，却不去实践，就像买了一堆食材却不下厨，最后只能看着它们烂在冰箱里。真正的学习，是用理论指导实践，把知识变成行动。你得去试错、去碰撞、去感受，才能把别人的智慧变成自己的能力和底气。

独行快，众行远。和比你厉害的人在一起，是提升认知的"捷径"。他们的思维方式、解决问题的角度，甚至看待世界的态度，都会在无形中影响你。就像站在巨人的肩膀上，你不仅能看得更远，还能少走很多弯路。但记住，别人的经验再好，也只是"二手知识"。你得亲自去经历、去体验，才能把那些间接的智慧变成自己的"肌肉记忆"。

成长的过程，本质上是一场认知的升级。它需要你不断打破原有的思维框架，跳出舒适区，去尝试那些让你觉得"不舒服"的事情。就像爬山，只有不断向上，才能看到更广阔的风景。而每一次的突破，都会让你离优秀的自己更近一步。

所以，别只停留在"知道"的层面，去"做到"才是关键。认知的提升，不是一蹴而就的，而是一场持续的行动。只有当你把知识、经验和实践融为一体，才能真正站在更高的地方，看见更远的未来。

四、孩子是否具有收放自如的弹性，取决于父母能否做到这几点

很多时候，父母说孩子管理不好自己，不自觉，自控力差，学没学好玩没玩好，实质上就是指孩子缺乏收放能力，这个收放能力也就是我们常说的孩子对自己的掌控力。

任何事物都具有两面性，当一些父母从小严"收"孩子之后，孩子言听计从，墨守成规，往往容易失去灵性和对自我的审视与感知，长大一些

后放不开自我,这又成为新的烦恼和问题。

那我们到底该如何做,才能帮助孩子有弹性地收和放呢?

围绕以下三点来探讨:

① 孩子的收放能力为何重要?

② 收放能力的关键点(度)在哪?如何把握这个度?

③ 如何培养孩子的收放能力?

先来看一个案例。

【案例】"随性"的杰杰

杰杰,四年级男生。

杰杰爸爸,博士毕业,中学老师,他认为男孩子就要释放天性保有灵性,不必管束太严、太刻板。

杰杰妈妈,中学老师,她认为孩子从小就得好好抓习惯,因此非常关注孩子的学习细节,不停叨唠,但很少能按规则严格执行。

孩子学习状态越来越差。杰杰父母常为孩子的教育问题产生分歧。最近,他们又发生了一次激烈的争执。事情是这样的:周六下午,说好爸爸在家陪杰杰看20分钟电视节目后,杰杰就去写作业。结果父子俩看入迷了,一口气看完后猛然发现时间已经不知不觉地过去了一个半小时。杰杰磨磨蹭蹭开始写作业,拖了很久才完成。

妈妈气坏了,责怪爸爸像个没有节制的大孩子太过随性,带坏了杰杰。

爸爸不服气,认为孩子喜欢看一个节目,就不应该打断,不要拘泥于形式。只要看完节目后抓紧时间完成学习任务就行了。

杰杰爸爸说:"我看完节目后,不是很快就写完了论文?根本没耽搁什么呀！孩子写作业磨蹭是他一贯的做派，跟看节目时间长短没关系。"

杰杰妈妈闻之更生气了。

在这件事上，杰杰爸爸的认知和做法显然是有问题的：首先，立好规则不执行，不诚信。其次，爸爸没有认识到孩子根本不具有收放自如的能力。

像杰杰爸爸这样的成年人，可以很随性地放松自我，也能很快收起自己。因此，对于他来说，条条框框的约束显得多余刻板。但对杰杰而言就完全不一样，孩子根本不具备收这个能力。像杰杰这样不会收的孩子，是不可能学习好的，也很难做成一件有难度的事。

父母们之所以重视孩子的收放能力，主要是从学业角度考量。但其实，一个人的收放能力将直接影响整个人生的质量。

我们常说很多人把最美好的一面给了外人，将最糟糕的一面给了家人，这些人在外是收，在家是放；而有些人不把工作情绪带回家，这是在家的收，两种不同的收放自然会获得两种不同的人生体验。

最为高级的收放，是在遵守社会文明法制的前提下，遵从自己的内心，收放自如。

问题来了：孩子具有收的能力之后，就具有自我掌控力了吗？

非也。

大家可能觉得放很容易，如杰杰和爸爸，无论能力高低都能放。天性强烈就可以做到放，这对于没有经过刻意训练的小孩子来说，是最容易做到的。小孩子往往不分场合地放飞自我：课堂上不守纪律、在公共场所若无其事地追逐打闹等。前几天，一个5岁多的小孩子对我说"我感觉你老了"，孩子妈妈十分尴尬。童言无忌说的就是小孩子的放。

我们都知道，收比放难培养。那么，放是不是就很容易自然而为了呢？大家还记得契诃夫笔下的"装在套子里的人"吗？别里科夫这一形象，代表了那些在沙俄残酷专制统治下被洗脑成为胆小守旧、害怕新事物和害怕变革的人。他们已经完全挣不开身上的套子了，怎么能放开自己的心呢？

回到我们的现实中来，那些被狠"鸡"的孩子，在小时候收得太狠太多，到了高年级放不出来真实的自我，就如病梅馆里从小被扭曲成各种奇形怪状的梅树一样。于是，他们就出现了各种各样的心理问题。

可见，收得过度后，放比收更难，甚至可能压根不会放了。不会放，就成了病。只有做到能收、能放，才是具有了自我掌控力的健康人。

收和放，都需要适度。

收不住，就会懒散，一事无成；放不开，就会紧绷，失去自我。

收和放的这个度是什么呢？我个人认为这个度就是给孩子设立的规则范畴，它应该是健康文明的生活和社会行为规范。关于这一点，请参阅前文"学习力和学习习惯"。遵守健康文明的生活和社会行为规范，有助于孩子养成良好的生活习惯、形成健全的人格和品性。同时让孩子具有收的能力。

为何不提倡用学习习惯来锻炼收呢？

主要原因是，当下很多小学对孩子学习习惯的要求和规矩有不少不科学之处，有些比较机械呆板，有些甚至违反孩子成长规律。如此的学习习惯必然禁锢孩子的思维，让孩子唯唯诺诺墨守成规，无法放开自我。对父母而言，要把握收放的度，对孩子要从小在生活习惯和行为规范上，立规则并严格执行；不要在学习习惯上过度严苛，以防孩子收得狠，放不开。

父母面对孩子，一定要统一发声，一起确立规则并监督执行。

孩子要具有收的能力，需要做到以下三点。

1. 设置边界线

立规则就是设置边界线。

孩子从小适度遵守生活中的一些关乎健康和文明的规则，这些规则就是训练孩子收的能力的载体。父母严格强调规则，孩子走到边界线时，才会知道"哦，我不能越线"。这时，他的意识开始收缩，严格执行规则，行为也开始收缩。

没有边界线，就没有孩子收缩的意识和举动。正所谓"没有规矩，不成方圆"。

有些父母不理解这个原理，就像杰杰爸爸一样，始终会强调规则本身的合理性，如果认为不合理或无价值，就随意去打破这个边界线，这必定让孩子收不起来。我们再来看看杰杰妈妈，她对孩子管得过多、抓得过细，规则立得太多，设立了很多边界线，让孩子过于紧张分不清主次。而妈妈在执行过程中又没能严格到位，和爸爸发声不一致，导致边界线一次次被越过，无法让杰杰形成一次成功的收的体验。

2. 多次刻意训练收的闭环

当孩子在一件事上多次遵守了某条规则后，多次练习收，就有了对自己的掌控力和成就感，形成闭环，养成某种习惯。

如果在多件事多个规则上做到了收的闭环，就会逐渐具有较强的收的能力。

3. 孩子要自主学习

自主学习，就是锻炼收放自如的过程，也因此，自主学习的孩子很难出现心理问题。

孩子在独立自主的做事过程中，才有可能实现收与放的无数次闭环，形成对自己的掌控力。

父母放，孩子才能自己收。父母用外力收孩子，孩子如果内力强大，就会反弹，表现为不听话、对抗和逆反；孩子如果内力小，就会被外力压崩掉，表现为各种心理问题。

五、在不经意的亲子互动中，我们"看见"了自己的养育问题吗

爱孩子，是做父母的天性。但是这个爱里面难免会掺杂边界感缺失的溺爱和控制。相信大多数父母并不想这么做，但事实是：大家就是这么做了，并且做得极其自然毫无知觉。在下面这个 11 岁男孩和父母的互动场景中，我们看看能得到什么启示。

【场景1】穿鞋套

孩子和父母进门换鞋套。门口只有一个单人换鞋凳。这时，坐下来的是孩子，站着的是父母。爸爸替孩子撕开鞋套，孩子穿上后，爸爸帮着调整鞋套。

【场景2】入座

妈妈率先选了自己的座位，接着指定身边的座位让孩子坐下。

【场景3】选笔

三人开始写字时，妈妈一边自言自语："儿子，你用哪个呢？"一边在笔筒里选了一支笔递给孩子。

父母对孩子的这一连串举动，如行云流水般自然流畅。在这期间，父母唯有给予，孩子唯有接受。谁都不觉得自己和对方有什么问题。

孩子没有照顾父母、他人的意识和举动，并对此无感。可以想见，平日里家中老人和父母是围着孩子转的。孩子习惯并安然接受一切，不觉有

异。不是孩子不懂礼貌不尊长，这只是家人溺爱这个"因"的"果"。

父母的掌控力让孩子失去锻炼自我管理能力的机会。

妈妈习惯性地帮孩子指定座位和笔。问询下来，父母在孩子生活上确实包办、代劳了几乎一切。同时妈妈性格比较强势，有很强的掌控欲。

让我们思考一个问题：父母掌控和溺爱下的孩子，学习上可能会出现什么问题？

随着年龄的增长，孩子面临的学习难度、强度、压力只会越来越大，这就需要孩子不断提升自我管理能力和学习能力。当两个能力与学习要求匹配时，孩子在学习上会胜任；当任何一个能力低于学习要求时，孩子会招架不住，继而出现各种问题。

我们现在暂且放下学习能力不谈，单拎出来自我管理能力看看。我们知道，学习需要高度的自我管理能力，它涉及：我要学什么？我哪些方面弱？哪些方面强？时间怎么安排？我是出去补课还是自己查缺补漏或提升？我想达到什么程度？怎么努力？方向在哪里？方法是什么？……长期被父母安排一切的孩子相对同龄人而言，自我管理能力会弱化甚至萎缩退化。

问题来了：孩子面对学习时，自我管理能力可以凭空产生吗？显然不能。父母在生活中不培养孩子的自我管理能力，在学习中又要求孩子有很强的自我管理能力，这种矛盾只会让孩子扭曲、频频受挫。

另外，被父母溺爱的孩子，心智成熟度弱，经受不住压力和打击，缺失边界感，容易对外找理由和借口，容易任性，更不要谈做事的坚韧性了。

溺爱并控制孩子的父母，相当于折断了孩子的翅膀，却想让他飞翔。希望父母们通过这些场景，"看见"自己对孩子的爱，找出养育中可能存在的问题并反思、改善，和孩子一起健康成长。

六、校内作业，一定要全部完成吗

对这个题目，我早就想写，但因为容易引发争议所以多次搁浅。

这次促使我写出来的动力，来自严重缺乏睡眠的孩子们。

初三的萌萌在我面前一个劲地打着哈欠，她告诉我：班主任做了一个调查，发现初三之后，睡眠达到7小时的，全班只有5个同学。萌萌说："我还算好的，写完全部作业基本深夜12点多，收拾下睡觉时也不到1点，有些同学凌晨2到3点才睡。课堂上经常有人撑着下巴上着上着课就睡着了，老师对此习以为常，不批评。我有个同学，实在熬不住了，就隔一阵子请假在家补觉一天。"

萌萌妈妈说："老师，孩子现在每晚11点半睡觉了，对我而言，这就是咨询的最大收获！我不想我的孩子睡眠不足，我要我的孩子健康！"

听到这话，我心里真不是滋味。充足的睡眠和健康，这难道不是我们应该给孩子最起码的保障吗？现如今，这些居然都成了难以实现、不敢争取的奢侈品。

想跟所有因为写作业造成睡眠不足的孩子和父母，聊聊这个话题：校内作业，一定要全部完成吗？我个人的观点是：

① 如果作业量确实大到影响睡眠，一定要保证睡眠，有选择地完成部分作业。

② 作业含金量没有你想象的那么大，有选择地、高质量地完成一部分，效果往往会比勉强完成全部更好。

位于班级头部的孩子，可以选择有难度的做，重复性内容直接去掉。位于班级尾部的孩子，可以选择基础难度和中等难度的部分做，选1—2个难题深耕，做完的保证搞懂，不要糊弄着完成全部作业。位列班级中部的孩子，可以判断下今天的作业，哪部分自己掌握得不太好就先做哪部分，掌握得不错的可以不做。

③孩子在不偷懒的情况下，选做适合自己的部分作业，自己面对老师申请、解释清楚，这本身就是提升认知、锻炼思辨能力、解决问题能力的过程。

孩子害怕做不完作业影响学习效果。对此，省重点高中的一位陈老师，分享了一段她和班级学生选做作业的对话，很有趣也很有道理，摘录如下。

陈老师问："如果有几位数学老师来班上按自己想法给你们布置当天的数学作业，你认为内容会一样吗？"

孩子回答："那应该不一样。"

陈老师："那你觉得做哪位老师的作业效果最好呢？全部做肯定来不及，那你是不是要在几份作业中综合挑选出适合自己的那部分作业？"

孩子深以为然，从此就不再逼迫自己完成所有的作业，而是在保证睡眠的前提下，认真选做适合自己的作业。

其实类似陈老师这样的老师还有不少，例如萌萌常说的班上语文老师。萌萌说他们都特别喜欢语文老师，她人特别好，经常跟学生说："我知道你们作业多，睡不够。你们回家先做别的科目的作业，语文作业留在最后，如果来不及就不做了，赶快睡觉！校内的语文作业没那么重要，主要靠平时的大量阅读等积累。"

深深敬佩像陈老师、萌萌的语文老师这样的具有教育良知和教育水准的老师。

孩子们，有的作业内容不一定全都适合你，勇于做出合理选择和安排，这，也是成长。

前提是：不偷懒，而且作业量确实大。

七、如何把握孩子玩电子产品的度

（一）如何把握孩子玩电子产品的度

面对孩子沉溺电子产品这个"世纪难题"，相信您和我一样，既不想让孩子与数字时代脱节，又想避免孩子因过度沉迷，影响身心健康和成长。今天，我们就来聊聊这个让无数家长头疼的话题。

1. 内容管理的度：适度物理隔绝外加引导

（1）电子游戏：请给孩子筑起一道"防护墙"

对 15 岁之前的孩子，我主张对电子网络游戏进行物理隔绝，如案例篇中的敦敦。这个年龄段内的孩子心智脆弱，就像正在成长的小树苗，极易受到外界的影响，不要考验他们面对游戏的抵抗力。就像我们不会让小孩子独自面对一桌糖果，然后指望他们能自律地只吃一颗。

当然，在这么做之前，需要我们做好孩子的认知引导。

建议您这样做：

• 把青少年沉溺电子游戏危害的相关文章打印出来放在孩子书桌上，或他容易接触到的地方。

• 给孩子留出私人阅读的空间，不要在旁边逼着孩子看。

• 相信孩子好奇心的力量，哪怕孩子只看进去一句话，也是好的开始。

（2）社交需求：请给孩子一片自由的天空

当孩子用手机和朋友聊天时，请别急着监控。想想我们小时候，不也渴望和伙伴们说那些避开父母和大人的悄悄话吗？健康的社交是孩子心理成长的维生素，我们要做的不是阻断，而是祝福。

现在很多孩子出现社会功能退化，不愿意跟人交流，脱离群体生活，喜欢独自宅家里打游戏。我们的孩子如果还有这么大的兴趣愿意跟小伙伴交流，说明孩子身心是健康的。

社交，是保证孩子社会功能不断进化的一个手段。对于短视频，我们可以和孩子一起当"美食家"：短视频就像自助餐厅，关键是要教会孩子有所节制地挑选营养的食物。我们可以试试以下几点：

- 每周和孩子一起"探店"，发现优质内容。
- 保留一些轻松有趣的"甜点"内容。
- 让算法成为我们的"营养师"。

2. 时间管理的度：培养"数字健康习惯"

电子产品社交和浏览小视频等就像美食，再好吃也要适量，不能暴饮暴食。建议：

- 平时每天给孩子 15—20 分钟娱乐时间。
- 周末适当放宽到 1—1.5 小时。
- 涉及学习的使用不限时，但要防止"假学习真游戏"。

（二）管理：让约定成为习惯

对自律的孩子：要给他们信任的空间，但要有上述明确的边界。

对需要引导的孩子：父母首先要集中保管家中所有可娱乐的电子产品；在孩子使用时，要视情况适度陪伴；还要制订清晰的"使用公约"，比如：

① 违约要有合理惩戒，可以包括取消下次的使用权限。

② 把每次协商都变成亲子沟通的机会。

（三）沟通的艺术：让爱和规则一起流动

如果您和孩子现在的沟通像"鸡同鸭讲"，不妨试试：

① 请孩子信任的长辈当"公证人"，一起制订公约规则。

② 召开正式的家庭会议。

温馨提醒：

• 会前父母要先达成共识，避免开会期间父母争论。

• 会前让孩子有所思考和准备，会上给孩子充分的发言权。

• 可能需要多次会议才能达成一致。

• 最重要的是，家长要以身作则。

我们不是在制订"不平等条约"，而是在共建健康的数字家庭文化。当我们自己学会适时放下手机，孩子才会真正理解什么是"适度使用"。

在养育孩子的路上，没有绝对正确的答案。但只要我们怀着爱与耐心，就一定能找到适合自己和孩子的平衡点。愿我们都能成为孩子在数字时代的引航员。

附录：孤独的旅途

□ 童童

学习是一场自我对弈的成长之路，它注定孤独。

清空杂音，淬炼灵魂，沉淀思想，凝视自我。

正如尼采所言："谁终将声震人间，必长久深自缄默。"

有了自主孤独这磅礴充盈的内力，才有日后的笑傲江湖。

童童在本科和读博期间，撰写了许多文章回忆、反思自己的学习成长过程，通过网络发布后深受家长们的喜爱，很多家长将其中文章打印下来品味和传阅。现摘选几篇，奉献给各位读者。

需要说明的是：这些文字皆是童童在本科和读博期间所写，更多叙述的是他在具备良好学习力之后的各种探索、挑战和感悟，对其学习力养成的过程较少涉及。希望读者不要因此误会他的学习力是与生俱来、浑然天成的。正如古语所言："宝剑锋从磨砺出，梅花香自苦寒来。"

—— 作者题记

孤独的旅途

2020 年 2 月 4 日

近来独处的时间比较多，也能静下心仔细反思一下前一段时间的工作和生活，感触颇多。忽而想到上次给赵老师（本书作者）写点东西已经是四年前了，觉得也该写点东西，一来是反省自身，二来也希望能给孩子们的成长提供一些帮助和参考。

很欣慰的是，当我再翻起当初写的那一篇《大侠是怎样练成的》，发现自己工作与生活的目的和动力未曾改变，甚至于因为动力更加强烈而增加了许多使命感。对我而言，只有把自己放在一个远大、艰难且具有利他性的目标之下，才能逼迫我排除自身的懒惰，豁出命去工作。我享受这一点，有目标是好的，能看到自己努力带来的一点点微小的改变，是令人欣喜而感动的。但是我今天的讨论更想偏重一些技术性层面。因为近来在跟自己以及他人相处的过程中，颇感到大家在技术细节方面存在着问题，而且是颇为严重的。

一、计划性

关于方法的问题，我一向非常慎重，生怕基于我个人特点的方法会给别人带来副作用。但是近来的体会让我感到首先谈计划性的重要性。就好比一个探险家，无论他再怎么努力，倘若没有计划性，南辕北辙，至死也到不了目的地。无目的而感动于自身努力的人最为可怕。

我最初关于计划性的体会来自于小学四五年级。说来有趣，这一观念的萌芽，来自对看小说的渴望。当时，我对《哈利·波特》系列格外着迷。而晚上通常要做思维训练，白天要上学，什么时候能看小说成了问题。为此，我开始格外注重规划时间。下午5点半父母回家，在那以后，最好是能完成作业开始做思维练习题。如何在5点半之前保质保量地写完作业，同时最大化地挤出时间看小说成了我规划时间的动力。一开始，我的动作很慢，常常5点半也无法写完作业。但是我逐渐掌握了两个关键因素：①对自己效率的估计；②对工作量的估计。

譬如看到语文作业，我知道我通常要写50分钟，但是专心一点可以30分钟完成。这是在多次对自己作业情况进行估计的基础上完成的。进而我将这30分钟细化，譬如查字典花15分钟，造句花5分钟，阅读花10分钟。再结合我能自主利用的时间（比如当时有"课间奶"15分钟，与其在门口跟同学晃悠15分钟喝一杯牛奶，我更愿意完成查字典的任务），一下子就可以把时间节省出来。等3点多放学回家，我基本能把作业写得差不多。半年之后，我每天能抽出将近1个小时看小说。既完成了作业，又有时间休闲。何乐而不为？

实际生活中也是这样，把必要工作用最短的时间做好、做精，剩下的时间都是自己的。这一点对于我格外重要，甚至在关键时刻能成为我解决问题的法宝。在不断的锻炼中，我对于自己工作效率和工作量的预估愈发精确。以至于在本科阶段，我能够在两个课题组中同时开展4—5个科研项目的研究，在半年之内发表了6篇英文专业论文。这对于高年级博士都是极为困难的，这也跟强烈的计划性是分不开的。现在，同时开展数个专题研究已经是我的工作常态。在最忙碌的时候，我的计划表会精确到15分钟（更精确的时间表没有意义），即使平时，计划表也会做到30分钟的精确度。我现在的同学基本都有着这样的时间安排规划，这对高效学习和工作是非常有帮助的。而能精确地按着时间表走，需要长时间的练习和有意识地提高自身效率。但是，单单有时间表是不够的，因为那通常只能针对中短期的项目。过分依赖时间表是盲目的，我大约在高中时意识到了这一点，而在本科阶段对这一点更加明晰。

除了短期的时间表（比如半个月到一个月），我还会有一个中期的时间表，比如3—5年。这张表会非常简略，按月甚至是年的单位对近期的目标进行安排部署。对于孩子们，其实也是一样，譬如何时小升初、中考、高考，何时参加什么竞赛或者培训，都需要有计划。走一步看一步会有很多问题，虽然中期的时间表往往会因为不定因素而修改，但是基本的目标和关键的时间点是不会有大变动的。有了中期的规划，在一步一步向前走的过程中，心里会更有底气。即使一步出了问题，也可以及时补救，最多也只是放弃一个短期目标，而不会对中期目标产生影响。

除了中期时间表，我还有一个长期时间表。这个我从不曾写出来，只是在脑子里有一个大概的方向和盘算。它可以是对于一辈子的规划，也可以是对于未来的向往和渴望。我感觉那更像是一个明亮的光斑，像是夸父追逐的太阳，遥不可及，而又光明灿烂。向着太阳，谁会迷路呢？只有在密林中，没有地图却想寻到细微宝藏的人，才会迷路吧？

二、坚持

大家都知道坚持的重要性。但什么叫坚持？怎样坚持？恐怕没人能说得清。所以这一段我想举几个例子，大家可以感受一下。

我在很小的时候，赵老师就经常拉我晚上出去散步。说是散步，其实距离并不短。通常要快走两三个小时。一开始我很容易累，半个小时就想回家。但是赵老师鼓励我再走一走，看着两旁的店铺、人、车，想想中间要经过的热闹的夫子庙，我就渐渐忘了疲劳，而是沉迷于一路不同的情景中了。即便是每周都走一样的路，即便路边的建筑都大同小异，即便会累，但是想着走一个街区，再走一个，想着看下一个街角的建筑跟上周有什么不同，就渐渐忘了疲惫。生活中也是这样。担心于过程的艰难，不如欣赏过程，"忍一下，再忍一下"，酸甜苦辣都是一种收获。

我喜欢竞赛，不只是因为获得成绩时的喜悦，更是因为每次竞赛时的惊心动魄。我不是那种头脑特别灵光的选手，通常都是磕磕绊绊地做完题目，然后担心十天半个月，直到颁奖。无数次我在考场上濒临崩溃："完了，都不会做，怎么办？准备了一年多，这下要栽了。"但是绝大多数情况我可以克服。比如小学五年级时的信息竞赛，3个小时的考试，临结束还有10分钟，我还有好几个程序没完成，而大多数同学都提前交卷离场了。我很慌，但是还是在那里坚持着。离结束还有5分钟，考场里就剩我一个人了，监考老师有点不耐烦，走过来问："能跑出来吗？不行就交卷吧！"我说："能，麻烦再等一下。"4分钟过去，一点结果都没有，他又来了："交卷吧，一分钟出不了结果的。"我说："再等等，还没到时间。"我拼命地改程序根本不看他。30秒，他又在催，10秒……"行了，交了吧。""不，再等等。"还剩3秒的时候终于出了结果，我飞快地把结果誊到卷子上交给他。他惊奇地看了我半天，嘴还保持着"交卷吧"的口形。十几年过去了，别的我都忘了，但就对这一段印象特别深。不坚持到最后永远不知道结果是什么。经过那一次，我再也不会轻易放弃，因为不拼到结束，就会有遗憾。

2017年俄罗斯拍了一部电影叫《绝杀慕尼黑》，引进中国的时候我去电影院看了两遍，拍得非常好，推荐大家去看。这是一部不怕剧透的电影：一个破釜沉舟的教练和一群没有退路的运动员，在已是败局的情况下，拼尽全力争取自己的权益，最后一举翻盘，拿下了奥运冠军。这才是坚持，不放弃任何一丝的希望，不到结束，不到最后一秒，即使面对必败的结局也不放弃。这才是真正的尽了全力。破釜沉舟，才有绝杀的勇气和动力。在学习和工作中，也是这样。偷懒太容易了，一点点的不舒服，一点点的困意，都可能成为借口。但是真正想要拿到什么，真正想要实现什么的时候，只有舍命，只有忘掉后路，只有忍一下、再忍一下，才能实现目标。

在我北大宿舍上铺的床板上，有个大我8级的师兄写下："在北大，只要努力，就能达到你想要的目标。"我每天早上一睁眼都看到这几个字，舍不得再继续睡下去。后来有同学问我舍友，如果是他躺在我的床上，能不能像我一样。他想都没想就说不能。同学问："为什么？"舍友回答："我没办法像他那么拼命。"我也不想拼，我也懒，我也嗜睡。但是一路走来，我知道所有的收获都需要汗水，甚至是心血。即便是天才，亦是同理。8点休息跟12点休息，时间久了，就会产生量级的差距。正所谓"不疯魔不成活"。当然，我把坚持放在第二点谈，用意就是要强调先要有明确而值当的目标。倘若目标偏了、错了，那就是"一条道走到黑"，是非常可怕的。

三、如何看待"失败"

很多焦虑源于对"失败"的惧怕，其实大可不必。

首先，实力而非运气决定结果。这些年来，我愈发感觉到对自己实力进行客观评估非常重要。如果实力到了，基本没有"失败"的可能。即使失手了，也总能在将来的某个时间弥补回来。譬如我们在竞赛前，总有几个大家都看好的种子选手，一般来说，他们得奖十拿九稳。这是因为实力到了，即使有一些疏忽，也不影响大局。我有一个好朋友，她特别聪明，做事也特别利落，但在本科申请美国学校的时候，结果并不如意。但大家都不太为她担心。现在，她正在斯坦福大学读博，科研也做得非常棒。这就是因为实力到了，目标又明确，就不会为一步两步的"失败"而气馁。就算"崴了脚"，休息两分钟，还是能赶上来。对于百十年的人生，三五年、三五十年的不如意又如何？相比于为了"失败"而焦虑，不如积极地提升实力。正所谓"实至名归"，真的到了相应的程度，该来的自然会来。纯靠运气的收获，难以长久。

其次，如何看待"失败"非常关键。大可不必为一次考试不太满意的成绩而生气。相反，弄清楚为什么出问题、怎么出问题、怎么解决问题是更关键的。一次考试的结果绝不只是由考场上的2个小时决定的，同时，一次考试能够影响的也绝不只是拿到成绩的那一个晚上。我还记得小学二年级的一次语文单元测验，全班都是90多分，就我一个人考了78。这在当时来说是相当差了。老师叫我去办公室补考，一样的卷子，我又只考了80多。老师气坏了。但是事实是怎样呢？试卷上画了一只大鸟在扑棱翅膀，下面有两个方格，要看图写汉字。那是个简笔画，画得很抽象。我两次都写了"鸭子"，被判了错。老师问我："为什么写鸭子？"我说："这不是天鹅，头上没有包。"老师说："应该是大雁啊！"我不理解："它脚上有蹼，而且也没画别的东西，我也不知道它到底是在水上飞还是在天上飞。"老师气得有点说不出话："你看，大雁的雁字难写啊，就是要考你雁字的写法。"我说："鸭子的鸭也不好写。"老师又说："但大雁的雁我们刚刚学过啊。"终于，她说了一个还算成立的理由。毕竟单元测验，从经验上说，考刚学过的字这个解释是基本成立的。但是对于二年级的孩子来说，还没经过几次考试，这个经验从何建立？从来没有人说过单元考试只考本单元的字。我举这个例子不是抬杠，我很爱戴我二年级的语文老师，她是个很认真而且善良的人。我想说的是，小学、中学阶段，其实很多问题设计得不太合理。条件的缺失、对固定套路的强调，对于孩子真正意义上的成长没有多大好处。这不是一种科学的思维方式。

我还记得初中政治有道题，要揣测斗牛场上被杀死的牛的心理活动。现在看来这谁能知道。"子非鱼安知鱼之乐"，何况牛乎！但当时班上几乎所有的孩子都能写出个八九不离十的答案，这多么可怕。我不知道学生做对这样的题，老师们应该高兴还是难过。

所以对于有时的低分，我觉得并不应该上来就一棒子打死。我特别感激的是我的老师当时用讨论的语气跟我解释了很久，她听我的解释，并努力想说服我。我们遇到类似的情况，都应该先听听孩子是怎么想的、怎么错的，因为没有无缘无故的错误：走神，为什么走神？因为窗户外面有个蝴蝶？因为隔壁桌的同学打了个特别长的喷嚏？因为地上当时爬了几只蚂蚁？不会做，为什么不会做？是题目读不明白？题意理解错了？理解成什么了？当时怎么想的？计算错误，为什么会算错？乘法口诀背错了？加法忘进位了？竖式列错位了？多问问孩子这样的问题，或许会有意外的收获。譬如走神，如果是上面的几个解释，我觉得反倒很可爱，很有诗意。到中学写作文的时候，老师和家长常常头疼孩子们不会观察，不懂得欣赏生活、发现生活，没有华丽的辞藻。或许这些"问题"就是从一句生硬的"不要走神"开始的。合适的引导、理性的分析，会比斥责更有效，而且影响更长远。

另外一个有意思的词叫"粗心"。每个孩子都跟"粗心"斗争了很多年，甚至于现在我们还会有"粗心"的时候。但"粗心"并不是一个根源上的解释。计算的时候脑子在想别的通常是"粗心"更为基本的原因。人的本质让我们没办法排除所有杂念，所以出现了种种"笔误""粗心错"。但是在现在的工作中，我们有很大概率可以摒除"粗心"的问题。为什么？

① 时间相对充裕。

② 有更高的专注度。

③ 可以通过不同方式查验错误。

④ 有更为具体的应用环境。

譬如，工资从"6000"写成了"600"，这跟小学数学考试中"0.2"写成了"0.02"是一样的"粗心"，但是人们一定会及时发现，因为它的重要度不一样。

没有真正意义上的一概而论的"粗心"。如果是态度问题，查态度；如果是方法问题，查方法（譬如没有规范使用草稿纸、没有及时验算、没有用不同的方式验算等等）。总有解决的办法。但这都需要耐下性子一点点分析，绝不是一句"粗心"就能解释的。最重要的是，对于未来的信心往往来自成功解决失败的过程。

我一直庆幸我不是一个"好学生"。我在正常的学校考试中也考过不及格；经历过考场上一半多的题不会写的窘境；经历过排名年级倒数几名；经历过老师很多次的批评（当然不仅仅局限于成绩）。所以我心理承受能力特别强大。一般的问题伤不到我分毫。而我在一次次出现问题的过程中，总能摸索出问题的源头，进而发现解决问题、完善提升自己能力的方法。这是我这么多年还在顽强地坚持犯错的动力。

事实上，如果真的一路顺利，反而可能在心理上形成很大的障碍。我的一个同学，在高三以前几乎每次成绩都很好，有一次没考好，哭得稀里哗啦，这反而反映出他内心的脆弱，这也未必是件好事。在我看来，面对失败的过程实际上就是积累经验的过程。当经历了足够多的失败，积攒了足够多的经验，再加上正确的方式方法，"实至名归"是必然的。

谈了这么多具体的技术细节，我其实很不放心。因为具体的方法应当因人而异，应当具体问题具体分析。这也是我长期没给赵老师写东西的原因。在磨合与摸索中成长是一个漫长而孤独的旅程，我希望能给大家在最初的时候提供一些帮助。但是，最后的路还需要孩子们自己独立而坚强地走下去。我其实一直很忙，写这样一份文稿很花时间，但是我佩服赵老师的勇气和毅力，因而愿意全力地支持她。我也明白不应写得这样长，但是总是忧心会因为解释不清而好心办坏事。所以还希望各位能有选择地参考，一定要注意个体的差异性。毕竟，每一个孩子都独一无二，每一个孩子都是他自己世界中的主角。

从根源出发

2020 年 7 月 5 日

最近在跟赵老师聊天的时候，听她提到现在一些小学让学生背圆周率倍数的事。赵老师自然是对这种违背教学原则的做法深感忧虑。而我大概是在之前见识过一些类似的做法，在忧虑的同时，却也对如何彻底改变这一现状感到迷茫。

因此，我想讲几个亲身经历的故事，希望能给大家一些启发和提醒。

一、居然从库仑定律开始推

我在高中的时候参加了物理竞赛，并且最后进入了全国决赛，拿到了名次。在决赛前，我们几个进入省队的同学停课三个月进行物理集训。决赛结束后刚回学校，就遇上了一场年级统考，我只好硬着头皮去考，结果却出人意料：三个月没上课的我语文考了年级第一，而大家以为我势在必得的物理却考了班级倒数第二，倒数第一是另一个一起去考决赛的同学，他在决赛里的名次比我还靠前。当然，我们班是物理、化学实验班，整体物理水平比较强也是事实。成绩出来后，两科老师都震惊了，物理老师拿着卷子到班上，哭笑不得。但是事实情况是，在正常的高中物理教学中，会给出一些"定理"，譬如带电粒子通过三角形、矩形、圆形磁场，偏转角度是跟磁感应强度相关的一个很简单的式子。而如果类似的题做多了，几乎像肌肉记忆般，一下子就能把答案写出来。如此这般，经常练习的学生只要花几秒钟就能"看"出答案，然后花一两分钟简单补几步过程就做完了，甚至连计算的过程都省略了。而对于我来说，肯定要从静电学最基本的库仑定律，先进行受力分析，列出运动学方程，再去求解那几个多元方程。就算我计算能力再厉害，也必然比别人慢上好几拍。再加上做惯了竞赛题直来直去的路子，碰上高考模拟题中的一些故意设置的文字陷阱，出问题是必然的。

对于这个例子，物理专业的人肯定生气：解物理题的过程居然不涉及一点物理知识，这还叫物理吗？简直太荒谬了！但如果进一步考虑下这个问题形成的原因，或许就该沉默了。为什么会出现这种问题？从结果的角度看，如果连竞赛生都来不及很好地完成考试，正常高考的学生如果按部就班推出来又怎么可能来得及完成？如果不采用一些特殊的"技术手法"，学生的分数如何保证？从教学的角度来看，如果纯粹用物理的手段把高中物理从头到尾给一个班四五十号人都讲明白，要花多大的精力？学生又要花多少精力去理解消化？在这之后又能有多少时间留给学生做强化训练？从资源的角度来看，对于师资力量不强的地区，可能连老师都未必能对自己所教授的每一个知识点从物理本源上进行理解，又如何将清晰的物理概念传授给学生？所以我举这个例子，并不是针对某个特例进行批判。我想说的是，对于这一大类问题，我们该怎么办？这也就是我对赵老师所说的现象感到迷茫的原因。作为我个人而言，我自然可以抵制这种做法。通过自身的学习和思考，加以适当程度的针对练习，我就可以轻松地用真正符合物理逻辑的方法解决高考的问题。我也自然可以花费一些时间，帮助我身边的一些朋友们摆脱这种反科学的解题思路。但是然后呢？对于那广大的、我不能涉及的学生群体，对于我不曾设想到的教学资源和条件，我没有资格去评价，也暂时没有能力去改变。在这几年中，我遇到了一些来自所谓"高考工厂"的同学或者朋友。他们会用平淡的语气给我讲述他们过去的经历，而我却只感到悲愤、痛心、无奈而又迷茫。我开始理解发明这种做法的本意，这在某种程度上也是老师们为了孩子们更好的未来而苦心琢磨的取巧的办法。这样看来，先前对物理思维的强调，对科学性的赞扬，在这样的层面和背景下，可能反而是一种"何不食肉糜"的荒谬慨叹。这或许也是赵老师和我行事的差异性。她或许更愿意直接亲力亲为，一点点改善身边的环境。而我则更容易感到无力，希望能积聚力量，以期在更大程度上彻底改变。但是，不得不提醒的是，当教育条件允许时，这样的行径是不能容忍的。如果教育资源相对充分，老师水平足以胜任，学生的接受能力也足够强，再使用这样的方法，就是对教育、对科学、对学生的极度不负责任。毕竟，教育的目的是克制、是止于至善。当只有黑色和灰色的道路可供选择时，选择灰色无可厚非。而当存在白色道路的可能性，选择光明自然是当仁不让，就算这条路再坎坷、再狭窄，也不应步入歧途。

二、为什么会起泡

下面这个例子，是我在近几年中遇到的，可以说是前述方法弊病的一种体现。在我本科高年级时，有一次，一个博士师兄跑过来找我，说他最近的样品表面总是莫名其妙地起一些气泡，破坏了他制作的微结构。我听他讲了半天，最后发现原来是他在清洗样品的过程中使用了去离子水。他的样品遇水会发生反应产生氧气，用水清洗自然会产生气泡破坏表面。他对我说："我本科的时候，老师教我们有机清洗添加材料一定是按照丙酮、乙醇、水的顺序。没有水能洗干净吗？"我说："丙酮对油脂等有机物的溶解性强，用于溶解样品表面的有机物。乙醇和丙酮互溶、用于进一步除去丙酮和被其溶解的杂质，至于水，只是为了进一步清除乙醇和其他可能的残留。如果样品本身不太脏且乙醇的量充分，完全可以终结在乙醇这一步。因为乙醇本身是挥发性的，纯净的乙醇并不会给样品带来玷污。况且你的样品对水敏感，本来就应该避免一切跟水有关的工艺呀。"虽然上面的解释对于相关专业的学生而言很清晰，甚至很多非专业人士都能听明白。但是我后来还是做了他很久的思想工作，才让他终于放弃了使用水的操作。

这个例子看上去不太一样，但本质上也是前述方法的顽疾——将特定的、不重要的技术方法固化成"定理"式不可撼动的认知，进而让学生笃信它，造成难以纠正的错误。在学习过程中，如果经常遇到这种问题，并采用"取巧省事"的方式，通过死记硬背来解决，会越来越削弱自己对基本原理的理解，降低自己的思考能力，进而被表象所蒙蔽。看起来仿佛学了很多知识和方法，但说到底，还是看不见这些方法之间的本质联系，会让大脑被冗余信息所占据。"大道至简，大巧若拙。"每一个领域，核心的规律和方法只有屈指可数的几个，固守着最质朴、最本源的方式，往往真的能以不变应万变、以无招胜有招。而这种对于核心规律的认识和坚守，需要长时间的琢磨、尝试和反思，需要很劳累地动脑子想，需要很认真地时时刻刻进行判断，需要吃眼前亏、抵制住别人轻易取得成绩的诱惑，甚至是长久的诱惑。所以我们现在在讨论的真的仅仅是一个要不要死背圆周率倍数的问题吗？抽象起来，这就是一个要不要投机取巧获胜而抛弃道德（科学）原则的古老问题。只不过这种投机取巧确实会在很久以后成为自己发展的障碍。

三、就是库仑定律啊

可能有人会觉得这样言重了，不过背个圆周率、用现成的结果而已，影响真的会那么深远？一个更近的例子告诉我们确实会这样。

就在前几天，我读到了一篇几年前的文章，发表在一本非常出色的专业国际顶级期刊上。文章描述的工作做得非常漂亮，但是还是有几组数据作者没能解释，后续的其他工作也没能发现其原因，只将其归为了一类特例。但如果仔细分析就会发现，这个看似困扰学界五六年的问题，其本质就在于对库仑定律的理解。如果作者们能够深刻认识到库仑定律所描述的"力和距离平方成反比"的基本物理规律，到达一个并不是很大的距离以后电场力的作用就衰退得微乎其微，那这个"特例"就可以理解成是进场条件下电场力作用的一种表现，问题自然迎刃而解。回想起高中时即使对一道简单的高考题，也只有极少数学生会从库仑定律开始推导。这一现象难道不是很值得反思吗？就是库仑定律，就是回归根源。社会和宇宙的繁复就是生发于最基本的社会学和物理学原理中。各种分支学科说到底，都是对基本原理在特定范围内的具象化、特殊化的发展演化。所以在条件允许的情况下，为什么不在人生开始的阶段，就紧紧抓牢本源的思想，并以其为根本，排除旁支，找寻其他一切发展的概括性的规律和方法呢？毕竟人的一生就和树木、学科、社会的发展一样，对根源的认识，决定了其成长的具体方式和发展的最终结果。

赵老师总希望我写短些，这样大家看起来省事一些，我也能节省些时间。但可能也是多年训练的习惯，总担心太短了会有歧义、会不充分、会形成误导、会有种种问题，也希望大家能在慢慢阅读的同时能多产生一些思考和想法，因而又揉出了这一篇长文。希望能有所帮助。

再谈时间规划

2021 年 3 月 31 日

本篇想聊聊关于瞬时专注力和短期时间表的话题。

专注力和时间规划在各个阶段其实都非常重要。如果能在孩童时期就进行有意识的引导和培养，则可以让孩子受益颇深。事实上，我在很久之前就跟赵老师讨论过写一篇相关文章的可能性，也考虑了很久，觉得还是可以通过几个我亲身经历的例子针对性地说明一下。希望能给大家带来启发和帮助。

一、瞬时专注力

和大家通常想的专注可能有所不同，我在至今的学习工作中常常感到的是一种瞬时的专注力，即并非从早到晚都全身心地扑在学习或者工作上，而是片段式地投入，并辅之以适当的放松或休整。

（一）就从一道题开始

对于孩子们来说，分心是正常的。孩子处于想象力最为旺盛的时期，桌子上的一个小摆件、铅笔顶端的小橡皮都足够让他们分神很久。我还记得小学时在家里书桌上凿了一个不小的坑——就是因为最初那里稍有些不平整，所以每次写作业都忍不住拿笔尖或是圆规尖往里捅捅。每次抠出来一点点木屑，总幻想着自己是在挖宝藏，凑近看时，仿佛真的是面对一个极大的矿坑，而自己是在一点点地清理矿藏上的泥土。日子久了坑自然就越来越大了。写作业的效率自然是因此耽误了不少，但也不能说这个分心的过程完全无用——至少我觉得现在作为一个理工科的学生，自己对于微观世界的理解和想象，很大程度上也和小时候凿桌子时的神游是分不开的。当然这是后话。所以想要让孩子专心起来，"堵"可能并非是一种很有效的方法。即使到高中以后，我也仍然可以"无实物"地走神很久，甚至有的时候写着作业就开始在脑海里自己编故事，像看电影一样从实际中脱离开并陷入想象。虽然这种行为从长远看来并非是完全无益的，但是至少对于短期效率是种不小的损害。

怎样解决呢？我的办法是，先集中精力解决一个非常小的问题。譬如对于小学阶段来说，完成一道阅读理解题或是两道应用题。这就涉及我之前在《孤独的旅途》中也提到的一个技术细节：任务的分割。如果说孩子的专注力无法贯穿一个较大的任务，不妨尝试将大任务分割成若干个小的任务。譬如语文作业中有生字词誊抄、查字典、造句、阅读理解和小作文。孩子在完成的意愿上肯定有倾向性，比如觉得誊抄和查字典简单一些，而剩下的三项相对复杂，尤其是小作文。那就不妨尝试将作业分割成四个独立的小部分。这样可以把完成每个任务的时间都缩短，从而提供了全程专注的可能。毕竟，用30分钟完成一个小作文和用90分钟写完语文作业相比，无论从实际大脑负担还是从心里抵触感受来看，前者都会比后者小很多。

举一个例子。我小学五年级准备奥数考试，当时题目的训练量还是相对比较大的。所以我采用的一个策略就是把每4到6题划成一组，用45—60分钟的时间完成。而后休息15分钟再进行下一组。这样一来，既不会给自己太多的心理压力，也不会过分地影响效率，避免了这种想法："我还有40题要做，要不先走神一会儿吧，反正也影响不大。"

另一个例子是，我从小学五年级开始，在回家的路上就会默默地估算作业的完成时间：语文30分钟，休息（看小说）20分钟以后，数学还要45分钟……进而我能相对精确地推算出在父母回家之前、在完成作业的情况下还能匀出多少时间看小说。这看似简单的动作实际上反映出两个问题：

1）任务分割对于精确估算完成时间十分重要；

2）内在愿望（挤出时间看小说）对提高效率具有驱动性。

另外需要指出的是，这种瞬时专注力并非是形成后就不会衰退的。我的瞬时专注力大概在本科一年级的时候达到了顶峰，可以保持连续6个小时心无旁骛地学习或者思考。这种情况下就算戴着耳机听歌或者周围有什么响动自己也不会察觉。当然，6个小时后我也会出现很明显的生理性的疲惫，必须要好好地休息放松才行（比如花两三个小时游泳、洗澡、吃饭或者看电影）。这也是我总觉得有些中学强迫性地要求学生长时间学习很不合理的原因。在长时间的持续学习中，学生完全无法实现全心投入，工作效率、思维强度和对知识的接纳程度都会急剧下降。所以拉长战线、企图以时间换工作量在绝大多数情况下并不会是一种很有效的办法。说回来，在此之后，随着我处理的事情愈发繁杂，信息量日益增加，这种专注力反而逐渐下降。以至于现在往往最多只能维持3—4个小时的高度专注。但即便这样我觉得已经足够了。

相对于长时间的专注，我觉得孩子们可能更需要一种随叫随到、收放自如的"瞬时专注力"——"我们这次就认真高效地做一道题，做对了就去玩儿一会儿"。至于延长专注的时间则是后话。

（二）体验专注

专注来源于兴趣，并可以通过适当训练进行强化和运用。所以相比计划性，更为根源的一点是让孩子体会到专注带来的舒畅感。真正专注的过程给人带来的会是一种精神上的放松和愉悦。这并非夸张，而是每个人都会经历的过程，我们要尝试去发现它、体验它、强化它、利用它。

我本科的一个舍友喜欢打电子游戏，真的是到了废寝忘食的地步。在他打游戏的时候，我们喊他吃饭、出门，或是让他声音稍微小一点，他都听不见。而在游戏结束后，他也会意犹未尽地跟玩伴复盘好一阵子。这当然是一种瞬时专注力的体现。虽然打游戏并不一定能带来什么积极的结果，但是当他沉浸在游戏中的时候，正是享受着那种专注、全情投入带来的紧张、刺激和舒畅感。我相信每个人都会经历过类似的过程：可能是一次纵情的游玩，可能是一场电影，可能是一次和朋友的闲聊，可能是一次格外饥饿时遇到的大餐。

尝试去发现这种时刻，引导孩子也去发现它，并适可而止地引导孩子去体会它——过多的诱导可能招致不必要的抵触情绪。"回味"是一个很有效的过程。体会那种投入的感觉，进而强化从中收获到的快乐和放松。我在自己的学习生活中经常引导自己强化这种感觉。对于我而言，在连续20个小时的实验之后、在扔开手机看了一整个下午的小说之后、在一场大汗淋漓的球赛之后，常常会留个五六分钟，回味一下：1）如何进入情境的；2）在投入中是一种什么样的感觉，那种心无旁骛的感觉是什么样的；3）结束后自己那种稍有些眩晕的空白感和舒畅感是什么样的，那种解决了问题的喜悦感和满足感是什么样的。通过这样的自我引导，就逐渐把一种由兴趣引发的"下意识"的投入，转化成一种可操控的、有意识的投入。通过一次次这样短暂的强化过程，就有可能把人类本源的兴趣导致的专注，转化成一种习惯性的、收放自如的专注的本领。我们说有的好演员可以"一秒入戏"也就是这个道理——他们不断体验和强化本能的投入，最终使之成为一种机械性的习惯，可以随心所欲地操控。

二、短期时间表

罗列短期时间表其实是一种需要不断尝试、调整、并与自身磨合的技术。之前所提到的"下午3：00—3：30写语文作业，3：30—3：50看小说，3：50—4：35写数学作业"就是一种最简单的短期时间表，是我最早尝试也是最为实用的一种短期时间规划方法。我下面所说的也都是基于我自己的实用案例，谨希望能给大家提供一些技术上的参考。

（一）积极性与压迫性的时间规划

短期时间表可以分为两种。一种是积极性的时间规划，一种是压迫性的时间规划。积极性的时间规划可以给自己一种自信感。在设置时间表的时候可将时间段适当放宽。在这种积极的时间规划下，人的工作积极性会更容易被激发出来。如果说连着完成了四五项任务，而且每项都有5—10分钟左右的剩余时间，那么集中起来休息一下或者玩一会儿，会给自己带来不小的愉悦。这相当于一种正反馈机制，在后续的工作中自己也会尝试努力提高效率，争取"挣"出更多的自由活动时间。

压迫性的时间规划与上面相反。在设置时间的时候，可适当收紧。应当指出的是，在这两种时间规划中，完成工作的预计时间和规划时间不宜相差过大，否则反而会对积极性造成打击——无论是把45分钟的活儿硬拖到90分钟的工作时段里，还是把45分钟的工作压缩到30分钟的时段里都是不现实的。这只会造成时间表无法运作，进而被放弃。

对工作所需时间的估计可以采用两种办法：

1）参考上次完成同类型任务所用时间。比如昨天做类似题量的语文作业用了45分钟，那么今天也可以认为语文作业要花45分钟。

2）合理估计自己的工作效率。比如昨天的作业大概是今天的2倍，结果用了60分钟，今天状态更好，那么今天不妨认为要花25分钟。这是一个磨合改进的过程。随着自己工作效率的提高、知识技能的增加，需要实时地对自己的效率做出可靠估计，并设置相应的工作时段。

在我自己的时间规划中，常常结合上述两种规划方法：在缺乏动力、比较懒散的情况下，我往往采用积极的时间规划，通过给自己小的时间上的奖励，"挣"出休息时间来促使自己更加投入地工作。如果"挣"出了太多时间，譬如工作了一阵子后发现总共提前了1个小时，我也会重新规划，适当缩短后续工作需要的时间，让自己得花更大的力气去"挣"出休息时间。这实际上就是个提高效率的过程，往往适用于长假过后、大休整过后重新开始工作的阶段。而在自己比较"亢奋"且非常有工作欲望的时候，我往往采用压迫性的时间规划，通过内驱力直接提升工作效率，从而加快工作的完成。

（二）冗余时间的设置

很多时候时间表不能如期执行是缺乏对实际效率和突发情况的考虑。如果一个时间表里连喝水、上厕所这样的随机性事件都没考虑，那么这个时间表肯定是会崩溃的。我的一个实际体验是，需要设计一些"冗余时间"来应对突发情况。譬如前文提及的时间表如果补充完整是这样的：下午3：00—3：30写语文作业，3：30—3：50看小说，3：50—4：35写数学作业，4：35—5：00是冗余时间，5：00—6：00吃晚饭。这其中，我设置了25分钟的冗余时间以应对机动性的安排。譬如今天突然肚子不舒服，或者今天这段小说特别引人入胜，我可以稍微挪一些冗余时间过来，这样仍然可以保证吃饭前既能完成作业，也能看小说看得很舒服。同样，冗余时间的设置也有所讲究：既不能太长——否则就变成了在一段时间内的无所事事，容易让人懒惰；也不能太短——否则同没有也差不多。它需要根据个人的工作特点来决定。对于现在的我来说，一般每6个小时会设置30分钟到60分钟的机动时间，用以处理突发状况或者未能如期完成的任务。这样可以保证我的时间表不会因为一个工作没有按时完成而全盘崩溃。

事实上，在采用积极的时间规划时，通过高效工作"挣"得的多余时间也可以作为冗余时间以应对突发情况。当然这取决于孩子本人的态度，毕竟时间是他自己"挣"出来的。我前面举的这个写作业的例子，就是我在小学五年级时的一个真实的案例。当然它也是在演进的，比如到了五年级后期，我可以把总的作业时间从75分钟进一步压缩到50分钟之内（也是因为在放学前利用一切可利用的时间已经完成了很多），这样在保证40分钟左右读小说的前提下，我还能在吃饭前完成几道奥赛题。这也正是一种"肉眼可见"的成长过程，是会令人欣喜的。

（三）统筹规划

其实如果能做好前面的这些，对于个人效率的提高已经很有裨益了。但是如果想要更灵活机动地进行时间安排，做好统筹规划非常重要。我要做到想花三个小时写这样一篇并不在工作表上的文章就可以动手写，而且工作进度不受到影响，确实需要相对较好的统筹规划。毕竟我们的生活不是冰冷的程序，需要有诗意、激情和浪漫，也需要时不时地叛逆。如果某一天天气特别好、心情特别好，自己却无法随心安排外出或是哪怕短暂地休息，事实上也是一件有些悲哀的事情。

认识自我

2022 年 9 月 5 日

又是将近两年没有给赵老师的公众号写一些像样的材料了。不写的原因，除了因为忙碌，还有一些个人想法。一则是觉得之前的几篇文章其实已经将小学和中学早期基本的方法论阐明了，再讲也只能是在这些基本点上兜圈子。二则是这几年我本身也在经历一个相对痛苦的转型阶段，也在持续不断地进行自我质疑、批判和改进，也常常彷徨和困惑，所以即便偶尔有了写作的念头也总是搁置了。近来终于稍微空闲一些，可以把这两年的一些反思总结起来，所以在这篇，以及未来可能有（或者没有）的几篇短文中，以偏重提问的形式，进行一些关于价值观的论述，希望能给孩子们的成长提供一些参考。

在成长的过程中，孩子们总会面临各种各样的比较。最直观的比如考试的分数、课堂上的表现、老师和同学们的评价、家长的鼓励和批评。这些其实都在潜移默化中塑造着孩子对自身的认知，影响着孩子们未来的行为和心理。举一个极端却其实很常见的例子：我本科时候的一个同学特别喜欢和人进行比较，有一次我在水房洗衣服时遇到他，他不依不饶地问我，从期中考试分数考多少一直问到引体向上能做几个，哪怕最后我已经无奈到不愿意再回应，他还是顽强地一条条往下问。这实际上是一种缺乏对自身明确认知的反应，我的这个同学近乎是强迫性地通过与别人比较来形成暂时性的自我定位，并企图体会到优越感。但这是极不稳定的，因为他会把对自身的认识与一个飞速变化的指标相连接，一旦这个指标崩溃，比如考试分数不如别人高，他就会对自身产生强烈怀疑，并希望能把自身的价值寄托于一个新的飞速变化的指标之上。在这样不断的指标变换中，他已经把对自我的认识完全建立在外界的评价和偶然的发挥上了，这实际上是相当危险的。

之所以说这样的例子常见，也是因为在每个孩子成长的过程中，其实都会面对和他人的比较。考试成绩，是最为显性直观的一个可以量化的指标。所以我们在引导孩子们理解类似于成绩这一类变化指标的意义的时候，一定要格外注意——成绩不是评价孩子的指标，而只是在一定程度上反映孩子在近期环境下对当前学习内容掌握情况的指标。

这个说法听起来有些拗口和矫情，但实际上包括以下的要点：

孩子永远是好孩子，考不好不是孩子本质的问题，而是和近一个阶段的诸多因素相关联的。千万不能因为一次考试而给孩子下定义（"你就是不行"或者"你真的很了不起"），哪怕是非常重要的考试，如中考、高考。无论是正面或是负面的定义都会给孩子造成认知的偏差，认为自己的价值是跟一个随时变化的数字相挂钩的。这会造成孩子的偏激和认知错误，短期内可能看不到显著的问题。但长期积累下来，或者会造成孩子的自暴自弃，或者会造成孩子自信心爆棚，这些都是极为不利的。

这些相关的影响因素可能包括：

孩子的精神状态是否疲惫？是否在家庭和学校中受到了某种刺激？比如是否受到他人的排挤和欺负？是否受到家长的精神状态的影响？是否过于紧张？

当前的学习是否在难度上、作业量上发生了突变，导致孩子不适应或者难于应付？比如数学上新引进了一个概念体系（从整数到小数、从整数到分数……），语文上新引入了一个能力模块（从看图说话到小作文……）

当前的学习态度是否有些懈怠？是否有些畏难情绪？

当前的学习方法是否足够高效？是否仍然合适（比如用死记硬背的方式确实可以记忆英语单词，但是却不适合需要灵活应用的英文写作）？

……

进而认识到这些影响因素都不是描述孩子自身的，而只是当前这个特殊环境带来的短暂的外在效应。孩子内在的自我确实会在一次次应对这种外在效应的过程中被塑造和强化，因而不论面对理想的或是不理想的成绩，都应该静下心来一点点地分析问题：

这次考好了——为什么？是因为最近心理状态很好？因为家里新换了装修？因为最近跟好朋友的关系得到了巩固？因为最近老师一直在表扬？因为最近对概念的理解很好？因为最近学的知识和平时玩儿的玩具有一定联系，所以很容易就掌握了？因为最近学的文本很有意思？因为最近老师讲课越来越生动了？

这次没考好——为什么？因为学习强度高了？因为没听懂小数和整数的区别？因为老师上课讲小数的时候没注意？因为老师一直在写题目，并没有解释概念？

应该意识到，这时问的问题都是在第 2 点上更进一步的，是在寻找特殊条件出现的原因，也是在逐渐认识外在因素会影响自身的根本原因。这样的过程是非常难得的，因为一旦有一次可以彻底弄清楚，孩子就可以找到自己的一个本质性的特点，进而在未来需要强化或者改正的时候可以找到一个明确的方向。在这个意义上，在考好的时候也能平心静气地进行分析和解剖，而不是一味地表扬和庆祝，是更为重要的。上面这些问题没有一个是反映孩子自身问题的，都是在剖析外部的影响因素。但它们最终所反映出的，是孩子本身对外界的响应方式，是属于孩子本质的。

思考如何改变或者维持当前的外在环境。

如果是好的环境，可以考虑如何把这个环境维持下来。而更为可贵的是，可以考虑在失去这个环境的时候，如何把当前的好状态维持下来——最近老师表扬了孩子，孩子很开心，所以考好了。如果未来老师不表扬了，甚至批评了孩子，孩子该怎么不受影响，恢复当前的好心态，继续把事情做好？再远一些，如果未来孩子在生活和工作上受挫了，在经济或者健康上受到打击了，怎么能恢复一个良好的心态，把事情一步步推向正轨？这些都不是一蹴而就的，而是在一次次的反思中积累起来的经验和教训。孩子们在未来做出选择和实践的时候所依赖的，也正是在这样一次次小事中积累起来的经验和方法。尝试在当前的一个个小事中和孩子一起认识到什么是外在的诱因，什么是自身内在的精神和特质，这不是费事费力的琐事，而是一个很好的锻炼机会，一个很好的认识自身和拯救自我的机会。同样地，对于不理想的环境，更应该考虑如何去改善它或者屏蔽它。

我小学的时候，考砸了回家常常会抱着赵老师大哭一顿。等哭够了，我们再一起分析：错在什么地方了？为什么出错？出错是因为理解出现了偏差？计算出现了失误？还是过于紧张了？在当时的那一段时间里，具体到心态和外界环境上有什么影响？比如，如果当时是因为一直想着考完跟小朋友玩儿所以不管对错赶紧交卷，那么以后怎样克服这种问题？怎么正确理解事情的轻重缓急？

相反，强制力的实施，比如暴力或者冷暴力，确实会在短期内形成效果。也许在家长的威慑和压迫下，孩子会意识到什么是不能做的，会在短期内回避这类选择，却并不明白应该怎样正确应对，这类问题出现的根本原因是什么。因为家长并没有帮孩子分析出正确应对的方法，这会导致同一类型的问题在未来的某个时间还会出现，甚至多次出现。

就是和赵老师不断地分析，使得我逐渐认识到成绩也好，别人的评价也罢，都只是在一个特定条件下的外部观察。这些可以给我提供行事的参考，却并不能影响我对自身的认识。我可以"考"得很糟糕，但它不代表我这个人很糟糕，我也同样有信心和能力扭转这个局面——哪怕当前外界的环境不是很理想，哪怕我需要三年、五年，甚至十年、二十年的时间去改善。这使得我逐渐地即使在逆境下也可以相对从容地面对源源不断的问题。

"厚积薄发"事实上就是这个道理。大家都知道要好好积累的重要性，但是往往还是在看到别人快速发展、扬眉吐气的时候就开始焦虑、觉得落后、后悔没早做某某决定、自乱阵脚、各种病急乱投医（比如拼命盲目报培训班），而不是努力地从本质上寻找解决自己问题的办法，真正踏实地、一点一滴地积累。没有什么时候是真正太晚了，尤其是对一切才刚刚开始的孩子们。

错失了一场考试或者竞赛，小升初、中考、高考错失了一个理想的学校，确实会让一家人暂时的极度沮丧，但这真的会是一个很大的事情吗？在我们这一批从小玩到大的朋友们的成长过程中，除了仅有的一个我们公认的"天才"以外（他的智商确实高到我们所有人望尘莫及的地步），几乎每个人都出现过这样那样的问题。有的朋友在小学的一次竞赛中失误了，于是初中在我们身边"消失了"三年，结果高中又在一起上学了；有的朋友中考后因为分数不够没能选同一个学校，于是又在我们身边"消失"了六七年，结果这几年偶尔我去哈佛大学，我们还会聚在一起吃饭；有的朋友本科去了一个他自己不是很喜欢的学校，但是博士阶段又在一个世界顶尖的学校生龙活虎，出去开会聚在一起，还跟我们大谈他最近的学术进展；甚至于我自己在本科毕业后也因为没申请到理想的学校而重新申请，在大家的视线中"消失"了一年，而现在的结果也是令我自己和好朋友们满意的。总的看来，我们在成长的过程中确实互相施加着各种压力，你先我一步、我先你一步，你踩一个坑、我也踩一个坑，说没有过严重焦虑是完全不可能的，但幸运的是我们都没有自乱阵脚，而是都按着自己的节奏、方法和方向一点点缓慢而坚定地往前走着。

真正的学习和成长的过程，永远都不是一个投机的、成功学的、快餐式的案例，而是一个逐渐认清自我，固守本心，一点点克己，一点点在痛苦和反思中改正和发展的滋养自身的过程，这会是非常漫长的，需要异常的坚毅和对自己的信心。我们常常说要坚持、要努力，也并不是说要往死里学、不管不顾、拼命刷题，而是在相对逆境中，清晰地意识到自己想要的是什么，需要改进的是什么，并能顶住逆境内外的压力，愿意花一些甚至是较长的时间去找到更适合自己的方法，并坚定地实践它。这样的信念和实践比一切花里胡哨的"学习方法""学习窍门"都更为宝贵和实用。

而提到成功学，难免要提到我的简历。我让赵老师在这里把我就读的学校展示出来，也举一些真实的例子，多少也是为了让大家相信我说的这些还是有一定可行性的，至少愿意稍微看下去并进行初步的思考和判断。虽然我和我的很多好朋友并不觉得学校的名声和个人的心性与成长有什么必然的联系，也总是希望能回避谈及自己的学校——因为那只是一个暂时的发展平台，并不是定义我们自身和能力的任何标尺。

岔开来谈一点：我在中学的时候也多次质疑过学习的意义，认为如果只是为了未来更好地升学和谋生计，人生未免太过浅薄而无趣了。而从本科开始，我才渐渐理解为什么要努力，为什么要寻找一个更好的平台，什么才是实现自身价值的有效途径和方法。所以我所谈的这一切，包括其他几篇文章里讲的方法论，并不是说让孩子们在一个极小的年纪就能完全意识到自我的存在，能够完全领会自我的本质和特点。而是作为一个楔子，希望在孩子们成长中的某一个时间点，可以突然撬开笼罩在他周身的来自家庭、学校、朋友的局限性，让孩子和家长都能看到他自身的意义和价值，明白之前的一切努力其实都有着一个超越了孩子自身原本意识的更长远的目标。

似乎从本科开始，大家就都觉得我越来越顺风顺水。事实恰恰相反，和所有人一样，我每天面对的也都是各种各样的问题，有容易解决的，也有在几个月、几年内一筹莫展的，甚至也有大家难以想象的劈头盖脸的重大打击，有过非常魔幻的、同时到来的一系列重大荣誉和巨大挫折。周围的压力也不过是从小时候简单的成绩、操行评定变成了更为复杂现实的科研能力、工作待遇、行业影响力……但是既然已经逐渐认识到了真实的自己，认识到了一个善良、独立、坚韧、上进、持之以恒的内心的强大动力，认识到了赞誉只是对自身描述的一个方面，认识到了困境是可以根据个人意志向好的方向发生改变的，也就不会过于虚荣、忧虑和害怕，也就有了克服困难的勇气和毅力。而这一切都是在一次次自发或非自发的自我剖析和反省中得到、加强并发展的。困难和痛苦是永远存在的。但是哪怕是一个看起来的死局，我们也应该坚信总有至少一个可行的解决方法——虽然它很不显然，虽然它很艰难。而破局的根源就来源于我们对自己的认知、对自己力量的理解和笃信、对外在形式准确快速地分析和判断。而这一切都不是一蹴而就的。

超越自我

2022 年 9 月 5 日

一个不幸或有幸的消息：认识自我的过程是没有终点的。

基于当前和过往的事实认识到的自我，只能是止步不前的。新的挑战和新的环境总会带来新的问题，这就要求我们不畏麻烦，不断地反思和应对。当孩子成长到某一个时间点，或许是中学，或许是大学，我前面说的这些具体的方法就会不再管用。虽然这个核心的分析思路（坚定自我—认清形势—分析原因—找到对策）还是好的，但是它更像一个大家都知道且认可的显然真理，唯独缺乏具体的落实方式。我们无法套用解决小学数学只考了 40 分的方法去解决家里水管爆裂的问题，但是既然知道了问题的基本分析思路，我们就会去发展新的方法，援引新的参考，积累新的经验。这要求我们不断地通过各种形式学习，佐以我们已经形成的经验，去做出判断和尝试。

这个过程同样是烦琐且不间断的，但它也同样增加着我们的能力，并不断完善着自身。更进一步地，尝试去认识到未来可能发生的问题、遭遇的环境，会促使我们提前思考如何应对。这并不是说让小学生去提前学习高深的课本知识，因为那只是用老方法解决一个并不应该用老方法解决的问题，甚至可能是揠苗助长，而是让孩子提前意识到未来可能存在的问题和危机。这种意识从何而来？

一方面，可以通过曾经的经验，不一定是孩子的，也可以是家长的。比如曾经让孩子写了一整个口算本的加减法，结果孩子考试还是出错，甚至对数学失去了兴趣。从中我们意识到要因势利导，孩子计算出错从来跟熟练度就没有关系，而是与兴趣、专注度和计算方法有关。所以当孩子开始背单词的时候，我们就应该意识到再让孩子去抄几个本子的单词也不会起作用，如果能让孩子对文本感兴趣，对句法、构词法和固定搭配形成一个初步的感觉和概念，再针对性地对长难单词进行激励性的引导——"咱们看看你能不能把这个最长的单词背下来"，或许就能提前预知并解决一系列尚未发生的问题。

另一方面，家长和孩子的经验总归是有限的，所以与其自己闷头使劲儿，不如多交流，多阅读，多思考。这个交流和阅读也并不限于一个班级或是特定的学习方法，而应该是广泛的、跳跃性的。它可以来自书本，来自历史，来自别人的经验和体会——"日光之下无新事"，就算表现的形式再不一样，人们处事的内核和基本方法总是相同的，而这需要慢慢地体会和领悟。它也可以来自周围同学和朋友的影响——比如我小学有一段时间写作业特别慢，但是当时和我玩儿得很好的一个同学效率就特别高，我因为喜欢和她一起玩儿，所以也开始慢慢地抓紧时间，尽量一起写作业，赶上她的速度，从而能尽快地把作业完成。这对小学比较简单的作业要求自然是没问题，但这也导致我初中刚开始作业时粗制滥造，对很多概念囫囵吞枣，只求快速写完，不管正确率，使得我的成绩一度垫底。恰恰当时和我关系很好的另一个朋友是个极为严谨认真的人，每次作业写得工工整整，我便跟她学习，一点点地变规范，一点点地改进，终于作业的质量和成绩也慢慢提升。但时间久了又开始矫枉过正，导致每天作业写到很晚，休息不足。所以后来我又开始慢慢地从身边的同学和朋友身上学习，加上自己琢磨，逐步习得并理解抓大放小、抓核心矛盾的方法，而这种方法又在我本科和研究生阶段的老师们的帮助下不断得到提炼和优化。

我在文章开头所提到的近几年"痛苦的转型"实际上也就是来源于这种方法性和方向性的改进，因为始终需要为未来可能遇到的问题和困难做好提早的准备。当然，这样的提前量也是不能强求的，需要在对自己有了较为深入的了解和反思后才能针对性地进行。我写这种文章，总会有各种担心：对于有相似经历的读者，大概会非常认同，感到很有共鸣，却并不会起到太多的效果。因为他们早就认为这是合理的，也早就如此行事。对于并没有相似经历的读者，大概会感到困惑，觉得操作起来难免有风险，或者在尝试的时候出现了偏差。所以也不知写下这些究竟能给大家起到多大的帮助和启发。但也正如我在文中说的，希望这能成为一个楔子，在未来的某一个时刻，如果有读者——无论是家长还是孩子——在兜兜转转之后，忽然对这篇文章产生了共鸣，那么祝愿他也能意识到永远不存在一个"太晚了"的时刻，只要生活着，就永远有希望，永远有至少一个解决问题的方法和可能。认清自我，找到合适的方式向着光亮走下去，总能到达一个令人惊喜的远方——成长本身就是值得欣喜和庆贺的。

从"掏出心来"到"埋下身去"①
——给学弟学妹们的一封信(节选)

2021 年 4 月 1 日

(一) 眼界与格局

刚进北大,会为了很多事情迷茫和痛苦——陌生的环境、学业上的不如意等等,这是极为正常的。想要尽早摆脱这种挣扎的困境,眼界和格局非常重要。在本科以前,出于自身认知能力、周围环境的限制,很容易陷入非常狭隘的境地而不自知。所以进入本科后要做的第一件事,就是走出自我,睁开眼看,看见旁人,看见世界。

意识到每一个人生活的不容易,认识到同胞所经历的真实的艰难,心态会变得很不一样。当我们真正理解或是经历过人们所可能面对的寒冷、饥饿、贫穷和病痛,就会渐渐意识到真的还有太多太多比 GPA 或是将来的升学、工作更为重要的事情,会渐渐明白没有必要为了渺小的个人悲喜而忽视了整个时代的发展洪流,忽视了整个社会和人类所可能遭遇到的痛苦与磨难——我们的国家还有那么多的人"不敢"生病;还有那么多的孩子享受不到各位所拥有过的教育条件;还有那么多的法律法规有待完善;还有那么多的科技创新难题亟待突破;还有那么多的环境问题有待解决……太多太多的事情需要做了,太多太多的事情需要大家负担了。那种与同胞血脉相连的情感会让我们自责、惭愧、锥心刺目地感到疼,从而让思路变得开阔并想要有所改变。既然我们还有一个安

---

① 这是童童在北京大学本科就读期间受邀给校内学生作讲座的文稿节选。

定的学习环境，既然遭受病痛、贫穷、种种艰难的不是我们，既然我们有改变这一切的能力和时间，为什么要让我们的同胞承受艰难和苦痛？为什么不能尽快通过我们的努力让这一切变得好起来、更好起来？不是说作为某个专业的学生，我们就只考虑本专业的技术问题。作为北大的学生，我们有责任意识到国家所面临的主要问题和困难，并尽自己所能，去最大程度地理解问题所在，去想方设法地扩大自己的能力范围，最大程度地去解决、去完善，去为这个社会和我们的同胞服务。这是北大学生的任务，也是大家享受当下优越学习生活条件所应当承担的责任。

所谓"栋梁"，即要撑起沉重的屋顶，为同胞遮风挡雨。因而感到累一些、苦一些也都是应当的。在北大的这几年，这样的感觉会越来越深。所以我做事越来越拼命，真的非常希望能通过自己的努力，早日让我们的同胞过上更好的生活，让每一个人都活得幸福而有尊严。我期望这一天能早点来临，而又为这一天尚未来临感到格外的忧心痛苦。我明白，那些在此刻真实存在于同胞身上的最深重的苦痛和艰难是我难以想象且不忍想象的。每当夜深有些疲惫的时候，我会经常想到这些，心里难受，真的会睡不着，会想着继续工作下去。"安得广厦千万间，大庇天下寒士俱欢颜……吾庐独破受冻死亦足！"以前不曾有什么感觉，现在有的时候想起这几句诗真的激动得几欲落泪。我也知道，现在自己没有相应的实力，说这些话就只能显得大而空洞。所以我愈发渴望快速地成长，并坚信总有一天会做到自己所说的。

（二）沉下心来

"君子敏于行而讷于言"是中国人很优良的一个特质。在生活和学习中，放下负担，才能没有束缚地放手去干。

相比于成绩，我一直希望看到，也是一直看到的，是自己存在的问题。这会使人很容易缺乏自信，很容易感到孤独和痛苦，因为太多的时候是自己对着自己身上的病灶默默地开刀，眼中看到的全都是自己的问题，心中感到的都是痛楚，但是很难有人会理解或是帮你分担，这需要相对强大的内心作为支撑。但我也相信，相比一直盲目地自信着，这样的成长会更快、更有效。

在我现在的学校，我对于自己之前的经历缄口不谈，这让我的老师、合作者，甚至我自己都有更多的机会更为客观地了解我，让我很多能力上的问题能及时被发现和纠正，我相信这是一种坦诚而有效的做事方式，这也是我在北大的老师们身上学到的很重要的一点。沉下心来、认真学习，在这段宝贵的时光里尽可能地多听、多看、多学，专心于那些能真正产生意义和影响，同时又相对艰难和费时费力的工作，只有这样才能真正地造成影响和形成意义。

有些奖项和工作看起来或许有不错的短期回报，但从长线看，却只会让人分心，是一种很难分辨的诱惑，并不会给自身带来太大的长进，处理起来真的需要格外小心和注意。埋头钻研，专心思考和发展十年、二十年，甚至五十年后需要的科学、文化和技术，这在我看来，无论对于国家还是自己都非常重要。纵使是知易行难，但只要是做实事，总能令人心安。

（三）热爱，是战胜一切困难的力量

我觉得我对我的专业的感情，就是热爱，或者是恋爱。事实上，我几乎所有清醒和不清醒的时间都倾注到了专业学习与发展上。我觉得这不过分。就像热恋中的青年，满心只有爱人的模样。做科研的时间久了，就愈发觉得自己和样品之间产生了一种默契，一种心心相印的感觉。很多时候甚至还没有实验，就能感觉到会出什么样的结果或者问题。在我的眼里，我面对的样品就像是一个古灵精怪、有点小脾气的可爱的女孩子。她和你赌气、使小性子、让你捉摸不定她的脾气。有时气到你"怀疑人生"，却也会时不时格外地温柔体贴，将你迷得神魂颠倒，只觉得她可爱。因为每天起得早，我经常看着清晨第一缕光线照进实验室，照在金灿灿的样品上，那真的太美了，仿佛是晨曦中爱人的笑脸，令人迷醉。于是我便愿意去倾心付出，愿意去聆听、去思考、去琢磨有关她的一切，甚至在梦中都满是她的模样。

  有趣的是，从三年前开始，我很多的实验灵感都是从睡梦中得来的，有时我自己都惊异于这种在梦中思考的本事。当全身心投入进去的时候，那种满足感和幸福感，是难以替代的。我知道我说的这些在很多人看来无法理喻，我听过很多次别人对我生活的评价是"一点也不向往"，我也经常受到朋友和亲人的劝慰甚至是批评，觉得工作有些太过拼命了。我赞同。很多时候我显得非常不近人情，譬如因为工作的原因连续拒绝老朋友的邀约，以至于很多时候我面对他们锲而不舍的邀请因感到愧疚而难以启齿。但是让他们更为"伤心"的是，我并不为这些"绝情"的决定而后悔。相反，我感到很幸运也很幸福，因为正如之前所述，因为很早地开始"睁开眼看"，我几乎刚进北大就找到了我愿意为之不懈奋斗的目标，而奋斗的途径又恰恰是我所痴迷爱恋的。因而我不会太留恋于一般的娱乐，会看淡很多东西，我也相信我的朋友和家人总有一天会理解我的心思。所以即便有的时候会累到连站起来的力气都没有，即便有的时候被实验结果"怼"得一整天都不想说话，即使有的时候一筹莫展、感到头疼，也还是在爱着、向往着，冷静下来也感到幸福着。

（四）从一切中学

如我之前所说的，即便是吃饭和走路，我都会思考一些目前遇到的问题，这使得我很容易在偶然的一瞥中找到灵感或者有所收获。事实上，我越来越觉得一切学科都是相通的，很多大的方法和经验是可以相互借鉴的。就如同修自行车和修设备、做饭和做实验，只要注意观察，阶段性地进行总结和反思，就很容易有所获得。

我的工作会涉及一部分材料学的内容。举个有意思的例子，我现在在做饭的时候常常会考虑到其和材料生长实验的紧密联系，即做饭的火候控制和材料生长的温度控制其实是一个道理。食材和佐料类似于前驱气和反应物，容器也只不过是从石英管、退火炉变成了锅和灶。考虑到这样的相通性和技术上的可相互借鉴性，我很容易从做饭甚至是刷碗的过程中领悟到材料学实验操作的优化方向，而我的实验也能对做饭的手法产生启发，从而使我两方面的能力都在不断提升。就是这样，当你开始投入地尝试、总结、反思，一切都开始变得相通起来。注重总结性的、纲领性的方法和经验，会对加快从一切中学有重要帮助。而通过这样的方法学习，其速度是相当惊人的，毕竟一切的所见都可成为所得。你会很容易看到自己的成长速度，并为之鼓舞、变得充满了学习的动力。也正因为这样，我现在格外地珍惜时间，真的恨不得按秒来学习，每时每刻都快速地成长，只争朝夕。我觉得这对于二十岁的青年是非常重要的——抓紧每一分每一秒快速提升实力，为将来持续性地施展身手做好充足的准备。在北大的时间，包括从北大毕业后的那几十年能让人实现的绝不是一次性的破茧成蝶或者绚丽一季便凋零，而是一次次的凤凰涅槃，在痛苦和磨炼中一次次浴火重生，不断变得更加强大。

（五）如何深入理解问题

很多同学对刚接触科研时如何入门存在疑惑。打个比方，刚来北大的时候，如果朋友甲告诉我们"康博思的鸡腿饭好吃"，我们未必会理解，也未必会相信。第一，何为"康博思"？第二，何为"鸡腿饭"？第三，鸡腿饭到底好不好吃？我们并不知道。这就好像在论文中看到了很多并不理解的专业名词和结论。如果我成天到晚抱着这句话使劲儿研究，不仅大家会觉得我的思维有问题，我自己也会始终觉得费解。这时候，我们不妨问问其他人："康博思"是什么？"鸡腿饭"是什么？可能有的人也不知道，但问过几个人之后就会有人同样没头没尾地说："康博思"之前在现在"家园"食堂的位置。会有人说"家园"食堂是新建的，在"康博思"拆了以后，卖"鸡腿饭"的窗口搬到了"学五"。会有人说"鸡腿饭"是怎么怎么做的云云。这样就稍微清楚了些——原来"康博思"是以前一个食堂的名字，"鸡腿饭"是一个菜肴的名字。但是又会产生新的疑惑——什么是"家园"？什么是"学五"？以及老问题——"鸡腿饭"到底好不好吃？于是就要问更多的人，产生更多的问题，直到有一天基本确定"鸡腿饭可能比较好吃"这一判断后，自己去了对应的食堂，买了鸡腿饭尝了尝，才能下定论。

虽然大家看着这个例子荒唐，但事实上，在刚刚接触科研的时候，每个人都会有这样的困惑和窘境：初次接触研究课题，什么都不太明白。上网搜到第一篇文献，看得懵懵懂懂，就好比有人没头没尾地说了一句"康博思的鸡腿饭好吃"一样。如果死守着这一篇文献从头看到尾，不仅容易看着后面忘了前面，自己也会始终稀里糊涂。这时候就需要更多的文献——看不明白没关系，只当多接纳一些参考。更多的文献，譬如 10 篇、20 篇，会给我们提供更多的信息，就类似上个例子中第一次小规模询问一样。人们会通过各种方式对"康博思鸡腿饭好吃"这一句话进行解释，虽然有的可能答非所问，虽然有的可能引发新的疑惑，但是没关系，就算是囫囵吞枣，逐渐地，我们也会更深入地理解。如果阅读更多的文献，譬如 100 篇、200 篇，当然，这不是要全部逐字逐句地理解，而是可能只是对其中的一些扫上几眼，对感兴趣的图多想两分钟——那么我们所获得的信息将会越来越多，之前的疑问也会逐渐烟消云散，直到最终我们对"康博思的鸡腿饭好不好吃"这一命题有了相对客观的理解以后，我们就有了去实验的基础，也会对相关领域的其他问题产生一些基础认识和新的想法。而这，恰恰就是一个比较经典的文献调研的过程，是科研最为基础的环节。

经过 20 年的生活，我们当然具备解决"康博斯鸡腿饭好不好吃"这一实际生活问题的能力，并认为它是相对简单的。其实科研也一样，处理问题的本质方法是相同的。经常想一想这些联系，对科研能力的提升会很有帮助。

把控精度与广度，拓宽视野到科研之外，还有太多太多需要我们关注的问题。如之前一篇文章所谈到的，社会性的问题、国家发展过程中遇到的种种问题，都需要我们去关注。而尝试理解这些问题并寻求解决办法需要我们在专业外也同样开展大量的阅读并不断体会思考。比较有意思的是，除了必要的课程，我几乎从来不看专业的书籍，而是把更多的时间花在了专业外书籍的阅读上。历史、政治、艺术、文学、建筑等等专业的书籍给我带来了更广阔的思维空间。正如在之前提到的"从一切中学",这些不同科目的书籍所蕴含的核心思想总是惊人的一致。"大道至简""大巧不工",在这样的阅读中,我不仅提升了对更加宏观的问题的理解和分析能力,也时常给自己的研究找到启发和收获。从以往大量的文献调研中,我已经隐约感到各个科研方向的发展历程实则都惊人地相似。那么各个社会阶段呢?各个文化群体呢?各个不同的学科呢?这些之间有没有共性?答案是必然的。什么会是我们社会今后的发展方向?什么会是我们今后需要的科学技术?什么样的科学技术能更大程度地改善我们的生活方式和生活质量?什么样的方法能解决我们当下遇到的种种难题?

  对于这些宏观的问题,光靠空想是不够的。就像文献调研一样,更多的灵感和经验来自书本,来自前人的智慧、尝试和积累。所以我在本科阶段就开始大量地阅读,在大一、大二可能一年能读到上百本书。后来的两三年有些偏激,总觉得科研实务可能来得更有效一些,因而读书渐渐少了。但这是有问题的,很多时候会感到空虚乏力,能察觉到自己理论上的匮乏和思维上的空洞。因而又逐渐捡起了读书的习惯,强迫自己挤出时间看书。

  如之前所言,我对自己放松的时间算计得比较严格,但是仍然会强制自己一周抽出6—7个小时读400页左右的书。这可能是如厕的时候,可能是做饭的时候,也可能是等着设备抽真空的时候。阅读是奢侈的,也是困难的,我们的时间越来越碎片化,仿佛不适于静下心来读一本书。短视频等媒介的轻松便捷也会更容易吸引我们的注意力,降低我们的思维深度。这是值得警惕的。

  本科和研究生的阶段是我们思维最为活跃的阶段,也是逐渐接触社会和他人的阶段,因而大量的阅读极有裨益。除此之外,音乐、影视作品和纪录片也都是很好的辅助思考的媒介。我们在平时的生活中可能很难接触到南方某电子厂的工人，可能很难接触到偏远地区的孩子，可能很难接触到数量众多但形形色色的、忙碌又乐观生活着的同胞。因而需要去拓宽眼界，去探索，去体会，去思考种种的人生——如果我们未来发展某种新技术，会不会造成产业结构的改变？这样的改变会给某电子厂工人的工作带来什么样的变化？他们当前的职业培训是怎样的？以后会变成什么样子？薪资水平和工作条件会发生怎样的变化？新技术的发展会不会带来法律法规上的调整？会不会带来医疗设施的更新？当前偏远地区的孩子们的学习状况是怎样的？男孩子和女孩子在受教育方面是否能相对平等？科学技术的发展能怎样改变孩子们的现状？在发展的某一阶段，我们能不能通过一些努力适当加速这样的改变？我以为这样的思考对于意识到自己工作的意义是很有帮助的。只有认识到意义，才能鼓起力量去工作，才能专精下去以谋求改善。

"象牙塔"里的人喜欢自说自话，喜欢想当然，这是真实存在的局限性。只有努力地去了解，去伸展自己的触角，才能真正有所针对地发展文化和科学技术。

（六）做艺术家

作为北大的学生，我们在专业上不应该只满足于做一个出色的技术人员，而要尝试去做一个"艺术家"。科学技术和艺术实则是相似相通的，前者的工作过程虽然更加严谨烦琐，但是也需要"灵感"与"即兴创作"。

斯坦尼斯拉夫斯基在谈到演员演技的时候说过：第一类当是能随时入戏，随时随地融入角色，每次都开始体验和创作；第二类便是刻板的演技，在初次表演时能体会到角色感情，而后进行机械但可重复的照搬；

第三类便是过火的演技，只强调套路，而完全不体会感情。学习和科研也是如此。第一类当属天才，对于我们中的绝大多数，至少是对于我而言可望却不可及。但我们至少应当保证自己是第二种，即可以通过科学的方法开展自己的工作，可持续地进行科研探索，也能时不时地迸发灵感，进行创作。在这种条件下，我们可以时不时地感受探索的冲动，并收获快乐。譬如有的时候我会凌晨四点从床上蹦起来，去桌边记下一个方案，或是跑到实验室去验证一个想法。我觉得这是很舒畅的事，并不会感到疲惫。也因此，我并没有一个很规律的时间表，强制要求自己几点到几点干什么。对于我来说，那会是一种束缚，当然这也是一种很不好的自我放任——就像熬夜刷剧一样，虽然热情在那里，但也应当有所克制。

所以有的同学希望我给出一个时间表，类似于一年级打基础，二年级做实验，三年级开始准备毕业要的三篇SCI云云。我感到很为难。我更希望大家能把博士阶段看成学术道路上一个很好的练习期——我们不用为了经费过分发愁，在最开始的时候也不用为找不到方向而烦忧，最好要有充分的试错、锻炼、分析、理解的机会，我们也还能在最后的学生阶段花时间思考人生，不为家庭和生计过分烦恼。这是多么理想的一个阶段。如果大家对于未来的道路想得很清楚，也稍微考虑过我前面多次提到的更宏大的历史进程，那么这样一段单纯的投入在研究中的时光会是非常难忘而且高产的。

意识到自己研究的意义，思考未来需要的技术，评估新技术将会带来的影响，能做到这几点，实际上已经保证了一个个优秀工作的诞生。这比单纯盘算什么时候能凑够三篇SCI会舒畅而轻松得多。我不能举莫扎特或是达·芬奇的例子，那没有说服力。但是就算对于一个相对平庸的音乐家或者画家，去要求他在规定期限内完成一幅创作也是过于荒谬的事情。灵感的产生是不能预测的，但是倘若不断通过科学的方法进行培育和引导，它也可以是源源不断的。一旦一个艺术家有了灵感，即便是通宵，他也可以把作品连夜创作出来。科研也是如此，一旦有了想法，一定要给自己一个严格的期限完成。毕竟，新颖性对于新技术领域是极为重要的。

致谢

三十三年教育生涯的吉光片羽,此刻化作文字篇章。

致谢这一路上点亮我的星辰。

首先要向所有与我并肩同行的家长们深深致敬。你们交付给我的是生命中最重要的珍宝——有关孩子的教育与成长。记得有位妈妈在深夜发来消息:"老师,没有您,这孩子就废了。"简单的一行字,让我看见教育微光的力量。正是这些瞬间,让原本打算终生只做星火的我,决定把星火凝聚成文字。

感谢魏静女士,当您将自己设计装订的公众号文集送给我的瞬间,我第一次真切地意识到:这些文字也许真是家长所需,真能帮助到更多的家庭。没有您的推动和鼓舞,我不会在此时此刻落笔成书。

感谢郝振芬老师,对本书目录提出的建议。

感谢潘子健女士在我整理书稿前期的陪伴。

感谢江苏凤凰教育出版社林琬老师对本书出版提出的各项建议,感谢编辑王欲晓老师为本书找到最妥帖的呈现方式。

感谢并致敬我的先生,你不仅是我的第一位读者也是最艰辛的审核人,更是用半生诗书为我点亮光明的精神灯塔。那些深夜的争论,每一条修改建议,每一个问号,都让这本书多了一份逻辑的严谨。

而此刻,最想拥抱的是我的儿子童童。你不仅是我的第一个学生,更是命运赐予我的最珍贵的教科书。从你蹒跚学步到负笈远行，那些共同经历的困惑与突破，都成为这本书最真实的注脚。你教会我的，远比我教给你的更多，感恩生命与生命的相互滋养。

最后，我要向五十五岁的自己致谢。在已过知天命的年纪，我选择在书桌前重新出发。那些在晨光中修改的章节，在深夜里删除的段落，都是对教育最长情的告白和敬畏。这本书不是终点，而是我用三十多年光阴酿成的第一杯桂花酒，致敬所有在教育路上跋涉的同路人。

学习力培养是条少有人走的路，是一场向美、向真、向自我而行的旅途。感谢你们，让我在孤独漫长的探索中，始终看得见星辰与大海！